Georg Murrer
Die größten Fehler im Verfahrensrecht

AF752787

Zusätzliche digitale Inhalte für Sie!

Dieses Buch bietet Ihnen mehr als nur eine gedruckte Version! Nutzen Sie die folgenden Möglichkeiten, die Ihnen für dieses Produkt in der NWB Datenbank zur Verfügung stehen.

@ Online-Version

Sie haben das gedruckte Exemplar Ihres Buches nicht zur Hand oder möchten etwas schnell recherchieren? Dann nutzen Sie die Online-Version Ihres Buches. Diese steht Ihnen nach Eingabe des folgenden Freischaltcodes direkt zur Verfügung.

Schalten Sie sich Ihre digitalen Mehrwerte direkt frei:

Scannen Sie den QR-Code **oder** rufen Sie die Seite www.nwb.de auf.
Geben Sie den Freischaltcode ein und folgen Sie dem Anmeldedialog. Fertig!

Ihr Freischaltcode

BNDM-GUVD-UBGY-RIDU-BWYI-QS

www.nwb.de

Die größten Fehler im Verfahrensrecht

Von
Georg Murrer

2., aktualisierte Auflage

nwb

ISBN 978-3-482-**68542**-2
2., aktualisierte Auflage 2025

NWB Verlag GmbH & Co. KG
Eschstr. 22
44629 Herne
service@nwb.de

Satz: PMGi Agentur für intelligente Medien GmbH, Hamm
Druck: Stückle Druck und Verlag, Ettenheim

Um eine gute Lesbarkeit zu gewährleisten, verwenden wir in Fachtexten in der Regel geschlechtsspezifische Personenbezeichnungen. Selbstverständlich sind damit alle Menschen gleichermaßen gemeint.

VORWORT

Wer hätte das gedacht? Als ich die 1. Auflage dieses Buches geschrieben habe, war mir eigentlich klar, dass die Resonanz darauf sehr verhalten sein wird, da sich das Verfahrensrecht weder in der Theorie noch in der Praxis großer Beliebtheit erfreut. Umso mehr freut es mich, dass dieses Werk so positiv aufgenommen wurde. Zahlreiche Zuschriften und tolles Feedback haben mich hierzu erreicht, so dass schnell klar wurde: Eine neue, aktualisierte Version muss her. Und genau diese halten Sie nun in Ihren Händen bzw. lesen Sie gerade auf einem digitalen Mediengerät. Vielen Dank hierfür!

Apropos digital: Im Rahmen der Außenprüfung haben sich einige Neuerungen ergeben, welche im Kern zur Beschleunigung der Prüfung und verbesserten Kommunikation zwischen Prüfer und Kunde (Steuerpflichtiger) beitragen sollen.

Bevor wir uns aber gemeinsam in die Untiefen des Verfahrensrechts stürzen, vorab eine kleine Geschichte, die die Bedeutung der AO & Co. verdeutlichen soll:

Kennen Sie das? Obwohl es im Verfahrensrecht, im Speziellen der Abgabenordnung (AO), im Vergleich zu den Einzelsteuergesetzen relativ wenig Änderungen gibt, ist dieses Teilgebiet des deutschen Steuerrechts weniger beliebt – um es mal etwas positiver auszudrücken. Mit ziemlicher Sicherheit war die AO schon in Ihrer Ausbildung oder Ihrem Studium nicht Ihr Favorit und hat Ihnen so gar keinen Spaß gemacht. Und das hat sich in der Folgezeit in Ihrer täglichen Praxis vermutlich auch nicht geändert. Bis jetzt! Denn ich hoffe, dass ich Ihnen mit diesem Buch zeigen kann, dass die AO gar kein Schreckgespenst sein muss und ja, sogar Spaß machen kann. Wie wichtig und vor allem zeitsparend das Verfahrensrecht sein kann, möchte ich Ihnen anhand eines kurzen Beispiels aufzeigen:

Finanzbeamter, kurz nach der Abschlussprüfung, Einsatz in einer Rechtsbehelfsstelle. Übernahme eines älteren Falls vom Vorgänger mit insgesamt 60 Einsprüchen. Der Fall in Kurzform:

- Ehegatten betreiben eine große Gaststätte mit Biergarten.
- Legen Einsprüche gegen die ESt-/USt-/GewSt-Bescheide ein.
- Wegen Steuerhinterziehung, welche im Rahmen einer Betriebsprüfung aufgedeckt wurde, betreffen die Einsprüche insgesamt zehn Jahre.
- Es wurde ein sehr hohes Mehrergebnis festgestellt.
- Aufgrund der umfangreichen Ermittlungen liegen viele Akten und umfangreicher Schriftverkehr vor.

Nicht ganz unerschrocken und nach einer Möglichkeit suchend, diesen Berg voller Arbeit irgendwie abzuarbeiten, prüft der junge Bearbeiter erst einmal die Zulässigkeitsvoraussetzungen der 60 Einsprüche und stellt fest: Die Einsprüche sind verspätet. Da er dies nicht so ganz glauben kann, prüft er die Frist nochmal und nochmal. Kommt aber immer wieder zum gleichen Ergebnis. Freudig teilt er diese Erkenntnis seinem Vorgesetzten mit, welcher ihn ebenso freudig bittet, dem Steuerberater diese Erkenntnis mitzuteilen. Leider war der Berater darüber nicht so sehr erfreut. Trotzdem hat der Vorgesetzte dem Mitarbeiter einige Tage später – wiederum erfreut – einen Brief mit 60 Rücknahmen ins Büro gebracht.

Einige von Ihnen ahnen es vielleicht schon: Dieser Mitarbeiter war ich. Ab diesem Zeitpunkt habe ich gemerkt, dass die AO doch ein sehr mächtiges Instrument ist und einem viel Zeit und vor allem Nerven ersparen kann. Daher hoffe ich, Ihnen mit diesen Seiten auch etwas Zeit und Nerven ersparen zu können. Dabei werden nicht die Grundvoraussetzungen angesprochen, sondern vielmehr typische Fehler und Besonderheiten aufgezeigt, welche ich in meiner langjährigen Praxiserfahrung erlebt habe, und Ihnen Tipps an die Hand gegeben, damit Sie diese Fehler nicht (mehr) machen.

In dieser aktualisierten Auflage finden Sie darüber hinaus Ausführungen zum MoPeG ebenso wie Neuerungen im Jahr 2025, insbesondere bei der Außenprüfung und der neuen Vier-Tages-Fiktion. Nun denken Sie vielleicht: „Welche Fehler kann man denn bei der Vier-Tages-Fiktion schon machen? Der eine Tag ist doch nicht relevant!“. Ganz so einfach ist es jedoch nicht, denn es gibt einige Fallstricke, auf die Sie treffen können. Seien Sie gespannt.

Viel Spaß beim Lesen!

Straubing, im Oktober 2025 — Georg Murrer

INHALTSVERZEICHNIS

A. Der Einspruch: So hat der Einspruch Aussicht auf Erfolg

Ich fange bewusst mit diesem Thema an, da wohl kein anderes Thema so praxisrelevant und zugleich umfangreich ist wie der außergerichtliche Rechtsbehelf.

I. Überblick

VORPRÜFUNG:

- Liegt überhaupt ein Einspruch vor?
  Auslegung (§ 133 BGB analog, AEAO vor § 347, Nr. 1)
- Oder handelt es sich nur um einen Antrag auf schlichte Änderung?
  Zur genauen Abgrenzung siehe AEAO zu § 172, Nr. 2 und 3 sowie Abb. 2.
- Hinweis: Falsche/Fehlende Bezeichnung schadet nicht, § 357 Abs. 1 Satz 3 AO.
  Der Stpfl. muss aufzeigen, dass er mit dem Verwaltungsakt (VA) nicht einverstanden ist und eine Nachprüfung begehrt.

Grundsatz:

Der Einspruch hat Aussicht auf Erfolg, wenn er **zulässig** und soweit er **begründet** ist.

A. Zulässigkeit (§ 358 AO) des Einspruchs

I. **Statthaftigkeit (§§ 347, 348 AO)**

1. Verwaltungsakt in Abgabenangelegenheiten
   (§ 347 Abs. 1 Satz 1 Nr. 1, Abs. 2 AO)
2. Nicht statthaft z. B. gegen Einspruchsentscheidung (§ 348 Nr. 1 AO)
   → Klage
3. Untätigkeitseinspruch (§ 347 Abs. 1 Satz 2 AO)
4. Einspruchsführer bei Zusammenveranlagung (§ 155 Abs. 3 AO):
   Zwei Einsprüche, es sei denn, es legt ausdrücklich nur ein Ehegatte/Lebenspartner Einspruch ein.
5. Achtung: Schein-Verwaltungsakt oder nichtiger Verwaltungsakt?
   Trotzdem statthaft (AEAO zu § 347, Nr. 1)

II. **Form/Inhalt**

1. § 357 Abs. 1 Satz 1 AO: schriftlich/elektronisch/zur Niederschrift

2. § 357 Abs. 1 Satz 2 AO: Einspruchsführer erkennbar:
   Name, Adresse, Steuernummer, ID-Nr., Wirtschafts-ID etc.
   Unterschrift/Signatur unnötig (AEAO zu § 357, Nr. 1)
3. § 357 Abs. 1 Satz 3 AO: Fehlende/falsche Bezeichnung ist unschädlich.
4. § 357 Abs. 2 AO: Richtige Anbringungsbehörde. Beachte Satz 2 und 4!
5. § 357 Abs. 3 AO: reine **Soll**-*V*orschrift
   Bezeichnung des angefochtenen Verwaltungsakts und inwieweit Verwaltungsakt angefochten wird
   Begründung des Einspruchs und Anführung der Beweismittel

III. **Frist (§ 355 Abs. 1 AO)**

1. **Wirksame** Bekanntgabe prüfen (z. B. am **31**.7.2025)
   (§§ 122, 122a, 124 AO – nichtig nach § 125 AO? –, § 108 Abs. 3 AO beachten)
   Bekanntgabe nicht wirksam (v. a. bei Tod, Erben, Gesellschaften aufpassen!), denn dann beginnt auch keine Frist zu laufen!
   Siehe Abb. 3.

Abb. 1: Besonderheit bei der Steueranmeldung

Besonderheit: Steueranmeldung § 355 Abs. 1 Satz 2 AO

Zahllast:	**Erstattung/Gutschrift:**
Einspruch innerhalb eines Monats nach Eingang bei der Finanzbehörde § 168 Satz 1 AO	Einspruch innerhalb eines Monats nach Bekanntwerden der Zustimmung der Finanzbehörde § 168 Satz 2 und 3 AO

2. **Fristbeginn**: mit Ablauf des Bekanntgabetages, z. B. **31**.7.2025
   (§ 108 Abs. 1 AO, § 187 Abs. 1 BGB).
   Früherer Zugang unerheblich, aber tatsächlich späterer Zugang maßgeblich.
   Heilung nach VwZG beachten!
3. **Fristdauer**:
   Mit ordnungsgemäßer Rechtsbehelfsbelehrung (§ 356 Abs. 1 AO): 1 Monat
   Fehlende/Unrichtige Rechtsbehelfsbelehrung (§ 356 Abs. 2 AO): 1 Jahr
4. **Fristende**: z. B. mit Ablauf des **31.**8.2025,
   aber Sonntag, daher 1.9.2025, § 108 Abs. 3 AO
   (§ 108 Abs. 1 AO und evtl. § 108 Abs. 3 AO, § 188 Abs. 2 und Abs. 3 BGB)
5. Verspätet? Immer Wiedereinsetzung (§ 110 AO) prüfen!

HINWEIS:

Siehe hierzu Kapitel C zur Wiedereinsetzung in den vorigen Stand.

IV. Beschwer (§ 350 AO), Rechtschutzbedürfnis (AEAO zu § 350, Nr. 6)

- Stpfl. ist beschwert, wenn bei der Einkommensteuer keine Nullfestsetzung vorliegt und Angaben in der Steuererklärung „falsch“ sind, z. B. Betriebsausgaben, Betriebseinnahmen. Diverse Ausnahmen sind möglich. Siehe hierzu ausführlich AEAO zu § 350.
- Bei Grundlagenbescheiden grundsätzlich immer Beschwer gegeben aufgrund Bindungswirkung, AEAO zu § 350, Nr. 4. Auch § 351 Abs. 2 AO beachten.
- Befugnis bei Feststellungsbescheiden (§§ 352, 353 AO)
- Vertretung (§ 80 AO) und Handlungsfähigkeit des Einspruchsführers (§ 365 i. V. m. § 79 AO)
- Verzicht (§ 354 AO) oder Rücknahme (§ 362 AO)

ERGEBNIS:

- Unzulässig: Tenor: Der Einspruch ist als unzulässig zu verwerfen (§ 358 Satz 2 AO).
- Zulässig: Der Einspruch ist zulässig. Es ist weiterhin die Begründetheit zu prüfen.

B. Begründetheit des Einspruchs

I. Gesamtfallüberprüfung und Verböserung: Der Fall ist in vollem Umfang erneut zu prüfen (§ 367 Abs. 2 Satz 1 AO). Achtung: **Verböserung** möglich, aber durch Rücknahme des Einspruchs vermeidbar (§ 367 Abs. 2 Satz 2 AO).

II. Der Einspruch ist begründet, soweit der angefochtene Verwaltungsakt **formell** oder **materiell rechtswidrig** ist und der Einspruchsführer in seinen **Rechten verletzt** ist (§ 100 FGO analog). Siehe hierzu Abb. 4.

III. Anfechtungsbeschränkung (**§ 351 Abs. 1 AO)** bei Änderungsbescheiden beachten: Ein Verwaltungsakt, der einen unanfechtbaren Verwaltungsakt ändert, kann grundsätzlich nur im Rahmen der Änderung angegriffen werden (außer es greift eine eigenständige Korrekturvorschrift, insoweit Durchbrechung des Rahmens).

IV. Anfechtung eines Grundlagenbescheids (**§ 351 Abs. 2 AO)**: Entscheidungen in einem Grundlagenbescheid können nicht auch durch Anfechtung des Folgebescheids (ESt) angegriffen werden. Der Einspruch ist zulässig, aber unbegründet, AEAO zu § 351, Nr. 4.

V. Änderung des Verwaltungsakts nur möglich, wenn die **Festsetzungsverjährung** (§§ 169 ff. AO) noch nicht abgelaufen ist und eine **Korrekturvorschrift** greift.

ERGEBNIS – RECHTSVERLETZUNG, JA ODER NEIN?

- Unbegründet: Tenor: Der Einspruch wird als unbegründet zurückgewiesen.
- Begründet: Der Einspruch ist begründet. Es ergeht ein Abhilfebescheid.
- Teilweise begründet: Es ergeht ein Teil-Abhilfebescheid sowie eine Teil-Einspruchsentscheidung.

C. **Aussetzung bzw. Aufhebung der Vollziehung**

- Außergerichtlich (§ 361 AO) und gerichtlich (§ 69 FGO) möglich
- Kein Suspensiv-Effekt durch Einspruch allein, daher AdV nötig
- Zulässiger Einspruch nötig, ansonsten ggf. Stundung denkbar
- Ernstliche Zweifel an Rechtmäßigkeit des angefochtenen Verwaltungsakts nach summarischer Prüfung nötig
- Vollziehbarer Verwaltungsakt muss vorliegen.
- Auf Antrag des Stpfl., aber auch von Amts wegen möglich, § 361 Abs. 2 Sätze 1 und 2 AO
- Grundsätzlich Ermessensentscheidung des Finanzamts.
Ausnahme: Folge-AdV § 361 Abs. 3 AO
- Wurde der Verwaltungsakt schon vollzogen, kommt ggf. Aufhebung der Vollziehung in Betracht, d. h. Erstattung des Geldbetrags gem. § 37 Abs. 2 AO,
siehe § 361 Abs. 2 Sätze 3 und 4 AO.
- Sicherheitsleistung möglich und bei erheblichen Beträgen gängige Praxis (z. B. Grundschuld), § 361 Abs. 2 Satz 5 AO

D. **Ruhen bzw. Beendigung des Einspruchsverfahrens**

I. Ruhen des Verfahrens (§ 363 AO)

II. Formgerechte (telefonisch nicht möglich) Rücknahme des Einspruchs durch Stpfl./Vertreter (§ 362 Abs. 1, § 357 Abs. 1 Satz 1 AO, AEAO zu § 362, Nr. 1)

III. Einspruchsentscheidung (§ 367 Abs. 1 AO, § 358 Satz 2 AO) bei

- unzulässigem Einspruch (mindestens eine Zulässigkeitsvoraussetzung nicht erfüllt),

  Tenor: Einspruch wird als unzulässig verworfen.

- unbegründetem Einspruch (Verwaltungsakt weder formell noch materiell rechtswidrig, also Finanzamt hat nicht gegen Verfahrensrecht/Einzelsteuergesetze verstoßen),

  Tenor: Einspruch wird als unbegründet zurückgewiesen.

HINWEIS:

Gegen eine Einspruchsentscheidung ist eine (kostenpflichtige) Klage beim Finanzgericht möglich (erneuter Einspruch nicht statthaft, § 348 Nr. 1 AO) oder aber ein (kostenloser) Antrag auf schlichte Änderung, § 172 Abs. 1 Sätze 2 und 3 AO.

IV. (Teil-)Abhilfebescheid (§ 172 Abs. 1 Satz 1 Nr. 2a AO)

- Keine Einspruchsentscheidung nötig, wenn Einspruch vollumfänglich stattgegeben wird (§ 367 Abs. 2 Satz 3 AO).
- Bei Teilabhilfe ist zusätzlich eine (Teil-)Einspruchsentscheidung nötig, da keine Vollabhilfe.

V. Allgemeinverfügung

II. Einspruch vs. Antrag auf schlichte Änderung

Zunächst sollte klar sein, ob man einen Einspruch einlegen will, oder ob nicht ein Antrag auf schlichte Änderung reicht, denn beides hat Vor- und Nachteile.

Abb. 2: Kurzübersicht Vor- und Nachteile

Schlichte Änderung

- Kostenlos
- Formlos
- Soweit Änderung reicht
  - Änderungsrahmen
  - Kein „Nachschieben“
  - Keine Verböserung
- Keine AdV möglich
  - Stundung (Zinsen)
- Einspruch gegen Ablehnung
- Änderung von Einspruchsentscheidungen (§ 172 Abs. 1 Satz 2 AO, AEAO Nr. 4)
- Wiedereinsetzung möglich

Einspruch

- Kostenlos (AEAO vor § 347, Nr. 2)
- Schriftlich/elektronisch/Niederschrift
- § 367 Abs. 2 Satz 1 AO: Gesamtfallüberprüfung
  - „Nachschieben“
  - Verböserung
- AdV möglich
  - Zinsen
- Kostenpflichtiges Klageverfahren
- Wiedereinsetzung möglich

FEHLER: ICH WEIß NICHT, WAS MEIN ZIEL IST.

Grundsätzlich ist nach § 133 BGB der **tatsächliche** Wille einer Willenserklärung zu erforschen. Nicht ausdrücklich als Einspruch bezeichnete, vor Ablauf der Einspruchsfrist schriftlich oder elektronisch vorgetragene Änderungsbegehren des Stpfl. können regelmäßig als schlichte Änderungsanträge behandelt werden, wenn der Antragsteller eine genau bestimmte Änderung des Steuerbescheids beantragt und das Finanzamt dem Begehren entsprechen will. Andernfalls ist ein Einspruch anzunehmen, da der Einspruch die Rechte des Stpfl. umfassender und wirkungsvoller wahrt als der bloße Änderungsantrag (AEAO zu § 172, Nr. 2).

Man sollte also hier gut abwägen, was man erreichen will:

Ist man sich absolut sicher, dass man nur eine punktuelle Änderung haben möchte, bietet sich ein Antrag auf schlichte Änderung an, da diese unkompliziert (formlos) möglich ist und man erfahrungsgemäß auch schneller ans Ziel kommt.

Das Problem hierbei ist jedoch, dass das Finanzamt den Steuerbescheid aufgrund eines schlichten Änderungsantrags nur in dem Umfang zugunsten des Stpfl. ändern darf, als der Stpfl.

- vor Ablauf der Einspruchsfrist eine
- genau bestimmte Änderung bezogen auf einen
- konkreten Lebenssachverhalt beantragt hat und
- das Finanzamt dem Begehren entsprechen will.

BEISPIEL: Es wird die Anerkennung von Werbungskosten i. H. v. 2.500 € bei den Einkünften aus nichtselbständiger Tätigkeit begehrt, da für das Homeoffice ein Bildschirm angeschafft worden ist. **Innerhalb** der Einspruchsfrist könnten nun weitere Ausgaben (z. B. Spenden i. H. v. 500 €) geltend gemacht werden. **Nach** Ablauf der Einspruchsfrist ist eine Erweiterung des Änderungsbegehrens (z. B. weitere Werbungskosten i. H. v. 2.000 €) nicht mehr möglich. Allenfalls die Nachreichung von Belegen zu den – **vor** Fristablauf geltend gemachten – Werbungskosten/Spenden wäre **nach** Ablauf der Einspruchsfrist möglich.

Der Vorteil des schlichten Änderungsantrags ist, dass keine Verböserung möglich ist. Dies wiederum ist der Nachteil des Einspruchs aber auch zugleich sein Vorteil. Denn hier muss eine Gesamtfallüberprüfung nach § 367 Abs. 2 Satz 1 AO erfolgen. Es können daher – auch nach Ablauf der Einspruchsfrist – nach Belieben weitere Ausgaben/Werbungskosten etc. geltend gemacht werden, vorausgesetzt innerhalb der Einspruchsfrist wurde ein zulässiger Einspruch eingelegt.

FORMULIERUNGSBEISPIEL FÜR EINEN EINSPRUCH: So sollten Sie formulieren, wenn Sie wirklich einen Einspruch einlegen und sich damit sämtliche Optionen offenhalten wollen:

„An das Finanzamt XYZ

Betreff: Einspruch gegen ESt 2024

Sehr geehrte Damen und Herren,

hiermit lege ich Einspruch gegen den Einkommensteuerbescheid 2024 ein. Begründung folgt.

Mit freundlichen Grüßen

Dr. Besserwisser"

Warum kann es sich hierbei nicht um einen Antrag auf schlichte Änderung handeln?

Zum einen wird explizit Einspruch eingelegt. Allerdings wäre hier auch eine falsche oder gar fehlende Bezeichnung als Widerspruch unschädlich (§ 357 Abs. 1 Satz 3 AO), da zum anderen keine genau bestimmte Änderung bezogen auf einen konkreten Lebenssachverhalt beantragt wird (Begründung wird nachgereicht, reine Soll-Norm § 357 Abs. 3 AO, daher nicht nötig).

FORMULIERUNGSBEISPIEL FÜR EINEN ANTRAG AUF SCHLICHTE ÄNDERUNG: So sollten Sie formulieren, wenn Sie wirklich „nur" einen Antrag auf schlichte Änderung stellen und damit z. B. eine Verböserung vermeiden wollen:

„An das Finanzamt XYZ

Betreff: Antrag auf schlichte Änderung der ESt 2024

Sehr geehrte Damen und Herren,

hiermit beantrage ich die schlichte Änderung des Einkommensteuerbescheids 2024.

Ich beantrage die Anerkennung weiterer Werbungskosten i. H. v. 2.000 € betreffend meine Einkünfte aus nichtselbständiger Tätigkeit.

Begründung:

Im Rahmen der Einrichtung meines Homeoffice-Platzes musste ich mir einen höhenverstellbaren Schreibtisch (Kosten 1.000 €) sowie einen hochwertigen Schreibtischstuhl (Kosten 1.000 €) kaufen. Die Kosten dafür musste ich selbst tragen. Rechnungen und Bestätigung meines Arbeitgebers liegen bei.

Mit freundlichen Grüßen

Dr. Besserwisser

Anlagen: Rechnungen über Schreibtisch und Stuhl"

Warum kann es sich hierbei um einen Antrag auf schlichte Änderung handeln?

In diesem Fall liegt eine genau bestimmte Änderung (2.000 €) bezogen auf einen konkreten Lebenssachverhalt (Werbungskosten bei Einkünften aus nichtselbständiger Tätigkeit, Schreibtisch/Stuhl) vor. Zudem liegen die Nachweise vor, so dass das Finanzamt dem Vorbringen/Antrag entsprechen kann.

Weiterhin wurde explizit ein Antrag auf schlichte Änderung gestellt.

SCHLICHTER ÄNDERUNGSANTRAG ODER EINSPRUCH:

„An das Finanzamt XYZ

Betreff: Antrag auf schlichte Änderung der ESt 2024

Sehr geehrte Damen und Herren,

hiermit beantrage ich die schlichte Änderung des Einkommensteuerbescheids 2024.

Begründung:

Ich beantrage die Anerkennung weiterer Werbungskosten i. H. v. 2.000 € betreffend meine Einkünfte aus nichtselbständiger Tätigkeit. Im Rahmen der Einrichtung meines Homeoffice-Platzes musste ich mir einen höhenverstellbaren Schreibtisch (Kosten 1.000 €) sowie einen hochwertigen Schreibtischstuhl (Kosten 1.000 €) kaufen. Die Kosten dafür musste ich selbst tragen.

Zudem möchte ich noch weitere Ausgaben geltend machen. Belege kann ich hierzu jedoch nicht mehr finden.

Mit freundlichen Grüßen

Dr. Besserwisser"

Hier kann kein Antrag auf schlichte Änderung vorliegen. Zwar wurde wieder explizit Antrag auf schlichte Änderung gestellt und der Stpfl. hat wiederum eine genau bestimmte Änderung bezogen auf einen konkreten Lebenssachverhalt beantragt. Dies bezieht sich jedoch nur auf die Werbungskosten i. H. v. 2.000 €. In diesem Fall möchte der Stpfl. jedoch noch „weitere Ausgaben geltend machen". Diesbezüglich fehlt es sowohl am konkreten Lebenssachverhalt als auch an einer genau bestimmten Änderung. Das Finanzamt kann dem Antrag also nicht in vollem Umfang entsprechen und müsste erst Ermittlungen anstellen. Daher ist es sehr wahrscheinlich, dass bis zur Klärung des Sachverhalts die Einspruchsfrist bereits abgelaufen ist. Die konkrete Darlegung des Sachverhalts muss jedoch innerhalb der Einspruchsfrist erfolgen. Zudem wahrt der Einspruch die Rechte des Stpfl. umfassender und wirkungsvoller als der bloße Änderungsantrag, siehe AEAO zu § 172, Nr. 2.

Überlegen Sie vorab also genau, was Sie erreichen wollen. Eine AdV ist z. B. nur mit einem zulässigen Einspruch möglich, damit eröffnen Sie dem Finanzamt jedoch die Möglichkeit einer Verböserung. Beim Antrag auf schlichte Änderung kommt lediglich eine Stundung in Betracht.

FEHLER: KEINE „HILFESTELLUNG" SEITENS DES FINANZAMTS

Schauen wir uns den letzten Fall nochmal an. Nehmen wir an, Dr. Besserwisser ist steuerlicher Laie und möchte diesen Antrag auf schlichte Änderung – ohne steuerliche Beratung – vor Ort im Service-Zentrum des Finanzamts stellen. Der zuständige Bearbeiter liest sich den „Antrag" durch und meint zum Stpfl., dass alles in Ordnung sei, dem Antrag könne stattgegeben werden. Er unterlässt jedoch eine weitere Beratung bzw. Aufklärung wohlwissend, dass Dr. Besserwisser Einspruch hätte einlegen müssen. Nach Ablauf der Einspruchsfrist ruft der Stpfl. nochmal beim Finanzamt an und fragt nach, was denn nun mit dem Änderungsbescheid sei. Der zuständige Bearbeiter im Innendienst des Finanzamts teilt ihm daraufhin mit, dass die Einspruchsfrist inzwischen abgelaufen sei, er keine weiteren Ausgaben mehr geltend machen könne und daher einfach „Pech gehabt" habe.

Wirklich? Kann das so sein? Natürlich nicht. In solchen Fällen soll das Finanzamt die Stellung entsprechender „Anträge" anregen, die sich bei dem gegebenen Sachverhalt aufdrängen. Hier hätte es sich also auf jeden Fall aufgedrängt, dass der Bearbeiter im Service-Zentrum den Stpfl. darüber aufklärt, dass er einen Einspruch einlegen muss, wenn er noch weitere Ausgaben nachreichen möchte.

Da dies hier nicht passiert ist, liegt ein formeller Fehler (Verstoß gegen das Verfahren) vor. Dem Stpfl. ist Wiedereinsetzung in den vorigen Stand zu gewähren, § 110 AO, da ein eindeutiger Verstoß der Finanzbehörden gegen die Fürsorgepflicht vorliegt.[1]

III. Zulässigkeit des Einspruchs (§ 358 AO)

Kommt man zu dem Ergebnis, dass ein Einspruch eingelegt werden soll, muss dieser zulässig und begründet sein, um erfolgreich zu sein.

1. Statthaftigkeit des Einspruchs

a) Einspruch gegen Verwaltungsakt

Dass ein Einspruch gegen Verwaltungsakte statthaft ist, dürfte klar sein. Jedoch gibt es auch hier in der Praxis kuriose Sonderfälle.

FEHLER: BEI DER BELEGRÜCKGABE HANDELT ES SICH UM EINEN VERWALTUNGSAKT.

Leider (oder besser zum Glück) falsch. Folglich ist ein Einspruch hiergegen auch nicht statthaft.

In einem Fall hatte sich ein Stpfl. darüber beschwert, dass seine Belege im Original wieder an ihn zurückgesandt worden sind. Schließlich habe er in seiner kleinen 1-Zimmer-Wohnung keinen Platz dafür.

FEHLER: EIN BETRIEBSPRÜFUNGSBERICHT IST EIN VERWALTUNGSAKT.

Zwar hat nach § 202 AO ein schriftlicher bzw. elektronischer Betriebsprüfungsbericht zu ergehen. Hierbei handelt es sich jedoch nicht um einen Verwaltungsakt, da die konkrete Rechtswirkung nach außen fehlt. In diesem Bericht werden lediglich die Feststellungen der Prüfung festgehalten. Erst der Bescheid, der daraufhin erlassen wird, ist ein Verwaltungsakt, gegen den dann ein Einspruch statthaft ist. Zusätzlich entscheidet die zuständige Veranlagungsstelle, ob sie die Feststellungen übernimmt, denn grundsätzlich ist diese nicht an die Feststellungen der Außenprüfung gebunden.

Ähnlich verhält es sich mit der in § 201 AO festgeschriebenen Schlussbesprechung. Diese kann mit Zustimmung des Stpfl. auch fernmündlich oder nach § 87a Abs. 1a AO elektronisch (z. B. per Videokonferenz) durchgeführt werden und stellt aus den gleichen Gründen keinen Verwaltungsakt dar.

Achtung: Der neu geschaffene Teilabschlussbescheid nach § 180 Abs. 1a AO ist dagegen ein Verwaltungsakt, gegen den der Einspruch statthaft wäre.

FEHLER: DIE MAHNUNG IST EIN VERWALTUNGSAKT.

Wird die fällige Steuer nicht innerhalb der Fälligkeit beglichen, erlässt das Finanzamt i. d. R. relativ zeitnah eine Mahnung nach § 259 AO. Nun könnte man denken, dass auch hier ein Verwaltungsakt vorliegt, da an die fällige Steuer freundlich „erinnert" wird.

1 AEAO zu § 89, Nr. 1.

Jedoch ist diese „Erinnerung" genau der Grund dafür, dass es sich eben nicht um einen Verwaltungsakt handelt. Die Mahnung ist eine reine Wiederholung des Leistungsgebotes nach § 254 Abs. 1 Satz 1 AO, welches wiederum einen Verwaltungsakt darstellt.

FEHLER: EINSPRUCH GEGEN DIE AUFRECHNUNG

Nach der Rechtsprechung des BFH[1] ist die Aufrechnungserklärung des Finanzamts mit Ansprüchen aus dem Steuerschuldverhältnis die rechtsgeschäftliche Ausübung eines Gestaltungsrechts und für sich allein kein Verwaltungsakt.

Bei der Aufrechnung nach § 226 AO i. V. m. §§ 387 ff. BGB handelt es sich nicht um eine hoheitliche Maßnahme, da auch „normale" Bürger gegeneinander aufrechnen können.[2] Wir befinden uns also auf dem Gebiet des Privatrechts und nicht auf dem Gebiet des öffentlichen (Steuer-)Rechts. Folglich wäre ein Einspruch gegen die Aufrechnung mangels Statthaftigkeit nach § 347 AO unzulässig.

Doch wie kann sich der Stpfl. dann gegen eine Aufrechnung wehren?

Die Lösung finden wir im Bereich der Erhebung: Gemäß § 218 Abs. 1 und Abs. 2 Satz 1 AO ergeht z. B. dann ein Abrechnungsbescheid, wenn die Verwirklichung von Ansprüchen aus dem Steuerschuldverhältnis und ihr Erlöschen durch Aufrechnung strittig sind.[3]

Hält der Stpfl. die Abrechnung für fehlerhaft oder rechtswidrig, kann er den Abrechnungsbescheid (= Verwaltungsakt) mit einem Einspruch anfechten und notfalls im Finanzgerichtsverfahren für eine Klärung sorgen.

Exkurs: Besonderheit Abrechnungsbescheid (§ 218 Abs. 2 AO)

Grundlage für die Verwirklichung von Ansprüchen aus dem Steuerschuldverhältnis sind die Verwaltungsakte, mit denen diese Ansprüche festgesetzt wurden (§ 218 Abs. 1 AO). Nur bei Säumniszuschlägen genügt die Verwirklichung des Tatbestands des § 240 Abs. 1 AO, da diese kraft Gesetzes entstehen.

Kommt es zum Streit zwischen dem Betroffenen und der Finanzbehörde über die Verwirklichung (nicht Festsetzung) dieser Ansprüche, so hat die Finanzbehörde nach § 218 Abs. 2 AO durch Abrechnungsbescheid zu entscheiden. Hinzuweisen ist darauf, dass sich Streitigkeiten dieser Art, wie sich schon aus der Überschrift vor § 218 AO ergibt, immer im Erhebungsverfahren, aber niemals im Festsetzungsverfahren abspielen.

BEISPIEL: Das Finanzamt hat nach Ansicht des erstattungsberechtigten Arbeitnehmers Müller die Lohnsteuer-Erstattung auf ein falsches Konto, nämlich des Huber überwiesen. Das Finanzamt weigert sich aber, die Erstattung noch einmal auf das richtige Konto des Müller zu überweisen, weil es der Ansicht ist, zu Recht die Erstattung auf das Konto des Huber überwiesen zu haben.

LÖSUNG: Der Stpfl. Müller muss einen Abrechnungsbescheid nach § 218 Abs. 2 AO beantragen und ggf. gegen diesen Einspruch einlegen, § 347 Abs. 1 Satz 1 Nr. 1 AO.

1 BFH, Urteil v. 2.4.1987 - VII R 148/83, BFHE 149 S. 482, BStBl 1987 II S. 536.

2 BFH, Urteil v. 2.4.1987 - VII R 148/83, BStBl 1987 II S. 536.

3 Vgl. BFH, Urteil v. 19.3.2019 - VII R 27/17, BFHE 263 S. 483, BStBl 2020 II S. 31.

FEHLER: DER EINSPRUCH WIRD NICHT GENAU BEZEICHNET.

In der Praxis wird meist lapidar Einspruch gegen den Einkommensteuerbescheid eingelegt. Allerdings ist zu beachten, dass ein Einkommensteuerbescheid i. d. R. mehrere selbständige Verwaltungsakte beinhaltet wie z. B.:

1. Festsetzung der Einkommensteuer, § 155 Abs. 1 Satz 1 AO;
2. Festsetzung des Solidaritätszuschlags. Dieser ist – auch wenn es der Name nicht vermuten lässt – eine Steuer i. S. des § 3 Abs. 1 AO;
3. Anrechnungsverfügung (Lohnsteuer, Kapitalertragsteuer), § 36 Abs. 2 Satz 2 EStG;
4. Leistungsgebot, § 254 Abs. 1 Satz 1 AO;
5. Festsetzung eines Verspätungszuschlags, welcher i. d. R. mit der Steuerfestsetzung verbunden wird, § 152 Abs. 11 AO;
6. Festsetzung von Zinsen, welche i. d. R. mit der Steuerfestsetzung verbunden wird, § 233a Abs. 4 AO.

Bei einer Zusammenveranlagung würde sich diese Anzahl der Verwaltungsakte noch verdoppeln.

Jeder dieser Verwaltungsakte kann also einzeln und eigenständig angegriffen werden.

Wird der Gegenstand der Einwendungen nicht genau benannt, muss eine Auslegung nach § 133 BGB erfolgen, gegen welche Verwaltungsakte Einspruch eingelegt werden soll.

Sind in einem Sammelbescheid mehrere Verwaltungsakte enthalten (z. B. Festsetzung von Einkommensteuer, Nachzahlungszinsen, Verspätungszuschlag, Solidaritätszuschlag) und bezieht sich die in einem Einspruchsschreiben enthaltene Begründung nur auf einen dieser Verwaltungsakte (hier: z. B. Nachzahlungszinsen), ist der Einspruch dahingehend auszulegen, dass nur derjenige Verwaltungsakt angefochten ist, auf den sich die Einspruchsbegründung bezieht.[1] In unserem Beispiel ist also nur ein Einspruch gegen die Nachzahlungszinsen anzunehmen. Fällt dem Einspruchsführer nach Ablauf der Einspruchsfrist ein, dass er sich doch eigentlich auch noch gegen den festgesetzten Verspätungszuschlag wenden wollte, hätte dieser in diesem Fall leider Pech gehabt. Eine Änderung wäre nur noch nach den Vorschriften der §§ 129 bis 131 AO möglich, da es sich beim Verspätungszuschlag um einen sonstigen Verwaltungsakt handelt.

FEHLER: EINSPRUCH GEGEN DIE BESTEUERUNGSGRUNDLAGEN

Die Besteuerungsgrundlagen (z. B. Einkünfte, Sonderausgaben) i. S. des § 199 Abs. 1 AO selbst sind unselbständig gem. § 157 Abs. 2 AO, und können daher nicht eigenständig angefochten werden. Dies ist auch die Grundlage für § 351 Abs. 2 AO (dazu später mehr in Kapitel A.IV.4. Begründetheit zum Einspruch). Angegriffen werden muss daher immer die Steuerfestsetzung selbst, da es sich dabei um einen eigenständigen Verwaltungsakt handelt. Begründet wird der Einspruch dann meist jedoch wiederum damit, dass bspw. die Einkünfte (also die Besteuerungsgrundlagen) zu hoch seien.

Achtung: Eine Ausnahme stellt die gesonderte Feststellung von Besteuerungsgrundlagen nach §§ 179 ff. AO dar. Hiergegen ist ein Einspruch möglich.

1 BFH, Beschluss v. 23.6.2017 - X B 34/17, BFH/NV 2017 S. 1411 Nr. 11, NWB XAAAG-56529.

b) Untätigkeitseinspruch nach § 347 Abs. 1 Satz 2 AO

„Der Einspruch ist außerdem statthaft, wenn geltend gemacht wird, dass in den in Satz 1 bezeichneten Angelegenheiten über einen vom Einspruchsführer gestellten **Antrag** auf Erlass eines Verwaltungsakts ohne Mitteilung eines zureichenden Grundes binnen angemessener Frist sachlich nicht entschieden worden ist."

Wie der Name bereits verrät, soll die Untätigkeit des Finanzamts gerügt werden. Als angemessene Frist wird unter analoger Anwendung des § 46 Abs. 1 Satz 2 FGO ein Zeitraum von weniger als sechs Monaten angesehen.

BEISPIELE:

- Stpfl. beantragt Erlass eines Einkommensteuerbescheids (siehe nachfolgende Musterformulierung) oder Gewährung einer Stundung der Einkommensteuer, wenn er z. B. ein Guthaben aus der Einkommensteuer mit einer Nachzahlung der Umsatzsteuer verrechnet haben möchte.
- Ist Eile geboten, so sind auch kürzere Fristen als sechs Monate angemessen, z. B. Entscheidung über eine Stundung oder Aussetzung der Vollziehung.

MUSTERFORMULIERUNG UNTÄTIGKEITSEINSPRUCH:

Betreff: Untätigkeitseinspruch

„Sehr geehrte Damen und Herren,

bereits am 2.1.2025 habe ich meine Steuererklärung für 2024 bei Ihnen eingereicht. Ich habe in der Folge auch bereits mehrfach darum gebeten, die Steuererklärung zu bearbeiten.

Seit Abgabe der Erklärung sind nunmehr bis heute, den 13.10.2025, über zehn Monate vergangen, ohne dass die Erklärung bearbeitet wurde. Mir wurde bisher auch kein zureichender Grund mitgeteilt, weshalb die Bearbeitung unterblieben ist. In analoger Anwendung des § 46 Abs. 1 Satz 2 FGO ist die angemessene Frist von sechs Monaten bei weitem überschritten.

Ich erhebe daher Einspruch wegen Untätigkeit nach § 347 Abs. 1 Satz 2 AO und fordere Sie letztmalig auf, meine Einkommensteuererklärung für 2024 unverzüglich zu bearbeiten und einen entsprechenden Bescheid zu erlassen.

Mit freundlichen Grüßen

Dr. Drängler"

FEHLER: UNTÄTIGKEITSEINSPRUCH IST FRISTGEBUNDEN WIE EIN „NORMALER" EINSPRUCH.

Kurz und knapp: Ein Einspruch wegen Untätigkeit ist nach § 355 Abs. 2 i. V. m. § 347 Abs. 1 Satz 2 AO unbefristet möglich.

FEHLER: SOFORTIGE UNTÄTIGKEITSKLAGE

Bei einer Untätigkeit außerhalb des Einspruchsverfahrens (= Klage) ist immer vorab das Verfahren des Untätigkeitseinspruchs i. S. des § 347 Abs. 1 Satz 2 AO durchzuführen. Grundsätzlich ist nach § 44 Abs. 1 FGO ein erfolgloses Vorverfahren nötig, um eine Klage vor dem Finanzgericht erheben zu dürfen. Nach § 46 Abs. 1 Satz 1 FGO ist die Klage aber abweichend von § 44 Abs. 1 FGO ohne vorherigen Abschluss des Vorverfahrens zulässig, wenn über einen außergerichtlichen

Rechtsbehelf ohne Mitteilung eines zureichenden Grundes in angemessener Frist sachlich nicht entschieden worden ist. Es muss jedoch auf alle Fälle ein außergerichtlicher Rechtsbehelf vorliegen. Dazu zählt auch der Untätigkeitseinspruch.

Wird also sofort – ohne Durchführung des Einspruchsverfahrens – Untätigkeitsklage erhoben, ist diese aufgrund § 44 FGO unzulässig (Achtung ggf. Schadensersatzpflicht!).

c) Einspruch gegen nichtigen Bescheid/Scheinverwaltungsakt

Selbst gegen einen nichtigen Verwaltungsakt (§ 125 Abs. 1, 2 AO) bzw. einen Scheinverwaltungsakt ist aus Rechtschutzgründen ein Einspruch statthaft. Zu beachten ist, dass mangels wirksamer Bekanntgabe nach § 122 AO keine Einspruchsfrist i. S. des § 355 AO zu laufen beginnt, siehe AEAO zu § 347, Nr. 1. Ein Einspruch wäre daher in diesen Fällen unbefristet möglich.

FEHLER: BEI NICHTIGEM VERWALTUNGSAKT KANN ICH SOWIESO NICHTS TUN.

Nichtige Verwaltungsakte sollten in der Praxis eher die Ausnahme sein.

Nichtig wäre ein Steuerbescheid z. B., wenn der Inhaltsadressat nicht eindeutig bezeichnet wird (Herr Müller aus München) oder ein Einkommensteuerbescheid von einer Polizeibehörde erlassen wird.

Nichtig wäre aber auch die Adressierung eines Verwaltungsakts an einen Toten.

BEISPIEL: Stpfl. B sieht den Postboten in seinem gelben Auto auf sein Haus zufahren. In Anbetracht der Tatsache, dass dieser den Einkommensteuerbescheid 2024 mit einer nicht unerheblichen Nachzahlung bringen könnte, erleidet B einen Herzstillstand und verstirbt auf der Stelle.

Da der Bescheid noch nicht wirksam zugestellt werden konnte, ist dieser nichtig, da eine Bekanntgabe an einen Toten nicht möglich ist.

Im Falle eines nichtigen Verwaltungsakts gibt es folgende Möglichkeiten:

- Antrag auf Feststellung der Nichtigkeit nach § 125 Abs. 5 AO

BEISPIEL GRUNDSTEUER: Stpfl. F erwirbt mit notarieller Beurkundung ein Grundstück zum März 2022. Mit Datum 8.4.2022 erhält er eine Aufforderung vom Finanzamt zur Abgabe einer Grundsteuererklärung, da er am Stichtag 1.1.2022 Eigentümer des Grundstücks war.

Leider so aber nicht richtig, da dieser erst zum März 2022 Eigentümer geworden ist. Daher beantragt F die Feststellung der Nichtigkeit, da er falscher Inhaltsadressat der Aufforderung nach § 149 Abs. 1 Satz 2 AO ist. Einige Wochen später stellt das Finanzamt die Nichtigkeit antragsgemäß fest.

- Aufhebung eines nichtigen Verwaltungsakts nach § 172 AO

BEISPIEL (WIE ZUVOR): Grundsteuer: Hier wäre auch eine Aufhebung nach § 172 AO in Betracht gekommen.

- Rücknahme eines nichtigen Verwaltungsakts nach § 130 AO

BEISPIEL: Rücknahme einer nichtigen Stundung nach § 130 Abs. 1 AO.

- Unmittelbare Feststellungsklage nach § 41 FGO

FEHLER: NICHTS TUN BEI RECHTSWIDRIGEM VERWALTUNGSAKT

Ein rechtswidriger Verwaltungsakt erwächst in Bestandskraft nach § 124 Abs. 2 AO und kann daher sogar vollstreckt werden!

Wie ist bspw. mit einem Einspruch gegen einen Verwaltungsakt zu verfahren, wenn der Bescheid noch gar nicht wirksam bekannt gegeben worden ist?

BEISPIEL: Sie erhalten z. B. einen Einkommensteuerbescheid mit Datum 10.7.2025 bereits am nächsten Werktag, also am 11.7.2025. Auf den ersten Blick sehen Sie, dass dieser Bescheid materielle Fehler in der Form enthält, dass z. B. Werbungskosten zu Unrecht gekürzt worden sind. Um keine Frist zu versäumen, legen Sie noch am gleichen Tag Einspruch dagegen per E-Mail oder Elster ein. In der Praxis ein Phänomen, welches durch die Digitalisierung immer häufiger auftritt. Nun könnte man meinen (und leider meinen dies einige Bearbeiter), dass ein solcher Einspruch unzulässig sei, und fordern zur Einspruchsrücknahme auf. Tatsächlich wurde der Bescheid am 11.7.2025 noch nicht wirksam bekannt gegeben, da die Vier-Tages-Frist des § 122 Abs. 2 Nr. 1 AO noch gar nicht abgelaufen ist. Sie halten den Bescheid aber doch tatsächlich schon in den Händen?

LÖSUNG: Grundsätzlich liegt am 11.7.2025 – mangels Ablaufs der Vier-Tages-Frist – noch kein wirksam bekannt gegebener Verwaltungsakt vor. Jedoch wird im bereits laufenden Einspruchsverfahren nun dieser Rechtsschein eines Verwaltungsakts durch die Bekanntgabe des wirksamen Verwaltungsakts, § 124 Abs. 1 AO, am 14.7.2025 ersetzt (Ende der Vier-Tages-Frist), so dass der wirksame Verwaltungsakt an die Stelle des angefochtenen Scheinverwaltungsakts nach § 365 Abs. 3 Nr. 2 AO tritt und folglich Gegenstand des begonnenen Einspruchsverfahrens wird. Im Ergebnis liegt daher ein zulässiger Einspruch vor. Hier wird auch wieder die Bedeutung der Vier-Tages-Frist, die eigentlich eine reine Fiktion ist, deutlich. Hintergrund ist nämlich u. a. (neben der Vereinfachung) der Rechtsschutz des Stpfl.

d) Einspruch gegen Abhilfebescheid/Einspruchsentscheidung

Täglich erlässt das Finanzamt Abhilfebescheide bzw. Teil-Einspruchsentscheidungen, um Einsprüche auf diese Weise zumindest teilweise zu erledigen. Was wäre aber nun, wenn der Stpfl. feststellt, dass er noch weitere Einwendungen vorbringen möchte?

- Einspruch gegen **Vollabhilfebescheid:** Wurde in einem Einspruchsverfahren ein Vollabhilfebescheid erlassen (wurde dem Begehren des Einspruchsführers also in allen Punkten voll entsprochen), so ist auch gegen diesen letzteren Bescheid der Einspruch statthaft.[1]
- Einspruch gegen **(Teil-)Einspruchsentscheidung** i. S. des § 367 Abs. 2a AO: Erlässt das Finanzamt noch vor Ablauf der Einspruchsfrist eine Teileinspruchsentscheidung, so ist ein erneuter/nochmaliger Einspruch selbst dann nicht statthaft, wenn dieser noch innerhalb der ursprünglichen Einspruchsfrist eingelegt worden ist.[2]

1 BFH, Urteil v. 18.4.2007 - XI R 47/05, BStBl 2007 II S. 736.

2 BFH, Urteil v. 18.9.2014 - VI R 80/13, BStBl 2015 II S. 115.

Laut BFH bilden der angefochtene Steuerbescheid und die Einspruchsentscheidung eine verfahrensrechtliche Einheit. Diese verfahrensrechtliche Einheit hat zum einen zur Folge, dass die Einspruchsentscheidung – obwohl Verwaltungsakt – nicht nochmals mit dem Einspruch (§ 348 Nr. 1 AO) und i. d. R. auch nicht „isoliert" angefochten werden kann.[1]

Es bleibt somit also nur der Klageweg.

2. Form

FEHLER: FORMLOSER EINSPRUCH

Gemäß § 357 Abs. 1 Satz 1 AO muss ein Einspruch schriftlich oder elektronisch eingereicht oder zur Niederschrift erklärt werden. Ein Telefax/Computerfax genügt hierbei der Schriftform. Ebenso reicht eine formlose E-Mail (§ 87a AO) oder die Einlegung über das ELSTER-Portal der Finanzverwaltung bzw. das besondere elektronische Anwaltspostfach (beA).

Ab 2023 ist auch die Verwendung des besonderen elektronischen Steuerberaterpostfachs – kurz beSt – der Bundessteuerberaterkammer möglich (§ 86d StBerG).

Ein telefonischer oder mündlicher Einspruch ist daher nicht möglich. Habe ich selbst auch schon erlebt, als ein Steuerberater am Telefon Einspruch gegen den Einkommensteuerbescheid eines Mandanten einlegen wollte.

FEHLER: FEHLENDE UNTERSCHRIFT BEI NIEDERSCHRIFT

Zur Niederschrift bedarf es der Anwesenheit des Einspruchsführers vor Ort im Finanzamt. Der zuständige Finanzbeamte fertigt ein entsprechendes Protokoll, welches sowohl vom Einspruchsführer als auch vom Amtsträger unterschrieben werden muss. Fertigt daher z. B. der Finanzbeamte lediglich einen Aktenvermerk über einen „telefonisch eingelegten Einspruch" an, so genügt dieser nicht den Anforderungen einer Niederschrift. Gegebenenfalls kommt jedoch § 110 AO in Betracht, wenn der Beamte seiner Verpflichtung nach § 89 Abs. 1 AO nicht nachkommt. Dies bedeutet, dass das Finanzamt den Stpfl. darauf hinweisen muss, dass ein telefonischer oder mündlicher Einspruch (z. B. vor Ort im Service-Zentrum) nicht möglich ist. Unterbleibt dies, kann der Stpfl. Wiedereinsetzung beantragen.

FEHLER: EINSPRUCHSFÜHRER NICHT ERKENNBAR

Nach § 357 Abs. 1 Satz 2 AO muss der Einspruchsführer erkennbar sein. Dies geschieht regelmäßig durch Angabe des Namens, Adresse, Steuernummer, Steuer-ID-Nr., Wirtschafts-ID-Nr. etc. Daraus folgt auch, dass weder eine Unterschrift (AEAO zu § 357, Nr. 1 in analoger Anwendung) noch eine elektronische Signatur nötig ist. Sind diese Angaben vorhanden, gestaltet sich dieser Punkt unproblematisch.

Schwierig sind in der Praxis jedoch die Fälle, in denen diese Angaben fehlen oder z. B. nur eine E-Mail verschickt wird, aus der der Absender nicht ersichtlich ist (XYZ@gmx.de – ja, auch das ist schon vorgekommen). Dann muss das Finanzamt erst durch Rückfragen ermitteln, wer der Einspruchsführer ist.

1 *Steinhauff* in Hübschmann/Hepp/Spitaler, AO/FGO, § 44 FGO Rz. 303; *von Beckerath* in Hübschmann/Hepp/Spitaler, AO/FGO, § 44 FGO Rz. 171, 178; *Seer* in Hübschmann/Hepp/Spitaler, AO/FGO, § 44 FGO Rz. 16 f.

Auch bei zusammenveranlagten Ehegatten/eingetragenen Lebenspartnern kann die klare Erfassung des Einspruchsführers nicht ganz einfach sein, z. B., wenn ein Ehegatte nur für sich Einspruch einlegt. In diesem Fall ist auch nur dieser Ehegatte Einspruchsführer. Da es sich hierbei um einen zusammengefassten Bescheid nach § 155 Abs. 3 AO handelt, bedeutet das gleichzeitig, dass der Teil, der den anderen Ehegatten betrifft, formell bestandskräftig wird, sofern dieser nicht doch noch innerhalb der Einspruchsfrist mit einem zulässigen Einspruch angegriffen wird. Für diesen Teil ist eine Korrektur dann nur noch über entsprechende Korrekturvorschriften möglich!

Problembereich „Vollmacht": Liegt eine ordnungsgemäße Vertretungsvollmacht vor, ist alles gut.

Aber was, wenn Einspruch eingelegt wird ohne entsprechende Vertretungsvollmacht? Dann ist der Einspruch unwirksam, außer die Genehmigung wird nachträglich erteilt (§ 177 BGB). Diese Genehmigung kann auch noch nach Ablauf der Einspruchsfrist eingereicht werden. Der Einspruch an sich muss noch innerhalb der Einspruchsfrist eingelegt werden.

Auch eine fehlende oder falsche Bezeichnung ist unschädlich (§ 357 Abs. 1 Satz 3 AO). Häufig werden in der Praxis Ausdrücke wie „Beschwerde", „Widerspruch", „Berufung" etc. verwendet (meist von steuerlichen Laien) oder eine Bezeichnung fehlt gänzlich. Dies stellt jedoch keinen Formverstoß dar (siehe § 133 BGB). Wichtig ist nur, dass aus dem Schriftsatz erkennbar ist, dass der Einspruchsführer eine Nachprüfung des Verwaltungsakts begehrt und mit dem Verwaltungsakt nicht einverstanden ist.

FEHLER: FALSCHE ANBRINGUNGSBEHÖRDE

Grundsatz: Die richtige Anbringungsbehörde ist das Finanzamt, welches den angefochtenen Verwaltungsakt erlassen hat (§ 357 Abs. 2 Satz 1 AO).

Ausnahme 1 (§ 357 Abs. 2 Satz 2 AO): Gerade diese Ausnahme bereitet in der Praxis oft große Probleme, da oft noch Unsicherheit herrscht, bei welchem Finanzamt denn nun welcher Einspruch eingelegt werden muss. Demnach gilt:

Ein Einspruch, der sich gegen die

- Feststellung von Besteuerungsgrundlagen (vor allem nach §§ 179, 180 ff. AO) oder
- gegen die Festsetzung eines Steuermessbetrags (§ 184 AO: Gewerbe- und Grundsteuermessbetrag) richtet,

kann auch bei der zur Erteilung des Steuerbescheids (regelmäßig das Wohnsitz-Finanzamt nach § 19 AO bzw. die Gemeinden bei Gewerbe- und Grundsteuer) zuständigen Behörde angebracht werden – jedoch nicht umgekehrt.

BEISPIEL 1: Das Finanzamt Straubing erlässt einen Gewerbesteuermessbescheid und schickt diesen an die zuständige Gemeinde. Diese erlässt einen entsprechenden Gewerbesteuerbescheid.

- Gegen den Gewerbe**steuer**bescheid kann **Widerspruch** (nicht Einspruch) bei der Gemeinde oder unmittelbar Klage beim Bayerischen Verwaltungsgericht eingereicht werden.
- Gegen den Messbescheid ist der Einspruch beim zuständigen Finanzamt (hier Straubing) einzulegen.

Dabei ist zu beachten, dass ein Widerspruch nur bei einem Fehler im Gewerbe**steuer**bescheid (z. B. falscher Hebesatz) möglich ist. Entscheidungen in den Grundlagenbescheiden selbst (z. B. Höhe des Messbetrags) können nur durch Einspruch gegen den Gewerbe**steuermess**bescheid beim Finanzamt Straubing angegriffen werden.

BEISPIEL 2: Es ergeht ein Feststellungsbescheid vom 10.7.2025 des für die gesondert und einheitliche Feststellung zuständigen Betriebs-Finanzamts Cham.

- Ende der Einspruchsfrist damit mit Ablauf des 14.8.2025.

Der Stpfl. legt nun am 14.8.2025 Einspruch beim Wohnsitz-Finanzamt Deggendorf ein (Eingang am 14.8.2025). Ist dieser fristgerecht?

- Grundsatz: § 357 Abs. 2 Satz 1 AO: Richtige Anbringungsbehörde ist das Finanzamt Cham.
- **Aber:** § 357 Abs. 2 Satz 2 AO: Fristgerechte Einlegung ist auch beim Wohnsitz-Finanzamt Deggendorf möglich.
  Praxishinweis: In diesem Fall wird das Finanzamt Deggendorf den Einspruch zur weiteren (zuständigen) Bearbeitung an das Finanzamt Cham weiterleiten. Satz 2 spielt also „lediglich" zur Fristwahrung eine Rolle. Die originäre Zuständigkeit ändert sich dadurch nicht.
- **Achtung:** Das gilt nicht umgekehrt. Legt also der Einspruchsführer beim Betriebs-Finanzamt Cham Einspruch gegen den Einkommensteuerbescheid ein, liegt kein Fall des § 357 Abs. 2 Satz 2 AO vor.
- In diesem Fall greift jedoch § 357 Abs. 2 Satz 4 AO.

Ausnahme 2 (§ 357 Abs. 2 Satz 4 AO): Wird ein Einspruch bei einer anderen/falschen Behörde eingelegt, so ist die Einspruchsfrist gewahrt, wenn diese den Einspruch im normalen Amtsverkehr, unverzüglich und ohne schuldhaftes Zögern[1] einer in § 357 Abs. 2 AO genannten Behörde übermittelt. Unverzüglich bedeutet jedoch nicht, dass der zuständige Beamte des „falschen" Finanzamts die Einspruchsfrist überprüfen und bei Zeitmangel den Einspruch per E-Mail oder Fax an das richtige Finanzamt senden muss. Das Risiko der rechtzeitigen Übermittlung trägt nämlich der Stpfl.

BEISPIEL 3: Stpfl. A wohnt in München. Da er gerade in Garmisch beim Skifahren ist, wirft er seinen schriftlichen Einspruch gegen den Einkommensteuerbescheid 2024 beim Finanzamt Garmisch ein, da er keine Lust hat, seinen Kurz-Urlaub zu unterbrechen. Der zuständige Bearbeiter im Finanzamt Garmisch erkennt, dass er nicht zuständig ist, und leitet den Einspruch noch am gleichen Tag an das Finanzamt München weiter, wo der Einspruch noch rechtzeitig eingeht.

Hier liegt ein Fall des § 357 Abs. 2 Satz 4 AO vor, d. h., zwar wurde der Einspruch bei einer örtlich unzuständigen Behörde eingelegt, jedoch wird durch die rechtzeitige Übermittlung der Einspruch fristgerecht eingelegt.

BEISPIEL 4: Wie Beispiel 3, jedoch lässt der zuständige Bearbeiter den Einspruch erst einmal liegen, obwohl er erkennt, dass das Finanzamt München zuständig ist. Daher läuft die Einspruchsfrist in der Folge ab. Klassischer Fall von Pech gehabt, oder?

Ganz so einfach ist es (nicht): Siehe hierzu AEAO zu § 357, Nr. 2: Es kommt Wiedereinsetzung in den vorigen Stand nach § 110 AO in Betracht. Siehe hierzu das entsprechende Kapitel C.

FEHLER: KEIN ERLASS DES EINKOMMENSTEUERBESCHEIDS AUFGRUND FEHLENDER GRUNDLAGENBESCHEIDE

Was tun, wenn der Grundlagenbescheid noch gar nicht erlassen worden ist? In diesem Fall sind die Besteuerungsgrundlagen im Einkommensteuerbescheid (also im Folgebescheid) zu schätzen, siehe § 155 Abs. 2, § 162 Abs. 5 AO. Ansonsten würde der Folgebescheid in einigen Fällen erst

1 BVerfG, Beschluss v. 2.9.2002 - 1 BvR 476/01, BStBl 2002 II S. 835.

recht spät erlassen werden können, wenn der Stpfl. bspw. an mehreren Grundstücksgemeinschaften beteiligt ist, denn in der Praxis gehen solche Feststellungsmitteilungen gerne auch erst Jahre später beim Wohnsitzfinanzamt (= Folgebescheid) ein.

FEHLER: FEHLENDE BEGRÜNDUNG DES EINSPRUCHS

Hierbei handelt es sich nicht um einen Fehler, denn § 357 Abs. 3 AO ist eine reine Soll-Vorschrift. Gemäß dieser Norm soll

- der angefochtene Verwaltungsakt bezeichnet und angegeben werden, inwieweit der Verwaltungsakt angefochten wird, sowie
- die Tatsachen zur Begründung und die Beweismittel angeführt werden.

Diese Vorschrift ist jedoch Fluch und Segen zugleich: Segen für alle Steuerberater und Stpfl., denn grundsätzlich wäre folgender Satz für die Einlegung eines Einspruchs ausreichend (und kommt so auch tatsächlich sehr häufig vor):

„Hiermit lege ich Einspruch ein." (Punkt).

Mehr muss nicht sein. Nicht einmal der Zusatz: *„Eine Begründung reiche ich zeitnah nach"*.

Fluch, weil damit viele Finanzämter von Einsprüchen überschwemmt werden, zumal der Einspruch kostenlos und z. B. leicht mit dem Handy einzulegen ist; aber das ist ein anderes Thema.

BEISPIEL: Stpfl. „wehrt sich gegen das Schreiben vom XX.XX.XXXX".

Der Finanzbeamte sucht daraufhin zunächst im Computer unter den Bescheiden und findet: Nichts. Kein Bescheid mit diesem Datum. Auch in den Akten findet sich kein Schreiben, keine Gesprächsnotiz über ein mit dem Stpfl. geführtes Telefonat.

Erst im Archiv findet sich nach langem Suchen ein Schriftsatz mit diesem Datum. Ein Antrag auf Stundung wurde abgelehnt. Den Stpfl. traf entsprechend § 357 Abs. 3 AO keine weitere Pflicht zu näheren Angaben, auch wenn dies in der Praxis für den Finanzbeamten erhöhten Rechercheaufwand bedeutete.

Nun könnte man meinen, dass dies die einzige Möglichkeit der Anwendung dieser Soll-Vorschrift ist. Aber weit gefehlt, denn auch hier kommt wieder der tatsächliche Wille des Stpfl. nach § 133 BGB ins Spiel, welcher durch entsprechende Auslegung zu ermitteln ist. Es ist die Meistbegünstigungstheorie[1] zu beachten:

- Beantragt ein Stpfl. innerhalb der Einspruchsfrist nicht nur Aussetzung der Vollziehung, sondern auch noch ein Aussetzen/Ruhen des Verfahrens nach § 363 AO, so liegt gleichzeitig ein Einspruch vor.[2]
- Einkommensteuer wird geschätzt, Steuerbescheid ergeht. Innerhalb der Einspruchsfrist geht – ohne weitere Erklärung – die Steuererklärung beim Finanzamt ein. Auslegung als Einspruch gegen den Schätzungsbescheid und nicht nur als (bloßer) Antrag auf schlichte Änderung.[3] Grund auch hier: Das Meistbegünstigungsprinzip,

1 BFH, Urteil v. 24.8.2004 - VIII R 7/04, BFH/NV 2005 S. 11, NWB MAAAB-27800.

2 BFH, Urteil v. 26.10.2004 - IX R 23/04, BFH/NV 2005 S. 325, NWB AAAAB-41204.

3 BFH, Urteil v. 27.2.2003 - V R 87/01, BStBl 2003 II S. 505.

denn für einen Antrag auf schlichte Änderung wäre ein konkreter Lebenssachverhalt nötig, AEAO zu § 172, Nr. 2 und 3.

Die Rechtsprechung setzt aber auch dem *Soll* des § 357 Abs. 3 AO Grenzen.

- Umdeutung eines Antrags auf Erlass nach § 222 AO in einen Einspruch ist selbst dann nicht möglich, wenn gleichzeitig Aussetzung der Vollziehung beantragt wird.
- Ergeht ein Einkommensteuerbescheid und werden auch noch Zinsen i. S. des § 233a AO und ein Solidaritätszuschlag festgesetzt, so ist ein Einspruch insoweit auszulegen, dass nur der Verwaltungsakt angefochten wird, auf den sich die Begründung des Einspruchs bezieht. Im entschiedenen Fall war die Begründung auf die Zinsen beschränkt, so dass lediglich ein Einspruch gegen die Zinsfestsetzung vorlag.[1] Eine weitere Auslegung durch die Soll-Vorschrift ist nicht möglich.
- Wird ein Einspruch gegen die Festsetzung des Kirchgeldes der Ehefrau eingelegt, so kann dieser nicht als Einspruch gegen den Einkommensteuerbescheid umgedeutet werden.[2]

Es bietet sich daher im Zweifel immer an, den Einspruch (genau) zu begründen und auch den Verwaltungsakt korrekt zu bezeichnen, um spätere Nachteile zu vermeiden und z. B. die Festsetzung eines Verspätungszuschlags formell bestandskräftig werden zu lassen.

FEHLER: BEDINGUNG IM EINSPRUCH

Zu beachten ist auch, dass der Einspruch bedingungsfeindlich ist.

Legt ein Stpfl. oder auch sein Berater „vorsorglich" Einspruch ein, so ist dies unschädlich und der Einspruch zulässig (ansonsten wären wohl ca. 50 % der Einsprüche unzulässig).

Unzulässig dagegen wäre ein Einspruch, der unter einer Bedingung eingelegt wird, wie z. B.:

- Sollte die Einkommensteuer 2024 nicht gestundet werden, lege ich Einspruch ein.
- Sollte die Umsatzsteuer 2024 nicht erlassen werden, lege ich Einspruch ein.
- Sollte mir keine Fristverlängerung für die Abgabe der Einkommensteuererklärung 2024 gewährt werden, lege ich Einspruch ein.

3. Einspruchsfrist nach § 355 Abs. 1 AO

Die Einspruchsfrist beträgt nach Satz 1 dieser Vorschrift einen Monat nach Bekanntgabe des Verwaltungsakts. Meines Erachtens fehlt hier ein entscheidendes Wort: „wirksam". Die Bekanntgabe muss wirksam sein. Denn ansonsten beginnt die Einspruchsfrist erst gar nicht zu laufen. Ein Einspruch wäre damit grundsätzlich unbefristet mög-

1 BFH, Beschluss v. 23.6.2017 - X B 34/17, BFH/NV 2017 S. 1411, NWB XAAAG-56529.

2 BFH, Urteil v. 8.5.2008 - VI R 12/05, BStBl 2009 II S. 116.

lich. Daher sollte die Prüfung einer wirksamen Bekanntgabe immer der erste Schritt sein.

Abb. 3: Überblick Bekanntgabe eines Verwaltungsakts

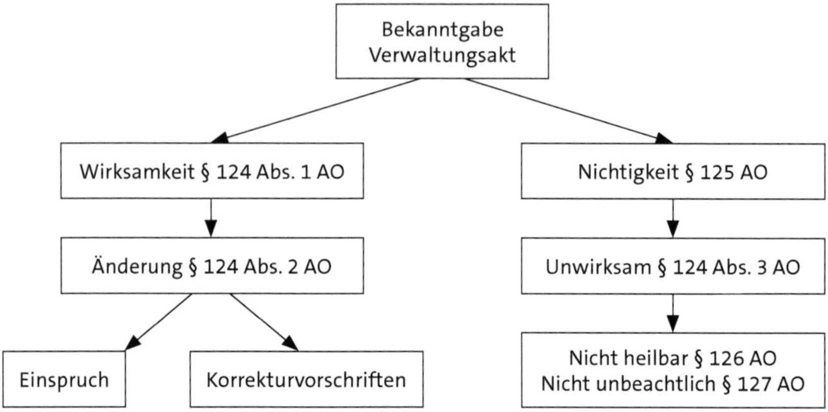

Zu Problemen bei der Bekanntgabe nebst Praxisbeispielen siehe Kapitel B.

FEHLER: KEINE SAUBERE FRISTBERECHNUNG

Können Sie sich noch an meine Einleitung erinnern? Falls nein, schauen Sie doch nochmal kurz nach, dann wird Ihnen nochmals verdeutlicht, welche immensen Auswirkungen eine Fristversäumnis haben kann. Umso wichtiger ist eine genaue Fristberechnung – und zwar bei jedem Verwaltungsakt!

Zur Berechnung der Einspruchsfrist bietet sich folgendes Schema an:

Immer vier Schritte am Beispiel der Vier-Tages-Fiktion:

1. **Bekanntgabe:** 8.7.2024 + 4 Tage, § 122 Abs. 2 Nr. 1 AO = 12.7.2025
   Aber: Samstag, also Fristenstreckung, § 108 Abs. 3 AO = **14.**7.2025
2. **Fristbeginn**: mit Ablauf des **14.**7.2025, § 108 Abs. 1 AO, § 187 Abs. 1 BGB
3. **Fristdauer**: 1 Monat, §§ 355, 356 Abs. 1 und 2 AO (wenn eine ordnungsgemäße Rechtsbehelfsbelehrung erfolgt ist)

   Fehlt die Belehrung oder ist diese fehlerhaft, so ist die Einlegung des Einspruchs nur binnen eines Jahres seit Bekanntgabe des Verwaltungsakts zulässig (hier: 14.7.2026).

   Achtung: Dies gilt nur bei **schriftlichen** oder **elektronischen** Verwaltungsakten. Bei mündlichen/konkludenten (z. B. telefonische Fristverlängerung) Verwaltungsakten bleibt es bei einem Monat, § 356 Abs. 1 i. V. m. Abs. 2 AO.

4. **Fristende**: mit Ablauf des **14.8.2025**, § 108 Abs. 1 AO, § 188 Abs. 2 BGB (beim Fristende ist ggf. § 108 Abs. 3 AO bzw. 188 Abs. 3 BGB zu beachten)

Juristisch korrekt wäre – nach anderer Auffassung - statt „mit Ablauf des" 0 Uhr bzw. 24 Uhr. Bitte sehen Sie mir es nach, denn meine Erfahrung in Theorie und Praxis der letzten 20 Jahre hat gezeigt, dass die Formulierung „mit Ablauf des" deutlich weniger fehleranfällig ist. Und in diesem Buch soll es ja gerade darum gehen, Fehler zu vermeiden.

Ist die Frist abgelaufen, sollte immer Wiedereinsetzung in den vorigen Stand nach § 110 AO geprüft werden (siehe auch Kapitel C. III.).

FEHLER: § 108 ABS. 3 AO AM ORT DES FINANZAMTS

Beim Ende einer Frist, die vom Stpfl. einzuhalten ist, ist immer § 108 Abs. 3 AO zu beachten. Aber ist nun maßgeblich, wo das Finanzamt seinen Sitz hat, oder ist ausschlaggebend, wo der Wohnsitz des Stpfl. liegt?

Hierfür sind die Verhältnisse am Leistungs- bzw. Erklärungsort (entsprechende Anwendung des § 193 BGB) entscheidend: Da am Ort des Empfängers der Verwaltungsakt bekanntgegeben (§ 122 Abs. 1 AO) und damit wirksam wird (§ 124 Abs. 1 AO), ist auch das an diesem Ort geltende Feiertagsrecht maßgeblich.

BEISPIEL: Der Einkommensteuerbescheid 2023 geht am 2.1.2025 mit einfachem Brief zur Post. Der Stpfl. wohnt in Bayern. Der Bescheid gilt nach § 122 Abs. 2 Nr. 1 AO grundsätzlich am 6.1.2025 als bekanntgegeben. Dies ist jedoch in Bayern (sowie Baden-Württemberg und Sachsen-Anhalt) ein gesetzlicher Feiertag, so dass § 108 Abs. 3 AO greift. Der Bekanntgabetag verschiebt sich auf den 7.1.2025.

ABWANDLUNG: Fall wie oben, nur hat der Stpfl. dem Steuerberater Huber in Berlin eine Empfangsvollmacht erteilt. Da der 6.1.2025 jedoch in Berlin kein gesetzlicher Feiertag ist, verbleibt es in der Folge beim 6.1.2025 als Bekanntgabetag.

FEHLER: KEINE UNTERSCHEIDUNG BEI STEUERANMELDUNGEN

Abb. 4: Beginn der Einspruchsfrist bei der Steueranmeldung

Steueranmeldung § 355 Abs. 1 Satz 2 AO

Zahllast:
Bei Eingang
§ 168 Satz 1 AO

Erstattung/Gutschrift:
Erst mit Zustimmung FA
§ 168 Satz 2 und 3 AO

Bei Steueranmeldungen i. S. des § 150 Abs. 1 Satz 3 AO, wenn also der Stpfl. die Steuer selbst zu berechnen hat (z. B. Umsatzsteuer-Voranmeldung, Umsatzsteuer-Jahreserklärung, Lohnsteueranmeldung) gilt § 355 Abs. 1 Satz 2 AO.

Im Falle einer Zahllast (§ 168 Satz 1 AO) beginnt die Einspruchsfrist mit Eingang der Anmeldung beim Finanzamt. Handelt es sich jedoch um eine zustimmungspflichtige Anmeldung (§ 168 Satz 2, 3 AO) beginnt die Frist erst nach Bekanntwerden der Zustimmung (i. d. R. durch Auszahlung des Guthabens).

Eine Steueranmeldung steht aber doch unter dem Vorbehalt der Nachprüfung nach § 164 Abs. 1 AO und kann somit nach § 164 Abs. 2 AO geändert werden? Das ist richtig. Problematisch könnte es aber werden, wenn der Vorbehalt aufgehoben worden (§ 164 Abs. 3 AO) oder aufgrund Verjährung kraft Gesetzes entfallen ist (§ 164 Abs. 4 AO). Denn dann ist der Verwaltungsakt endgültig und kann auch nicht mehr mit einem Einspruch angefochten werden, da die Einspruchsfrist in der Zwischenzeit längst abgelaufen sein dürfte.

4. Beschwer und Rechtsschutzbedürfnis (§ 350 AO)

In der Theorie relativ unbedeutend erfährt die Beschwer in der Praxis doch in einigen Fällen eine nicht unerhebliche Wichtigkeit.

FEHLER: KEINE BESCHWER BEI NULL-FESTSETZUNG

Grundsätzlich gilt: Ist die festgesetzte Steuer größer als 0 €, liegt immer eine Beschwer vor, und zwar auch dann, wenn das Finanzamt die Veranlagung antragsgemäß durchgeführt hat, denn der Stpfl. könnte z. B. eine Steuerreduzierung von 600 € auf 500 € beantragen, weil dieser z. B. noch Rechnungen gefunden hat.

Bei einer Nullfestsetzung besteht grundsätzlich keine Beschwer. Aber kein Grundsatz ohne Ausnahme im Steuerrecht. Daher ist eine Beschwer auch in folgenden Fällen gegeben:

I. Mit dem Einspruch wird eine Steuervergütung begehrt.

BEISPIEL: Stpfl. beantragt die Festsetzung einer negativen Umsatzsteuer (Vorsteuererstattung).[1]

II. Ein Einkommensteuerbescheid kann auch mit dem Ziel angefochten werden, die Einkommensteuer höher festzusetzen, wenn andernfalls die Anrechnung nach § 36 Abs. 2 EStG einer höheren Kapitalertragsteuer nicht möglich wäre.[2]

III. Durch den Einspruch soll die Anwendung des § 10d Abs. 4 Satz 5 EStG i. d. F. des JStG 2010 (vom Steuerbescheid abweichende Berücksichtigung von Besteuerungsgrundlagen bei der Feststellung des verbleibenden Verlustvortrags) ermöglicht werden.

IV. Es wird eine Steuerbefreiung nach § 5 Abs. 1 Nr. 9 KStG begehrt.[3]

1 BFH, Urteil v. 15.4.2010 - V R 11/09, BFH/NV 2010 S. 1830, NWB RAAAD-48560.

2 BFH, Urteil v. 19.7.1994 - VIII R 58/92, BStBl 1995 II S. 362.

3 BFH, Urteil v. 13.7.1994 - I R 5/93, BStBl 1995 II S. 134.

V. Der Gewerbesteuermessbescheid lautet zwar auf 0 €. Der Stpfl. streitet jedoch seine Gewerbesteuerpflicht grundsätzlich ab, da er seiner Meinung nach Einkünfte aus freiberuflicher Tätigkeit erzielt.

VI. BAföG, Erziehungsgeld, Prämien: Die der Steuerfestsetzung zugrunde liegenden Besteuerungsgrundlagen sind für ein anderes steuerliches oder außersteuerliches Verfahren bindend.[1] Eine derartige Bindungswirkung besteht bspw. für das BAföG-Verfahren oder einen Beihilfeanspruch nach der BBhV oder vergleichbaren landesrechtlichen Regelungen hinsichtlich der Einkünfte,[2] nicht aber hinsichtlich der außergewöhnlichen Belastungen[3] und auch nicht für das Wohngeldverfahren nach dem WoGG.[4]

FEHLER: KEINE BEACHTUNG DER BINDUNGSWIRKUNG DES GRUNDLAGENBESCHEIDS

Wird durch einen Einspruch die Änderung eines Grundlagenbescheids begehrt, kommt es für die schlüssige Geltendmachung der Beschwer nicht auf die Auswirkungen in den Folgebescheiden an.

BEISPIEL: Stpfl. legt Einspruch gegen den Bescheid über die gesonderte Feststellung seiner Einkünfte aus Gewerbebetrieb ein. Statt einem Gewinn von 10.000 € beantragt er nun einen Gewinn i. H. v. 9.000 €. Die festgesetzte Einkommensteuer würde in beiden Fällen 0 € betragen.

LÖSUNG: Unabhängig von der Auswirkung im Folgebescheid (= Einkommensteuer) besteht eine Beschwer hinsichtlich des Feststellungsbescheids, da hier zweifelsfrei eine Rechtsverletzung vorliegt.[5] Die Beschwer ist demnach isoliert zu betrachten. Diese Lösung ist auch praxisorientiert, denn aufgrund der Bindungswirkung nach § 182 Abs. 1 AO ist das „Folge-Finanzamt" an die Feststellungen des „Grundlagen-Finanzamts" gebunden. Müsste das „Grundlagen-Finanzamt" bei jedem Einspruch sämtliche „Folge-Finanzämter" kontaktieren, ob eine etwaige Änderung der Feststellung Auswirkungen auf die Einkommensteuer hätte, würde für die restliche Arbeit nicht mehr viel Zeit übrigbleiben.

FEHLER: GBR UND UMSATZSTEUERBESCHEID

Richtet sich ein Umsatzsteuerbescheid gegen eine GbR als Steuerschuldnerin, so ist grundsätzlich auch nur diese – und nicht ein Gesellschafter – einspruchsbefugt, denn in diesem Fall ist die GbR Inhaltsadressatin des Umsatzsteuerbescheids und eben nicht die einzelnen Gesellschafter.

---

1 Vgl. BFH, Urteil v. 20.12.1994 - IX R 80/92, BStBl 1995 II S. 537.

2 Vgl. BFH, Urteile v. 20.12.1994 - IX R 124/92, BStBl 1995 II S. 628, und v. 19.2.2013 - IX R 31/11, BFH/NV 2013 S. 1075.

3 BFH, Urteil v. 29.5.1996 - III R 49/93, BStBl 1996 II S. 654.

4 BFH, Urteil v. 24.1.1975 - VI R 148/72, BStBl 1975 II S. 382.

5 AEAO zu § 350, Nr. 4.

Diesem Grundsatz entsprechend muss eine Klage im Namen der Gesellschaft nach §§ 709 Abs. 1 und 714 BGB durch alle Gesellschafter gemeinschaftlich erhoben werden (ständige Rechtsprechung[1]). Dies gilt laut BFH auch nach einer Kündigung des Gesellschaftsverhältnisses.[2]

FEHLER: EHEGATTEN/EINGETRAGENE LEBENSPARTNER

Richtet sich ein Verwaltungsakt an mehrere Personen (z. B. zusammengefasster Einkommensteuerbescheid nach §§ 155 Abs. 3, 122 Abs. 7 AO), so ist jede dieser Personen einspruchsbefugt. In Fällen der Zusammenveranlagung sind daher beide Ehegatten/Lebenspartner unabhängig voneinander befugt, Einspruch einzulegen. Beide sind daher Einspruchsführer i. S. des § 359 AO.

Die Begründung, dass Aufwendungen des Ehemannes Werbungskosten bei seinen Einkünften aus nichtselbständiger Arbeit darstellen, kann jedoch auch von der Ehefrau erfolgen, weil der gegen beide Eheleute ergangene Zusammenveranlagungsbescheid ein zusammengefasster Steuerbescheid nach § 155 Abs. 3 AO ist, der gegen jeden der beiden Ehegatten als Gesamtschuldner nach § 44 AO gerichtet ist.[3]

FEHLER: MISSACHTUNG DES RECHTSCHUTZBEDÜRFNISSES

Eine weitere, in der AO nicht ausdrücklich genannte Zulässigkeitsvoraussetzung ist das Vorliegen eines Rechtsschutzbedürfnisses, d. h. eines schutzwürdigen, berücksichtigungswerten Interesses an der begehrten Entscheidung im Einspruchsverfahren (sog. immanentes Tatbestandsmerkmal). Es fehlt daran, wenn der Einspruchsführer das gleiche Ziel billiger und einfacher erlangen kann (AEAO zu § 347, Nr. 6).

BEISPIELE:

- Die Möglichkeit, einen Antrag auf schlichte Änderung (§ 172 Abs. 1 Satz 1 Nr. 2 Buchst. a AO) zu stellen, beseitigt nicht das Rechtsschutzbedürfnis für einen Einspruch, da dieser die Rechte des Stpfl. **umfassender** wahrt (vgl. AEAO vor § 347, Nr. 1). Wendet sich der Stpfl. gegen denselben Verwaltungsakt sowohl mit einem Einspruch als auch mit einem Antrag auf schlichte Änderung, ist jedoch nur das Einspruchsverfahren durchzuführen.[4]
- Wird mit dem Einspruch ausschließlich die angebliche Verfassungswidrigkeit einer Rechtsnorm gerügt, fehlt grundsätzlich das Rechtsschutzbedürfnis, wenn die Finanzbehörde den angefochtenen Verwaltungsakt spätestens im Einspruchsverfahren hinsichtlich des strittigen Punkts für **vorläufig** erklärt hat.[5]
- Trotz vorläufiger Steuerfestsetzung kann aber ein Rechtsschutzbedürfnis anzunehmen sein, wenn der Einspruchsführer **besondere** Gründe materiell-rechtlicher oder verfahrensrechtlicher Art substantiiert geltend macht oder Aussetzung der Vollziehung begehrt.[6]

1 BFH, Beschlüsse v. 31.10.1991 - V B 194/91, BFH/NV 1992 S. 402, NWB GAAAB-32412; v. 5.3.1996 - XI B 154/95, BFH/NV 1996 S. 690, NWB OAAAB-38659; v. 6.2.1997 - V B 156/96, BFH/NV 1997 S. 458, NWB XAAAB-39119.

2 BFH, Beschlüsse v. 17.5.1994 - IV B 54/93, BFH/NV 1995 S. 86, NWB DAAAB-34782; v. 10.4.2001 - V B 116/00, BFH/NV 2001 S. 1220, NWB CAAAA-67084.

3 BFH, Urteil v. 2.10.1987 - VI R 149/84, BStBl 1987 II S. 852; *Braun* in Hübschmann/Hepp/Spitaler, AO/FGO, 8. Aufl., § 40 FGO Anm. 21; *Tipke* in Tipke/Kruse, AO/FGO, 12. Aufl., § 40 FGO Tz. 12.

4 BFH, Urteil v. 27.9.1994 - VIII R 36/89, BStBl 1995 II S. 353.

5 BFH, Beschlüsse v. 10.11.1993 - X B 83/93, BStBl 1994 II S. 119, und v. 22.3.1996 - III B 173/95, BStBl 1996 II S. 506.

6 BFH, Urteil v. 30.9.2010 - III R 39/08, BStBl 2011 II S. 11.

► **Achtung, häufige Praxisfalle:** Liegt bereits ein zulässiger Einspruch gegen einen Verwaltungsakt vor, so fehlt das Rechtschutzbedürfnis, wenn **derselbe** Streitgegenstand nochmals durch denselben Einspruchsführer angefochten wird. Dieser erneute Einspruch wäre unzulässig.
Gleiches gilt, wenn ein angefochtener Steuerbescheid durch eine Korrekturvorschrift geändert wird.

BEISPIEL 1: ► Stpfl. O legt Einspruch gegen den Einkommensteuerbescheid 2024 ein und begehrt den Abzug weiterer Betriebsausgaben i. H. v. 5.000 €. Während des laufenden Einspruchsverfahrens wird dieser Bescheid nach § 175 Abs. 1 Satz 1 Nr. 1 AO geändert, weil ein Feststellungsbescheid ergangen ist, der für die Einkommensteuer bindend ist, § 182 Abs. 1 AO. Gegen diesen geänderten Einkommensteuerbescheid möchte O wiederum Einspruch einlegen.

Wäre dieser Einspruch zulässig?

LÖSUNG: ► Grundsätzlich war die Änderung des Einkommensteuerbescheids im laufenden Einspruchsverfahren möglich, § 132 AO, und auch gängige Praxis. Der geänderte Einkommensteuerbescheid 2024 wird nach § 365 Abs. 3 AO nun Gegenstand des laufenden Einspruchsverfahrens. Zwar handelt es sich dabei um einen Verwaltungsakt, so dass ein Einspruch zwar statthaft wäre. Allerdings ist ein „erneuter" Einspruch gegen den Änderungsbescheid mangels Rechtschutzbedürfnisses unzulässig.[1]

Hat der Stpfl. jetzt also Pech gehabt? Natürlich nicht. Die Lösung des Problems ist viel einfacher: Da der geänderte Bescheid nun Gegenstand des laufenden Verfahrens – und somit vollumfänglich offen – ist, können die Betriebsausgaben gem. § 367 Abs. 2 Satz 1 AO einfach nachgereicht werden. In der **Praxis** werden solche Fälle häufig pragmatisch gelöst, indem man den erneuten Einspruch – am besten nach Rücksprache mit dem Stpfl. – als weitere Begründung des ersten zulässigen Einspruchs behandelt. Verfahrensrechtlich zu 100 % korrekt wäre jedoch eine Rücknahme des erneuten Einspruchs bzw. bei fehlender Rücknahme eine Einspruchsentscheidung und „Erweiterung der Begründung" des ersten Einspruchs. Jedoch halte ich diese Vorgehensweise für nicht sehr praktikabel.

BEISPIEL 2: ► Umsatzsteuer 2024:

M hat seine Umsatzsteuervoranmeldung für November 2024 am 9.12.2024 mit einer **Zahllast** von **2.000 €** beim zuständigen Finanzamt abgegeben. M legte am 16.12.2024 (Eingang beim Finanzamt) gegen seine eigene Umsatzsteuervoranmeldung für November 2024 zulässig Einspruch ein, da er beim späteren Abheften der Steuerunterlagen bemerkt hat, dass er beim Erstellen der Voranmeldung aus Versehen mehrere Rechnungen übersehen hatte, aus denen er einen zusätzlichen Vorsteuerabzug geltend machen konnte.

Am 3.3.2025 hat er seine Umsatzsteuerjahreserklärung für das Jahr 2024 beim Finanzamt abgegeben. Hieraus ergab sich eine **Zahllast** i. H. v. **3.000 €**. Da das Finanzamt hierbei jedoch Unstimmigkeiten festgestellt hat, wich es mit Bescheid vom 4.4.2025 (Aufgabe mit einfachem Brief zur Post) von der Jahreserklärung ab, so dass sich eine **Erhöhung** der Zahllast auf **4.000 €** ergab.

M legte **auch** gegen diesen Bescheid innerhalb der Rechtsbehelfsfrist formgerecht Einspruch ein. Er beantragte die Zahllast – wie ursprünglich erklärt – auf 3.000 € herabzusetzen.

1 BFH, Beschluss v. 17.9.2004 - I K 1/04, BFH/NV 2005 S. 362, NWB WAAAB-40511.

Über den Einspruch gegen die Umsatzsteuervoranmeldung 11/2024 ist aufgrund von Feiertagen und Arbeitsüberlastung vom Finanzamt bislang noch keine Entscheidung getroffen worden.

LÖSUNG: Sowohl bei der Umsatzsteuervoranmeldung als auch bei der Umsatzsteuerjahreserklärung handelt es sich jeweils um Steueranmeldungen, da M seine Umsatzsteuer jeweils selbst zu berechnen hat, § 150 Abs. 1 Satz 3 AO i. V. m. § 18 Abs. 1 und Abs. 3 UStG.

Da es sich in beiden Fällen um eine **Zahllast** handelt, steht die Umsatzsteuervoranmeldung 11/2024 mit Eingang beim Finanzamt, folglich am 9.12.2024 einer Steuerfestsetzung unter Vorbehalt der Nachprüfung gleich, § 168 Satz 1 AO. Es handelt sich dabei um einen Verwaltungsakt nach § 118 AO.

Gleiches gilt für die Umsatzsteuerjahreserklärung 2024, welche mit Eingang beim Finanzamt am 3.3.2025 (da wiederum **Zahllast**) einen Verwaltungsakt nach § 118 AO darstellt.

Somit ist der Einspruch grundsätzlich gegen beide Verwaltungsakte statthaft, § 347 Abs. 1 Satz 1 Nr. 1, Abs. 2 AO. Siehe hierzu auch § 355 Abs. 1 Satz 2 AO.

Zu beachten ist in diesem Fall jedoch, dass bereits ein **zulässiger** Einspruch gegen die Umsatzsteuervoranmeldung 11/2024 vorliegt, welcher laut Sachverhalt im Zeitpunkt der Einspruchseinlegung gegen den Umsatzsteuerbescheid 2024 noch anhängig war (es wurde lt. Sachverhalt noch nicht über den Rechtsbehelf entschieden).

Die Umsatzsteuervoranmeldung 11/2024 wird jedoch durch die eingereichte Umsatzsteuerjahreserklärung 2024 ersetzt. Die Umsatzsteuervoranmeldung wird dadurch gem. § 124 Abs. 2 AO „auf andere Weise" erledigt (quasi ersetzt).

Gemäß § 365 Abs. 3 Satz 1 AO wird die Umsatzsteuerjahreserklärung 2024 (= Verwaltungsakt, siehe oben) Gegenstand des laufenden Einspruchsverfahrens.

Da das Finanzamt von der eingereichten Umsatzsteuerjahreserklärung abgewichen ist, musste es einen schriftlichen/elektronischen Umsatzsteuerjahresbescheid 2024 erlassen, § 155 Abs. 1, § 157 Abs. 1, § 167 Abs. 1 AO. Dieser Umsatzsteuerjahresbescheid wurde daher wiederum Gegenstand des laufenden Einspruchsverfahrens nach § 365 Abs. 3 Satz 1 AO und ersetzt somit die Umsatzsteuerjahreserklärung.

Zwar wäre M aufgrund der Zahllast nach § 350 AO grundsätzlich beschwert. Allerdings mangelt es hier am **Rechtschutzbedürfnis**.

Da bereits ein anhängiger Einspruch mit dem gleichen Streitgegenstand vorliegt, ist ein zusätzlicher Einspruch gegen den Umsatzsteuerbescheid 2024 mangels Rechtsschutzbedürfnisses unzulässig.

Anmerkung: Gleiches würde für Einkommensteuervorauszahlungen gelten, welche durch den Einkommensteuerbescheid ebenso auf andere Weise erledigt (= ersetzt) werden, § 124 Abs. 2 AO.

FEHLER: KEIN ANTRAG AUF ABRECHNUNGSBESCHEID (§ 218 ABS. 2 AO)

Auch diese Konstellation ist häufig in der Praxis anzutreffen. Bei Einsprüchen gegen Verwaltungsakte im Erhebungsverfahren, z. B. die Anrechnungsverfügung im Einkommensteuerbescheid nach § 36 Abs. 2 Satz 2 EStG ist nach § 218 Abs. 2 AO zunächst ein übergeordnetes Entscheidungs- bzw. Überprüfungsverfahren einzuleiten. Dies bedeutet, dass bei solchen Streitigkeiten zunächst ein Abrechnungsbescheid nach § 218 Abs. 2 AO zu beantragen ist, gegen den dann wiederum

Einspruch eingelegt werden kann. Einem Einspruch gegen die Anrechnungsverfügung fehlt daher das Rechtschutzbedürfnis, so dass ein solcher Einspruch unzulässig wäre.

BEISPIEL: Stpfl. hat Einkommensteuerbescheid für 2024 erhalten. In der Anrechnungsverfügung des Bescheids wurden Lohn- und Kapitalertragsteuer angerechnet. Da der Stpfl. der Ansicht ist, es sei zu wenig Kapitalertragsteuer angerechnet worden, legt er gegen die Anrechnungsverfügung Einspruch nach § 347 Abs. 1 Satz 1 Nr. 1 AO ein.

Wie wird das Finanzamt hierauf reagieren?

LÖSUNG: Der Einspruch ist im Erhebungsverfahren an dieser Stelle falsch und daher unzulässig (Grund: fehlendes Rechtsschutzbedürfnis). Der Stpfl. muss zunächst einen Antrag auf Abrechnung stellen, § 218 Abs. 2 AO.

Das Finanzamt kann nun also

- darauf hinweisen, dass der Stpfl. einen Antrag auf einen Abrechnungsbescheid zu stellen hat.
- aus Gründen der Beschleunigung des Verfahrens den Einspruch als Antrag auf Erlass eines Abrechnungsbescheids auslegen/umdeuten und dem Stpfl. den Abrechnungsbescheid mit entsprechender Rechtsbehelfsbelehrung erteilen. Dagegen wäre dann ein Einspruch statthaft. Dies wäre sicherlich die pragmatischere Lösung für beide Seiten.

WEITERES BEISPIEL: **Einspruch/Rechtschutzbedürfnis und Abrechnungsbescheid**

Eheleute Huber haben 2025 die Einkommensteuererklärung 2024 beim zuständigen Finanzamt abgegeben. Erklärte Einkünfte: Ehemann: 50.000 € aus nichtselbständiger Tätigkeit. Ehefrau: 15.000 € aus selbständiger Tätigkeit.

Die Festsetzung der Einkommensteuer 2024 erfolgte mit Bescheid im September 2025. Dabei wurde die für den Mann einbehaltene Lohnsteuer i. H. v. 10.000 € und die von der Frau geleisteten Vorauszahlungen i. H. v. 3.000 € angerechnet. Jedoch waren in der Lohnsteuerbescheinigung 11.000 € an einbehaltener Lohnsteuer ausgewiesen.

Der Ehemann legte daher form- und fristgerecht Einspruch gegen die Anrechnungsverfügung hinsichtlich der Lohnsteuer ein. Die „richtige" Lohnsteuer solle angerechnet werden. Als Nachweis fügte er die Lohnsteuerbescheinigung über 11.000 € bei.

Daraufhin überprüfte das Finanzamt den Sachverhalt vollumfänglich und stellte fest:

1. Übermittlung vom Arbeitgeber: 11.000 €
2. Übermittlung vom Arbeitgeber: 10.000 €
3. Übermittlung vom Arbeitgeber: 10.500 € (dies wäre der tatsächlich zutreffende Betrag)

Warum die 3. Übermittlung nicht berücksichtigt worden ist, kann nicht mehr nachvollzogen werden. Von dieser Übermittlung hatte der Ehemann auch keine Kenntnis.

Das Finanzamt teilte dem Ehemann daraufhin mit, dass der Betrag von 10.500 € materiell rechtlich richtig ist. Der Ehemann besteht jedoch auf den höheren Betrag i. H. v. 11.000 €. Für Fehler anderer könne er nichts.

Fragen:

1. Ist der Einspruch gegen die Anrechnungsverfügung zulässig?
2. Wie entscheidet das Finanzamt über diesen Einspruch?

LÖSUNG:

1. Zulässigkeit des Einspruchs § 358 AO
   - Da der Einspruch laut Sachverhalt form- und fristgerecht erhoben wurde, sind nur noch die Statthaftigkeit und Beschwer kritisch.
   - **Statthaftigkeit**: Die Anrechnungsverfügung ist grundsätzlich ein eigenständiger, sonstiger Verwaltungsakt (der Erhebung), so dass der Einspruch statthaft ist gem. §§ 347 Abs. 1 Nr. 1, 118 AO.
   - **Beschwer**: Der Stpfl. macht unmissverständlich geltend, durch den Verwaltungsakt beschwert zu sein, da er mit der Anrechnung der Lohnsteuer nicht einverstanden ist, § 350 AO.

     Allerdings ist das **Rechtschutzbedürfnis** zu prüfen:

     Die Einwendungen sind teilweise unbegründet (Stpfl. stehen ja 500 € mehr Lohnsteuerabzug zu), daher Auslegung (§ 133 BGB) des Einspruchs als Antrag auf Erlass eines Abrechnungsbescheids nach § 218 Abs. 2 AO, da Streitigkeiten im **Erhebungsverfahren** vorliegen.

     Sobald der Abrechnungsbescheid erlassen wurde, entfällt jedoch das Rechtschutzbedürfnis (bis dahin wäre der Einspruch zulässig), so dass der Einspruch unzulässig wird.

     Vertretbar wäre auch, dass das Finanzamt einen Abhilfebescheid mit Anrechnung von 500 € und über den Restbetrag von 500 € einen Abrechnungsbescheid erlässt.
2. **Entscheidung des Finanzamts**
   - Die Anrechnungsverfügung ist ein sonstiger Verwaltungsakt mit Bindungswirkung.
   - Korrektur ist daher nur über §§ 129 bis 131 AO möglich.
   - Bindungswirkung muss auch bei Abrechnungsbescheid nach § 218 Abs. 2 AO beachtet werden (AEAO zu § 218, Nr. 3).
   - Anrechnungsverfügung war rechtswidrig, da falscher Betrag angerechnet worden ist, § 36 Abs. 2 Nr. 2 EStG.
   - Kein Fall von § 129 AO, da Rechtsanwendungsfehler nicht ausgeschlossen werden kann bzw. weitere Ermittlungen nötig wären. Laut Sachverhalt kann falsche Höhe der Anrechnung nicht mehr nachvollzogen werden.
   - Korrektur nach § 130 Abs. 1 AO, da belastender Verwaltungsakt (siehe AEAO vor §§ 130, 131 AO). Zwar grundsätzlich begünstigend (Anrechnung Lohnsteuer), aber Anrechnung zu gering, daher belastend.

Ergebnis:

Erteilung eines Abrechnungsbescheids über 10.500 €.

In diesem Falle wäre keine Einspruchsentscheidung nötig. Besteht der Ehemann jedoch auf die Anrechnung von 11.000 €, müsste neben dem Abrechnungsbescheid noch eine Einspruchsentscheidung gefertigt werden.

Tenor: Einspruch ist als unzulässig zu verwerfen (mangels Rechtschutzbedürfnisses).

Ein einfacher Fall jedoch mit hohem Verfahrens- und Verwaltungsaufwand.

5. Einspruchsbefugnis (§§ 352 f. AO)

An diese Zulässigkeitsvoraussetzung ist nur dann zu denken, wenn es sich um eine gesonderte und **einheitliche** (da mehrere Personen) Feststellung i. S. des §§ 179 Abs. 1, Abs. 2 Satz 2, 180 Abs. 1 Satz 1 Nr. 2a AO handelt. In der Praxis betrifft dies also Fälle einer GbR, OHG, KG oder Gemeinschaften mit gemeinschaftlicher Einkunftsquelle wie z. B. Grundstücksgemeinschaften.

FEHLER: MISSACHTUNG DER EINSPRUCHSBEFUGNIS

Durch das Gesetz zur Modernisierung des Personengesellschaftsrechts (MoPeG) ergaben sich auch hinsichtlich der Einspruchsbefugnis nach § 352 AO gravierende Änderungen. Es muss unterschieden werden zwischen der Fassung bis 31.12.2023 und der ab 1.1.2024 geltenden Fassung.

a) Fassung bis 31.12.2023

Die Einspruchsbefugnis ergibt sich wie folgt:

► § 352 Abs. 1 Nr. 1 Alt. 1 AO

Zur Vertretung berufene Geschäftsführer: **In vollem Umfang**

a) OHG

b) KG

c) GbR

d) **Nicht** darunter fällt eine atypisch stille Gesellschaft

Wer zur Vertretung berufen ist, ergibt sich aus den vertraglichen Regelungen oder, wenn eine solche Regelung fehlt, nach den gesetzlichen Vorschriften:

a) GbR: Bei einer GbR sind § 709 i. V. m. § 714 BGB einschlägig, wonach grundsätzlich jeder Gesellschafter zur Vertretung befugt ist. Somit müssen auch alle vertretungsberechtigten Geschäftsführer zustimmen. Wurde dagegen vereinbart, dass jeder Geschäftsführer einzelvertretungsbefugt ist, so kann auch jeder Einspruch einlegen.[1]

Maßgeblich ist, wer im Zeitpunkt der Einspruchseinlegung Geschäftsführer ist, nicht, wer im Feststellungszeitraum Geschäftsführer war.

b) KG: Bezüglich der Einspruchsbefugnis ist der Komplementär wie ein Gesellschafter einer OHG zu sehen, §§ 161 Abs. 2, 125, 114 HGB und damit einspruchsbefugt. Der Kommanditist ist nach § 164 HGB grundsätzlich von der Geschäftsführung ausgeschlossen. Allerdings kann diesem eine gewillkürte Vertretungs-

1 BFH, Urteil v. 29.6.2004 - IX R 39/03, BFH/NV 2004 S. 1371, NWB CAAAB-25680.

macht erteilt werden. Liegt diese vor und ist der Kommanditist zugleich Geschäftsführer, ist er in einem solchen Fall einspruchsbefugt.

c) **OHG:** Grundsätzlich sind nach § 114 HGB alle Gesellschafter zur Geschäftsführung befugt, soweit im Gesellschaftsvertrag nichts anderes bestimmt ist. Da nach § 125 Abs. 1 HGB zudem eine Einzelvertretungsbefugnis besteht, ist jeder Geschäftsführer einspruchsbefugt.

d) **Atypisch stille Gesellschaft:** Eine stille Gesellschaft besitzt keine Bevollmächtigten. Daher kann ein Gewinnfeststellungsbescheid vom Inhaber mangels Einspruchsbefugnis nach § 352 Abs. 1 Nr. 1 Alt. 1 AO nicht angefochten werden.[1]

► § 352 Abs. 1 Nr. 1 Alt. 2 i. V. m. Abs. 2 AO

Liegt eine Personengruppe vor, bei der kein zur Vertretung befugter Geschäftsführer vorhanden ist, bspw. bei einer Erbengemeinschaft oder Grundstücksgemeinschaft, so ist hier § 183 Abs. 1 AO maßgeblich:

- § 183 Abs. 1 Satz 1 AO i. V. m. § 352 Abs. 2 Satz 1 AO: Zwar muss ein gemeinsamer Empfangsbevollmächtigter nicht von allen Feststellungsbeteiligten bestellt werden, jedoch erstreckt sich dann seine Einspruchsbefugnis nur auf die Feststellungsbeteiligten, die ihn zum gemeinsamen Empfangsbevollmächtigten bestellt haben.
- § 183 Abs. 1 Satz 2 AO: Liegt ein gemeinsam bestellter Empfangsbevollmächtigter nicht oder nicht mehr vor, so gilt nach § 183 Abs. 1 Satz 2 AO i. V. m. § 352 Abs. 2 Satz 2 AO ein fingierter Empfangsbevollmächtigter als einspruchsberechtigt.

  Allerdings gilt dies nicht für Feststellungsbeteiligte, welche gegenüber der Finanzbehörde der Einspruchsbefugnis des Empfangsbevollmächtigten widersprochen haben, § 352 Abs. 2 Satz 2 Halbsatz 2 AO.
- § 183 Abs. 1 Satz 3 und 4 AO: Liegt auch kein Fall des § 183 Abs. 1 Satz 2 AO vor, so ist die vom Finanzamt bestimmte Person einspruchsbefugt, § 352 Abs. 2 AO. Allerdings besteht auch hier wiederum die Möglichkeit, dieser Entscheidung zu widersprechen, § 352 Abs. 2 Satz 2 AO.

Achtung Fehlerquelle:

- Liegt eine Einspruchsbefugnis nach § 352 Abs. 1 Nr. 1 Alt. 2 AO vor, so hat das Finanzamt die Beteiligten in der Feststellungserklärung oder in der Aufforderung zur Benennung eines Empfangsbevollmächtigten über die Einspruchsbefugnis

1 BFH, Urteil v. 3.3.1998 - VIII B 62/97, BStBl 1998 II S. 401.

des Empfangsbevollmächtigten zu belehren, § 352 Abs. 2 Satz 3 AO. Zudem darf kein Fall der § 352 Abs. 1 Nr. 3 bis 5 AO vorliegen.

– Hat ein Feststellungsbeteiligter von seinem Widerspruchsrecht nach § 352 Abs. 2 Satz 2 AO Gebrauch gemacht, so wird dieser persönlich einspruchsbefugt.

► § 352 Abs. 1 Nr. 2 AO

Sind Personen i. S. der Nr. 1 nicht vorhanden: Vollumfänglich jeder Beteiligte (z. B. Erbengemeinschaft, Grundstücksgemeinschaft). In diesem Fall muss aber jeder Beteiligte seine Beschwer nach § 350 AO geltend machen.

BEISPIEL: Es ist kein zur Vertretung berufener Geschäftsführer nach § 352 Abs. 1 Nr. 1 Alt. 1 AO vorhanden und auch kein Einspruchsbevollmächtigter nach § 352 Abs. 1 Nr. 1 Alt. 2 AO. Dies kann bspw. der Fall sein, wenn die Gesellschaft im Zeitpunkt der Einspruchseinlegung gar nicht mehr besteht.

► § 352 Abs. 1 Nr. 3 AO

Ausgeschiedene Gesellschafter oder Gemeinschafter: **In vollem Umfang**. Dies gilt selbst dann, wenn ein Empfangsbevollmächtigter nach § 352 Abs. 1 Nr. 1 AO oder ein vertretungsbefugter Geschäftsführer vorhanden ist.

► § 352 Abs. 1 Nr. 4 AO

Soweit die Ergebnisverteilung gerügt wird: **Insoweit** für jeden Beteiligten. Das heißt beschränkt auf die Überprüfung seiner Stellung als Beteiligter und/oder seiner Anteilsquote.

► § 352 Abs. 1 Nr. 5 AO

Soweit persönlich betroffen (Sonderbetriebsausgaben/Sonderbetriebseinnahmen): **Insoweit** für jeden Beteiligten.

b) Fassung ab 1.1.2024

Tab. 1: „Neue“ Fassung des § 352 AO ab 2024

Fundstelle im § 352 Abs. 1:	Kurz-Erläuterung	Wer ist Einspruchsführer?	In welchem Umfang?
Nr. 1a Rechtsfähige Personenvereinigungen	Personenvereinigung selbst	Vereinigung für Gesellschafter oder Gemeinschafter	In vollem Umfang

Fundstelle im § 352 Abs. 1:	**Kurz-Erläuterung**	**Wer ist Einspruchsführer?**	**In welchem Umfang?**
Nr. 1b Rechtsfähige Personenvereinigungen	Personenvereinigung besteht nicht mehr: Jeder Gesellschafter oder Gemeinschafter	Vereinigung für Gesellschafter oder Gemeinschafter	In vollem Umfang
Nr. 2a i. V. m. Abs. 2 nicht rechtsfähige Personenvereinigungen	**Gemeinsamer** Empfangsbevollmächtigter nach § 183a Abs. 1 **Satz 1** AO → § 352 Abs. 2 Satz 1 AO **Kein** gemeinsamer Bevollmächtiger da? Von FA bestimmter Empfangsbevollmächtigter nach § 183a Abs. 1 Sätze 2 und 3 AO → § 352 Abs. 2 Satz 2 Alt. 2 AO **Achtung:** Abs. 2 Sätze 1 und 2 AO gelten nur, wenn Beteiligte über Einspruchsbefugnis belehrt wurden → § 352 Abs. 2 Satz 3 AO	Vereinigung für Gesellschafter oder Gemeinschafter	In vollem Umfang
Nr. 2b nicht rechtsfähige Personenvereinigungen	Wenn kein Fall von Nr. 2a, also Kein gemeinsamer Empfangsbevollmächtigter und Kein bestimmter EBV oder Belehrung nach § 352 Abs. 2 Satz 3 AO fehlt → jeder Gesellschafter oder Gemeinschafter	Gesellschafter oder Gemeinschafter persönlich	In vollem Umfang

Fundstelle im § 352 Abs. 1:	**Kurz-Erläuterung**	**Wer ist Einspruchsführer?**	**In welchem Umfang?**
Nr. 3 **Gilt für rechtsfähige UND nicht rechtsfähige Personenvereinigungen**	Ausgeschiedene Feststellungsbeteiligte Feststellungsbeteiligte mit ernstlichen Meinungsverschiedenheiten → § 183 Abs. 2 Satz 1 Nr. 2 (rechtsfähige Personenvereinigung) → § 183a Abs. 2 Satz 1 Nr. 2 (nicht rechtsfähige Personenvereinigung)	Gesellschafter oder Gemeinschafter persönlich	Gesamthandsvermögen = In vollem Umfang, aber NICHT Sonderbetriebsvermögen anderer Beteiligter
Nr. 4	jeder von den Feststellungen berührte Feststellungsbeteiligte, **soweit** es sich darum handelt, **wer** an dem festgestellten Betrag beteiligt ist und wie dieser sich auf die einzelnen Beteiligten **verteilt**	Gesellschafter oder Gemeinschafter persönlich	Lediglich **soweit** es Beteiligten persönlich angeht = beschränkt
Nr. 5	jeder von den Feststellungen berührte Feststellungsbeteiligte, **soweit** es sich um eine Frage handelt, die ihn persönlich angeht: - Sonderbetriebseinnahmen - Sonderbetriebsausgaben	Gesellschafter oder Gemeinschafter persönlich	Lediglich **soweit** es Beteiligten persönlich angeht = beschränkt

Zeitliche Anwendung: AEAO zu § 352, Nr. 5 und 6
Bekanntgabe Bescheid: Wird ein vor dem 1.1.2024 wirksam gewordener Feststellungsbescheid angefochten, bestimmt sich die Einspruchsbefugnis auch nach dem 31.12.2023 nach § 352 AO in der am 31.12.2023 geltenden Fassung; vgl. Art. 97 § 39 Abs. 4 Satz 1 EGAO. Das Gleiche gilt, wenn der eine rechtsfähige Personenvereinigung betreffende Feststellungsbescheid nach dem 31.12.2023 und vor dem 1.1.2026 nach Maßgabe von Art. 97 § 39 Abs. 3 EGAO dem Empfangsbevollmächtigten nach § 183 AO a. F. bekannt gegeben worden ist; vgl. Art. 97 § 39 Abs. 4 Satz 2 EGAO. **Einspruch:** Ist über den Einspruch gegen einen vor dem 1.1.2024 wirksam gewordenen Bescheid nach dem 31.12.2023 zu entscheiden, richtet sich das weitere Verfahren nach den ab dem 1.1.2024 geltenden Vorschriften der AO (Art. 97 § 39 Abs. 4 Satz 3 EGAO). Bei rechtsfähigen Personenvereinigungen ist Beteiligter des Einspruchsverfahrens und Bekanntgabeadressat der Einspruchsentscheidung seit dem 1.1.2024 grundsätzlich nur die Personenvereinigung. Gleiches gilt, wenn der Einspruch gemäß Art. 97 § 39 Abs. 4 Satz 2 EGAO nach dem 31.12.2023 und vor dem 1.1.2026 wirksam vom früheren Empfangsbevollmächtigten eingelegt worden ist.

FEHLER: NEUE EINSPRUCHSFRIST IM FALLE DES § 353 AO

Der Rechtsnachfolger kann gem. § 353 AO nur innerhalb der für den Rechtsvorgänger maßgebenden Rechtsbehelfsfrist Einspruch einlegen. War also die Einspruchsfrist beim Rechtsvorgänger bereits abgelaufen, so beginnt durch die Rechtsnachfolge keine neue Einspruchsfrist zu laufen. Dies gründet wiederum auf dem Gedanken des Rechtsfriedens. Gegebenenfalls kommt jedoch Wiedereinsetzung nach § 110 AO bei schlüssiger Geltendmachung der Verhinderung in Betracht, z. B. bei großer seelischer Belastung durch Tod eines nahen Angehörigen.[1]

6. Vertretung und Handlungsfähigkeit des Einspruchsführers

Dass sich ein Stpfl. beim Finanzamt vertreten lässt, ist gängiger Alltag. Hierzu finden Sie einige Beispiele in Kapitel B zur Bekanntgabe.

FEHLER: GENEHMIGUNG DES STEUERLICHEN VERTRETERS FEHLT.

Nach § 365 Abs. 1 i. V. m. § 79 AO muss der Beteiligte im Einspruchsverfahren steuerlich handlungsfähig sein. Bspw. benötigt ein minderjähriges Kind die Eltern als steuerliche Vertreter nach § 34 Abs. 1 AO. Legt also z. B. ein sechsjähriges Kind Einspruch gegen seinen Einkommensteuer-

1 BFH, Beschluss v. 20.06.1996 - X R 95/93, BFH/NV 1997 S. 40, NWB OAAAB-38753.

bescheid ein (was durchaus möglich ist, da Inhaltsadressat das Kind als Steuerschuldner ist, bspw., wenn dem Kind eine vermietete Immobilie vererbt wird), so wäre dieser Einspruch unzulässig. Genehmigen allerdings die Eltern als gesetzliche Vertreter rückwirkend den Einspruch, so wird der Einspruch auch rückwirkend zulässig.[1]

FEHLER: ES LIEGT KEINE VOLLMACHT VOR.

Gleiches gilt auch im Falle einer Vertretung nach § 80 AO, sofern keine Vollmacht vorliegt. Demnach würde der Vertreter ohne Vertretungsmacht handeln. Ein Einspruch wäre unzulässig.

Jedoch besteht auch hier die Möglichkeit der nachträglichen Genehmigung nach § 177 BGB, so dass der ursprünglich unzulässige Einspruch zulässig wird.

Hat der „Bevollmächtigte" jedoch ohne Wissen und Vollmacht des Stpfl. gehandelt (auch das kommt vor), so bleibt der Einspruch unzulässig.

Wichtig: Herr des Verfahrens ist und bleibt immer der Stpfl. Das heißt, selbst bei Vorliegen einer ordnungsgemäßen Vollmacht kann der Stpfl. selbst den Einspruch wirksam zurücknehmen, welcher vom Bevollmächtigten eingelegt worden ist, AEAO zu § 80, Nr. 5.

7. Einspruchsverzicht/Einspruchsrücknahme

Beide Begriffe klingen erst einmal ähnlich. Jedoch gibt es auch hier einige Fallstricke.

FEHLER: VERZICHT NACH EINSPRUCHSEINLEGUNG

Wurde bereits Einspruch eingelegt, so kann dieser nur noch nach § 362 AO zurückgenommen, aber nicht mehr darauf verzichtet werden. Ein Verzicht nach § 354 AO ist also nur möglich, wenn zwar der Verwaltungsakt bereits bekannt gegeben worden ist, aber noch kein Einspruch eingelegt wurde. Der Verzicht erfolgt also für die Zukunft.

FEHLER: ICH VERZICHTE AUF EINEN EINSPRUCH, MÖCHTE DANN ABER DOCH NOCH EINSPRUCH EINLEGEN.

Das geht nicht. Wurde auf einen Einspruch wirksam nach § 354 AO verzichtet, so wird der Einspruch automatisch unzulässig, § 354 Abs. 1 Satz 3 AO. Eine Einspruchsmöglichkeit scheidet daher generell aus. Wird ein bereits eingelegter Einspruch dagegen „nur" zurückgenommen, so führt dies nur zum Verlust des ursprünglich eingelegten Einspruchs. Ein erneuter Einspruch innerhalb der Einspruchsfrist ist daher weiterhin möglich, AEAO zu § 362, Nr. 2.

FEHLER: ICH VERZICHTE AUF EINEN EINSPRUCH, MACHE DABEI ABER NOCH WEITERE ERKLÄRUNGEN.

BEISPIEL: Stpfl. M schickt am 13.3.2025 einen Brief mit folgendem Inhalt an das zuständige Finanzamt:

„Sehr geehrte Damen und Herren,

hiermit verzichte ich förmlich auf die Einlegung eines Einspruchs gegen den Einkommensteuerbescheid 2024 vom 6.3.2025.

Weiterhin möchte ich ihre Anfrage vom 3.3.2025 wie folgt beantworten: Ich habe im Jahr 2024 lediglich die Einkünfte aus Gewerbebetrieb erzielt, die ich auch in der Erklärung ordnungsgemäß angegeben habe. Weitere Einnahmen sind mir nicht bekannt/habe ich nicht erzielt.

Mit freundlichen Grüßen

M"

1 BFH, Urteil v. 18.10.1988 - VII R 123/85, BStBl 1989 II S. 76.

Am 20.3.2025 fällt M jedoch beim Abheften weiterer Unterlagen auf, dass er vergessen hat, zusätzliche Betriebsausgaben i. H. v. 5.000 € in seiner Erklärung 2024 anzugeben.

Frage: Kann M am 20.3.2025 nun noch einen zulässigen Einspruch gegen den Einkommensteuerbescheid 2024 einlegen?

Der Verzicht durch den Schriftsatz vom 13.3.2025 war grundsätzlich formgerecht, da schriftlich erklärt, § 354 Abs. 2 Satz 1 Halbsatz 1 AO. Allerdings verstößt der Verzicht gegen den Grundsatz, dass dieser keine weiteren Erklärungen/Auskünfte mehr enthalten darf, § 354 Abs. 2 Satz 1 Halbsatz 2 AO. Daher kann M grundsätzlich noch einen zulässigen Einspruch einlegen, da der Verzicht unwirksam war.

FEHLER: DURCH EINE EINSPRUCHSRÜCKNAHME VERMEIDE ICH EINE VERBÖSERUNG.

Das ist richtig – zumindest fast. Grundsätzlich kann ein Einspruch bis zur wirksamen Bekanntgabe einer Einspruchsentscheidung zurückgenommen und so eine Verböserung vermieden werden, § 362 Abs. 1 Satz 1, § 367 Abs. 2 Satz 2 AO. Eine Verböserung ist damit zwar vom Tisch, allerdings kann der Bescheid immer noch zu meinen Ungunsten geändert werden, soweit eine Korrekturvorschrift greift, z. B. bei einer Steuerhinterziehung nach § 172 Abs. 1 Satz 1 Nr. 2 Buchst. c AO (regelmäßig dürfte zusätzlich auch § 173 Abs. 1 Nr. 1 AO greifen).

Wird nun also der Einspruch zurückgenommen, können im Einspruchsverfahren z. B. keine neuen Werbungskosten nachgeschoben werden. Gleichwohl kann aber der Bescheid trotzdem nach § 172 Abs. 1 Satz 1 Nr. 2 Buchst. c AO geändert werden.

BEISPIEL: Die Einkommensteuer wird auf 10.000 € festgesetzt. Dagegen legt der Stpfl. Einspruch ein. Im Rahmen der Gesamtfallüberprüfung nach § 367 Abs. 2 Satz 1 AO kommt das Finanzamt zu dem Ergebnis, dass 12.000 € die materiell-rechtlich korrekt festzusetzende Steuer gewesen wäre, da Kosten der privaten Lebensführung (versehentlich erklärt) zu Unrecht als Betriebsausgaben anerkannt worden sind. Daraufhin wird der Einspruch zurückgenommen, wodurch eine Verböserung verhindert wird. Die Einkommensteuer bleibt bei 10.000 €, das Einspruchsverfahren ist damit abgeschlossen.

VARIANTE: Wie oben, Einkommensteuer 10.000 €, Einspruch. Im Rahmen der Gesamtfallüberprüfung stellt jetzt aber das Finanzamt fest, dass der Stpfl. ursprünglich Einnahmen mit einer steuerlichen Auswirkung von 2.000 € absichtlich nicht erklärt hatte, um Steuern zu sparen.

Frage: Kann durch eine Einspruchsrücknahme eine Verböserung vermieden werden?

Eine Einspruchsrücknahme hätte hier nur eine verfahrensrechtliche Bedeutung: Das Einspruchsverfahren wäre damit abgeschlossen.

Bei den nicht erklärten Einnahmen handelt es sich jedoch einerseits um eine neue Tatsache nach § 173 Abs. 1 Nr. 1 AO, andererseits ist eine Änderung nach § 172 Abs. 1 Satz 1 Nr. 2 Buchst. c AO (Arglist/Vorsatz = Steuerhinterziehung) möglich. Die Steuer ist daher – trotz Einspruchsrücknahme – auf 12.000 € zu erhöhen. Gegen den daraufhin zu erlassenden Änderungsbescheid könnte jedoch wiederum Einspruch eingelegt werden.

Wird der Einspruch dagegen nicht zurückgenommen, müsste dann gegen die zu erlassende Einspruchsentscheidung geklagt werden.

FEHLER: NICHTBEACHTUNG DER VIER-TAGES-FIKTION

Wie oben erwähnt, ist die Einspruchsrücknahme bis zur wirksamen Bekanntgabe der Einspruchsentscheidung möglich. Nehmen wir an, in diesem Fall handelt es sich um eine verbösernde Entscheidung. Die Steuer wird bspw. um 1.000 € erhöht.

Die Einspruchsentscheidung wird am 4.3.2025 mit einfachem Brief zur Post gegeben. Diese gilt nach § 122 Abs. 2 Nr. 1 AO als bekanntgegeben am 10.3.2025, da der 8. und 9.3.2025 Samstag/Sonntag sind, § 108 Abs. 3 AO. Entnimmt nun der Stpfl. bereits am Samstag, 8.3.2025 die Entscheidung aus seinem Briefkasten, könnte also die Rücknahme noch fristgerecht erfolgen, da die Bekanntgabe auf Montag, den 10.3.2025 fingiert wird. Denkbar wäre hier der Einwurf in den Briefkasten des zuständigen Finanzamts, sofern dieses keinen Nachtbriefkasten besitzt. Denn dann würde die Rücknahme den Stempel 10.3.2025 „Frühleerung" tragen, so dass die Rücknahme am Freitag, den 7.3.2025, beim Finanzamt als eingegangen gilt. Die Rücknahme wäre also noch vor Bekanntgabe der Einspruchsentscheidung erfolgt. Diese würde sogar dann gelten, wenn die Einspruchsentscheidung am 8.3.2025 mit Postzustellungsurkunde zugestellt worden wäre, da die Rücknahme immer noch als am 7.3.2025 als erfolgt gilt.

Nach der Prüfung der Zulässigkeit erfolgt die inhaltliche, also **materiell-rechtliche** Überprüfung.

IV. Begründetheit des Einspruchs

In der Praxis macht die inhaltliche Prüfung des Einspruchsbegehrens die meiste Arbeit.

1. Gesamtfallüberprüfung und Verböserung

Grundsätzlich ist der Fall vom Finanzamt in vollem Umfang erneut zu prüfen (sog. Gesamtfallaufrollung, § 367 Abs. 2 Satz 1 AO). Dies wird auch das verlängerte (oder zweite) Veranlagungsverfahren genannt, da die bereits erfolgte Veranlagung noch einmal komplett überprüft wird. Grundsätzlich erfolgt diese erneute Überprüfung von der Stelle (Veranlagungsbezirk), die den angefochtenen Verwaltungsakt erlassen hat. In der Praxis sind hierdurch auch Ausnahmen möglich, wenn z. B. seit Jahren immer wieder Einspruch gegen einen Schätzungsbescheid eingelegt wird. Dann kann auch sofort – ohne Aufforderung zur Rücknahme, Stellungnahme etc. – eine Abgabe an die Rechtsbehelfsstelle erfolgen, denn das Finanzamt muss den Stpfl. vorher nicht anmahnen. Es wäre dann auch eine sofortige Einspruchsentscheidung möglich. Glauben Sie nicht?

Habe ich in einem sehr speziellen Fall jahrelang so gehandhabt: Der Steuerberater hatte (bereits bei meinem Vorgänger) jahrelang nie eine Steuererklärung abgegeben, sich schätzen lassen und dann gegen die umgehend erlassene Einspruchsentscheidung geklagt, um – immer am Tag der mündlichen Verhandlung – die Steuererklärung einzureichen. Sie können sich denken, dass weder der zuständige Richter am Finanzgericht noch mein Vorgesetzter, der bereits am Finanzgericht war, davon begeistert waren. Denn in diesem Fall wurde die mündliche Verhandlung abgesagt und ich durfte erstmal die Erklärung bearbeiten.

Achtung: Eine **Verböserung** ist möglich, aber durch Rücknahme des Einspruchs vermeidbar (§ 367 Abs. 2 Satz 2 AO).

FEHLER: FINANZAMT DROHT VERBÖSERUNG BEIM UNZULÄSSIGEN EINSPRUCH AN.

Sie legen Einspruch ein, welcher jedoch bspw. mangels Einhaltens der Einspruchsfrist unzulässig ist. Das Finanzamt nimmt dies jedoch zum Anlass und überprüft den Fall gem. § 367 Abs. 2 Satz 1 AO nochmal komplett neu. Eine Verböserung ist hier jedoch nicht möglich, da nur zulässige Einsprüche zu einer erneuten sachlichen Überprüfung der Steuerfestsetzung führen können.

Allerdings besteht immer noch die Möglichkeit, dass etwaige Korrekturvorschriften greifen wie bspw. § 173 Abs. 1 Nr. 1 AO bei Vorbringen neuer Tatsachen im Rahmen des (unzulässigen) Einspruchs, denn eine Art „Verwertungsverbot" gibt es hierbei nicht.

FEHLER: VERBÖSERUNG IST EINE „KANN"-VORSCHRIFT.

§ 367 Abs. 2 Satz 2 AO besagt: „Der Verwaltungsakt kann auch zum Nachteil des Einspruchsführers geändert werden, wenn ..."

Leider ist dieses „kann" zu schön, um wahr zu sein. Denn im Steuerrecht gilt der Grundsatz der Gleichmäßigkeit der Besteuerung nach § 85 AO. Somit muss das Finanzamt verbösern, wenn es Umstände erkennt, die zu einer Steuer führen, die von der kraft Gesetzes richtigen Steuer abweicht. Dies gilt also sowohl zugunsten als auch zuungunsten des Stpfl.

Dieser Grundsatz gilt im Übrigen auch für offenbare Unrichtigkeiten zuungunsten des Stpfl. nach § 129 Satz 1 AO. Auch hier ist zu berichtigen, obwohl der Gesetzestext etwas anderes vermuten lässt.

FEHLER: VORBEHALT BZW. VORLÄUFIGKEITSVERMERKE STELLEN KEINE VERBÖSERUNG DAR.

Ergeht ein Steuerbescheid endgültig, also ohne die Nebenbestimmungen i. S. des § 120 Abs. 1 AO und will das Finanzamt im Rahmen eines Einspruchsverfahrens erstmalig einen Vorbehaltsvermerk nach § 164 AO oder einen Vorläufigkeitsvermerk nach § 165 AO aufnehmen, so liegt auch hier insoweit eine Verböserung vor.

Klingt komisch, denn im ersten Moment ändert sich an der Steuer erstmal nichts. Jedoch darf in einem solchen Fall der Stpfl. dann nicht mehr auf die materielle, also inhaltliche, Bestandskraft der Steuerfestsetzung vertrauen, denn es eröffnen sich die Änderungsmöglichkeiten nach § 164 Abs. 2 und § 165 Abs. 2 AO.

Achtung! Wird eine Steuerfestsetzung angefochten, die bereits unter dem Vorbehalt der Nachprüfung steht, so ist ein Hinweis nach § 367 Abs. 2 Satz 2 AO nicht nötig! Denn dieser Hinweis hätte in diesem Fall keinerlei Auswirkungen.

Da der Vorbehalt der Nachprüfung jederzeit nach § 164 Abs. 3 AO aufgehoben werden kann, kann eine Verböserung auch nicht durch Einspruchsrücknahme vermieden werden.[1] Gleiches gilt auch für den Vorläufigkeitsvermerk i. S. des § 165 AO.

In einem neueren Urteil geht der BFH sogar noch einen Schritt weiter und macht den Hinweis auch in Fällen der §§ 172 ff. AO entbehrlich.[2]

FEHLER: ES WIRD NUR ALLGEMEIN AUF DIE VERBÖSERUNGSMÖGLICHKEIT HINGEWIESEN.

Voraussetzung für eine Verböserung ist, dass das Finanzamt den Stpfl. auf die Möglichkeit einer verbösernden Entscheidung unter Angabe von Gründen hinweist und ihm Gelegenheit gibt, sich hierzu zu äußern, § 367 Abs. 2 Satz 2 AO.

---

1 BFH, Urteil v. 10.7.1996 - I R 5/96, BStBl 1997 II S. 5.

2 BFH, Urteil v. 22.3.2006 - XI R 24/05, BStBl 2006 II S. 576.

Jedoch reicht ein lapidarer, allgemeiner Hinweis auf die Verböserungsmöglichkeit nicht aus. Zwar müssen die Gründe für eine Verböserung nicht vollumfänglich genannt werden, jedoch müssen dem Einspruchsführer die einzelnen Punkte des Sachverhalts, welche zu einer drohenden Verböserung führen, erläutert werden.[1] Bspw. ist also auf nicht anzuerkennende Betriebsausgaben, Spenden etc. in der jeweiligen Höhe hinzuweisen.

FEHLER: FEHLENDER VERBÖSERUNGSHINWEIS MACHT ÄNDERUNGSBESCHEID NICHTIG.

Schön wär's. Ist aber leider nicht so. Missachtet das Finanzamt den Hinweis nach § 367 Abs. 2 Satz 2 AO, so macht dies nicht den Änderungsbescheid nichtig.[2]

Ist bereits ein Klageverfahren anhängig, so ist die Einspruchsentscheidung nach Klage des Stpfl. vom Finanzgericht aufzuheben und an das Finanzamt zur erneuten Bearbeitung zurückzuweisen. Das Finanzamt muss dann rechtliches Gehör gewähren und dem Einspruchsführer somit die Gelegenheit einräumen, seinen Einspruch nach § 362 AO zurückzunehmen.

Aber:

Was wäre, wenn das Finanzamt eine Verböserung angedroht, hierbei eine Frist zur Rückmeldung bzw. Einspruchsrücknahme festgesetzt hätte, aber noch vor Ablauf dieser Frist eine verbösernde Einspruchsentscheidung erlässt.

In einem solchen Fall hat der BFH entschieden, dass ein Verstoß gegen Treu und Glauben vorliegt, welcher so schwerwiegend ist, dass die verbösernde Entscheidung aufgehoben werden muss.[3] Es steht also ganz klar der Schutz des Stpfl. im Vordergrund.

2. Formelle und materielle Rechtswidrigkeit

Der Einspruch ist begründet, soweit der angefochtene Verwaltungsakt formell oder materiell **rechtwidrig** ist und der Einspruchsführer in seinen **Rechten verletzt** ist (§ 100 FGO analog). Einen Überblick über die formelle und materielle Rechtswidrigkeit bzw. Fehler finden Sie in Kapitel I, Abb. 11 und Tab. 1.

Problematisch sind in der Praxis i. d. R. die materiellen Fehler, da formelle Fehler entweder nach § 126 AO geheilt werden können oder nach § 127 AO unbeachtlich sind. Ausführungen zur Festsetzungsverjährung finden Sie in Kapitel H, zu den Korrekturvorschriften in Kapitel I.

FEHLER: FALSCHE KORREKTURVORSCHRIFT MACHT BESCHEID RECHTSWIDRIG ODER GAR NICHTIG.

Die falsche Bezeichnung der Änderungsvorschrift im Änderungsbescheid führt nicht mal zur Rechtswidrigkeit des geänderten Bescheids.[4] Für die Rechtmäßigkeit eines Änderungsbescheids ist allein maßgeblich, dass er im Zeitpunkt seines Erlasses überhaupt durch eine (in dem Fall andere) Änderungsmöglichkeit gedeckt ist (ständige BFH-Rechtsprechung).

Ein weiterer Irrglaube: Dadurch, dass der Bescheid nicht einmal rechtswidrig ist, muss auch nicht einmal § 126 AO einschlägig sein, wonach formelle Fehler geheilt werden können. Dass z. B. die falsche Korrekturnorm – eine Form der Begründung des Bescheids nach § 121 AO – geheilt werden muss, stimmt also nicht. Siehe hierzu AEAO Vor §§ 172 bis 177, Nr. 5. Oftmals wird hier eine

1 BFH, Urteil v. 21.9.1983 - II R 153/82, BStBl 1984 II S. 179.

2 BFH, Urteil v. 16.8.1979 - IV R 41/79, BStBl 1980 II S. 154.

3 BFH, Urteil v. 15.5.2013 - VIII R 18/10, BStBl 2013 II S. 669.

4 BFH, Urteil v. 21.10.2014 - VIII R 44/11, BStBl 2015 II S. 593.

andere Auffassung vertreten (z. B., dass eine Heilung nach § 126 AO nötig sei). Meines Erachtens sind hier jedoch der AEAO und die BFH-Rechtsprechung eindeutig.

3. Anfechtungsbeschränkung (§ 351 Abs. 1 AO)

FEHLER: MISSACHTUNG DER BESCHRÄNKUNG

Im Rahmen der Begründetheit eines Einspruchs kommt es grundsätzlich zur Gesamtfallaufrollung nach § 367 Abs. 2 Satz 1 AO. Handelt es sich jedoch um einen Änderungsbescheid, ist die Anfechtungsbeschränkung des § 351 Abs. 1 AO zu beachten.

Demnach können Verwaltungsakte, die unanfechtbare (Einspruchsfrist abgelaufen) Verwaltungsakte ändern, nur insoweit angegriffen werden, als die Änderung reicht, es sei denn, eine Korrekturvorschrift gestattet eine weitergehende Änderung.

Seinem Wortlaut entsprechend beschränkt sich der Anwendungsbereich des § 351 Abs. 1 AO auf änderbare Verwaltungsakte i. S. der §§ 172 ff. AO, d. h. auf Steuerbescheide und ihnen gleichgestellte Bescheide, z. B. Feststellungsbescheide §§ 179 ff., § 181 Abs. 1 Satz 1 AO.

§ 351 Abs. 1 AO ist auch zu beachten, wenn ein Verwaltungsakt gem. § 129 AO berichtigt wird, AEAO zu § 351, Nr. 3.

Die Anfechtungsbeschränkung gilt jedoch nicht für Steuerfestsetzungen mit den Nebenbestimmungen i. S. des § 120 AO: Vorbehalt der Nachprüfung, § 164 AO, sowie für den vorläufigen Teil eines Steuerbescheids, § 165 AO, da nach § 164 Abs. 2 AO bzw. § 165 Abs. 2 AO eine uneingeschränkte (für vorläufigen Teil) Änderung vollumfänglich möglich ist.

Die Vorschrift des § 351 Abs. 1 AO gilt auch nicht für die sonstigen Steuerverwaltungsakte. Hierfür gelten lediglich §§ 130, 131 AO (AEAO zu § 351, Nr. 3).

Sinn des § 351 Abs. 1 AO ist es, dass der Stpfl. in Fällen, in denen ein unanfechtbarer Verwaltungsakt geändert wird, durch die Anfechtung im Rahmen des Einspruchsverfahrens nicht mehr erreichen kann als die Beseitigung der durch den Änderungsbescheid festgesetzten zusätzlichen Steuerbelastung.

Der Stpfl. soll nicht bessergestellt werden, als er bei Eintritt der formellen Bestandskraft (also Unanfechtbarkeit) des geänderten Verwaltungsakts stand. Der Stpfl. hätte bereits gegen den ursprünglichen Bescheid Einspruch einlegen können/müssen. Er muss daher insoweit die formelle Bestandskraft gegen sich gelten lassen. Siehe hierzu AEAO zu § 351, vor allem Nr. 1.

Ist im Änderungsbescheid also eine niedrigere Steuer festgesetzt worden, kann der Stpfl. keine weitere Herabsetzung der Steuer als im bestandskräftigen, unanfechtbaren Steuerbescheid mehr erreichen.

Strittig ist, ob der § 351 Abs. 1 AO ein Problem der Zulässigkeit oder der Begründetheit ist. Nach herrschender Meinung handelt es sich bei § 351 Abs. 1 AO um eine Anfechtungsbeschränkung im Rahmen der Begründetheit des Einspruchs.

Zur Komplexität der Vorschrift des § 351 Abs. 1 AO sehen Sie im Folgenden eine Übersicht und Berechnungsbeispiele.

Abb. 5: Umfang der Anfechtbarkeit

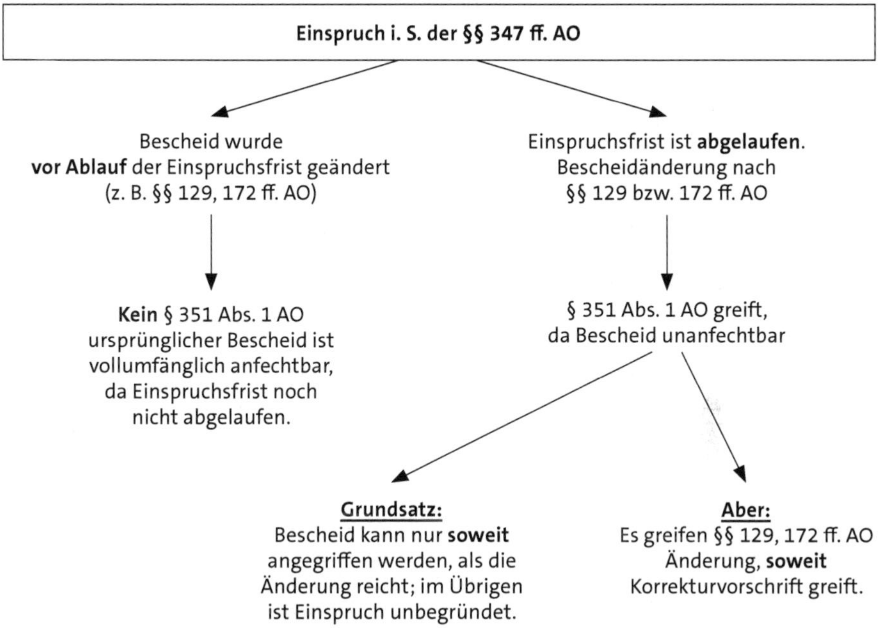

BEISPIELE ANFECHTUNGSBESCHRÄNKUNG: Anbei ein paar Rechenbeispiele, die Sie in der Praxis beim schnellen Lösen solcher Fälle unterstützen sollen:

§ 351 Abs. 1 AO	Euro	Euro	Euro	Euro	Euro
Bescheid unanfechtbar	**5.000**	**10.000**	**21.000**	**15.000**	**20.000**
Änderung nach					
► § 173a AO	+ 1.000	-	+ 5.000	+ 2.000	-
► § 175 Abs. 1 Satz 1 Nr. 1 AO	-	+ 2.000	-	-	+ 5.000
► § 129 AO	-	-	./. 2.000	-	-

Änderungsbescheid	**6.000**	**12.000**	**24.000**	**17.000**	**25.000**
Einspruch; es greift keine Korrekturvorschrift	./. 2.000	./. 1.000	./. 5.000	-	./. 4.000
Einspruch; §§ 129, 172 ff. AO greifen	-	-	-	./. 2.000	./. 3.000

Grenze des § 351 Abs. 1 AO	5.000	10.000	19.000	Keine, da Korrektur-vorschrift „größer"	20.000
Neue Steuer, welche festgesetzt wird	5.000	11.000	19.000	15.000	17.000 Durchbrechen durch Korrek-turvorschrift

4. Anfechtung des Grundlagenbescheids (§ 351 Abs. 2 AO)

Meiner Erfahrung nach ist dies einer der häufigsten Fehler in der Praxis: Sehr viele solcher Einsprüche konnte ich schnell erledigen, da ein Einspruch gegen den Einkommensteuerbescheid, der sich ausschließlich gegen Feststellungen im Grundlagenbescheid richtet, zwar zulässig, aber unbegründet ist, AEAO zu § 351, Nr. 4.

FEHLER: EINSPRUCH WIRD GEGEN DEN FOLGEBESCHEID EINGELEGT.

BEISPIEL: Stpfl. Franz Huber ist an einer KG als Komplementär beteiligt. Sein Gewinnanteil wurde durch den Feststellungsbescheid für 2023 vom 7.1.2025 bestandskräftig auf 100.000 € festgestellt. Huber legt dagegen jedoch keinen Einspruch ein, weil er warten möchte, bis der entsprechende Einkommensteuerbescheid 2023 erlassen wird, um die steuerliche Auswirkung zu sehen (und weil er es nicht besser weiß). Der entsprechende Einkommensteuerbescheid 2023 geht am 14.3.2025 zur Post. Dagegen legt er nun fristgerecht Einspruch ein. Als Begründung führt er an, dass der Gewinnanteil nur 90.000 € betrage.

Sie erkennen das Problem: Zwar ist der Einspruch gegen den Einkommensteuerbescheid 2023 zulässig, aber unbegründet. Huber hätte bereits gegen den Feststellungsbescheid 2023 Einspruch einlegen müssen. Dieser ist nun aber bereits bestandskräftig.

ABWANDLUNG: Wie oben. Jedoch macht Huber in seinem Einspruch zusätzlich – zu Recht – auch noch Werbungskosten i. H. v. 2.000 € bei seinen Einkünften aus nichtselbständiger Tätigkeit geltend.

Ist dieser Einspruch begründet? Zum Teil: Gemäß AEAO zu § 351, Nr. 4 ist der Einspruch zulässig und teilweise – hinsichtlich der Werbungskosten – begründet. Hinsichtlich des Gewinnanteils bleibt der Einspruch unbegründet. Siehe hierzu die Formulierung im AEAO: „Ein Einspruch gegen einen Folgebescheid, mit welchem **nur** Einwendungen gegen den Grundlagenbescheid ..."

Das Ergebnis ist in beiden Fällen jedoch identisch: Sollte hinsichtlich des Gewinnanteils keine Korrekturvorschrift greifen, hat Huber in diesem Fall leider Pech gehabt. Hintergrund ist die in § 182 Abs. 1 AO festgelegte Bindungswirkung des Grundlagenbescheids für den Folgebescheid.

Natürlich ist zu prüfen, ob der Einspruch des Stpfl. nicht (auch) als Einspruch gegen den Feststellungsbescheid ausgelegt werden kann. Da die Einspruchsfrist jedoch bereits abgelaufen ist, kommt ein Einspruch gegen den Feststellungsbescheid nicht mehr in Betracht. Bei Vertretern der steuerberatenden Berufe wird dagegen die Auslegungsmöglichkeit schon daran scheitern, dass diese die anzuwendenden Vorschriften der AO kennen müssen.

5. Prüfung von Festsetzungsverjährung und Korrekturvorschriften

Das Thema im Rahmen der Begründetheit, sofern ein Änderungsbescheid angegriffen wird, denn die Änderung eines Verwaltungsakts ist nur möglich, wenn die **Festsetzungsverjährung** (§§ 169 ff. AO) noch nicht abgelaufen ist und eine **Korrekturvorschrift** greift. Da diese Thematik so umfangreich ist, siehe Kapitel H (Verjährung) und I (Korrekturvorschriften).

V. Ruhen bzw. Beendigung des Einspruchsverfahrens

Wir kennen es doch alle: Die Bearbeitung der Steuererklärung dauert. Die Bearbeitung eines Einspruchs dauert. Erhebe ich Klage, dauert es wieder. Das liegt u. a. daran, dass bei den Finanzbehörden eine Vielzahl von Rechtsbehelfen eingehen (und natürlich am Fachkräftemangel). In der Folge gibt es auch eine Vielzahl von Klagen. Sinn des außergerichtlichen Einspruchsverfahrens ist es, die Finanzgerichte nicht zu überlasten bzw. zu entlasten, insbesondere, wenn es um Themen geht, die eine Vielzahl von Stpfl. betreffen, wie bspw. Solidaritätszuschlag oder Vollverzinsung nach § 233a AO. Um die Gerichte daher zu entlasten und auch zur Vermeidung von Untätigkeitsklagen, hat der Gesetzgeber die Möglichkeit geschaffen, das Einspruchsverfahren ruhen zu lassen. Dabei handelt es sich nicht um einen eigenständigen Verwaltungsakt.

Leider kommt es hier in der Praxis häufig zu Missverständnissen.

FEHLER: BESCHEID IST SCHON VORLÄUFIG.

Gemäß § 363 Abs. 2 Satz 2 AO muss es sich um einen Prozess beim EuGH, BFH oder BVerfG (also nicht beim FG) handeln, damit das Verfahren ruhen kann.

Dies gilt jedoch nicht, wenn insoweit der angefochtene Bescheid bereits nach § 165 Abs. 1 Satz 2 Nr. 3 oder 4 AO für vorläufig erklärt worden ist.

Sind die Voraussetzungen für ein Ruhen des Verfahrens gegeben, so bedeutet dies jedoch nicht, dass der komplette Fall ruht (siehe Formulierung in § 363 „insoweit“). Es sind nach wie vor Teil-Einspruchsentscheidungen nach § 367 Abs. 2a AO sowie Teil-Abhilfebescheide möglich, jedoch nur über den Teil, der nicht vom Ruhen des Verfahrens betroffen ist.

Folglich ruht der Einspruch nur für den nicht entschiedenen Teil. Siehe hierzu AEAO zu § 363.

Was passiert aber nun mit dem Teil, über den nicht entschieden worden ist, wenn z. B. der BFH eine Entscheidung getroffen hat? In diesem Fall besteht die Möglichkeit der Allgemeinverfügung nach § 367 Abs. 2b AO, so dass die Finanzbehörden insoweit entlastet werden und nicht für jeden einzelnen Fall eine aufwendige Einspruchsentscheidung erlassen müssen.

FEHLER: KEINE VERBÖSERUNG OHNE RECHTLICHES GEHÖR

Muss die Rechtsbehelfsstelle vor Erlass einer Einspruchsentscheidung zwingend (noch einmal) rechtliches Gehör gewähren? Muss sie nicht. Ein Irrglaube, der häufig zu Unmut führt.

BEISPIEL: Steuerberater in eigener Sache lässt sich seit 33 Jahren schätzen, legt jeweils Einspruch gegen den Schätzungsbescheid ein. Diese Einsprüche waren alle ohne Frage zulässig.

Nur: Das Finanzamt muss hier nicht mehr rechtliches Gehör gewähren oder um Stellungnahme bzw. Rücknahme bitten (wäre in diesem Fall sowieso sinnlos und Zeitverschwendung gewesen), sondern kann – natürlich nach erfolgter Gesamtfallüberprüfung nach § 367 Abs. 2 Satz 1 AO – eine klagefähige Einspruchsentscheidung erlassen.

FEHLER: GEGEN EINE EINSPRUCHSENTSCHEIDUNG IST NUR EINE KOSTENPFLICHTIGE KLAGE MÖGLICH.

Dachte ich tatsächlich auch lange Zeit. Aber:

§ 172 Abs. 1 Sätze 2 und 3 AO lässt die schlichte Änderung einer Einspruchsentscheidung zu, wenn der Stpfl. vor Ablauf der Klagefrist zugestimmt oder den Antrag gestellt hat. Paradebeispiel ist hier der Einspruch gegen Schätzungsbescheide. Nach Erlass der Einspruchsentscheidung werden die Erklärungen eingereicht. Diese sind als Antrag auf schlichte Änderung zu werten. Ein kostenpflichtiges – und vor allem langwieriges – Klageverfahren kann man sich so oftmals sparen, sofern das Finanzamt den Angaben des Stpfl. folgen kann.

B. Probleme bei der Bekanntgabe

I. Wirksame Bekanntgabe

Haben Sie schon einmal etwas von der dreistufigen Bekanntgabe gehört? Klingt interessant und ist es auch. Vor allem ist die Bekanntgabe in der Praxis aber sehr fehlerbehaftet. Um zu verdeutlichen, wie wichtig das Thema Bekanntgabe ist, vorab folgende Übersicht:

Abb. 6: Bekanntgabe eines Verwaltungsakts und die Folgen

Bekanntgabe Verwaltungsakt nach § 122 AO

↓

§ 124 Abs. 1 AO: Wirksam (auch wenn rechtswidrig)
(Ausnahme: Nichtig § 125 AO → unwirksam § 124 Abs. 3 AO)

↓

§ 124 Abs. 2 AO: „Änderung" u. a. durch

Einspruch → Steuerbescheid/ gleichgestellte Verwaltungsakte

Korrekturvorschriften → Sonstiger Steuer-Verwaltungsakt

Die Folge einer **wirksamen** Bekanntgabe ist, dass der Verwaltungsakt Bindungswirkung und Bestandskraft entfaltet. Dies bedeutet, dass der Verwaltungsakt nur noch unter bestimmten Voraussetzungen geändert werden oder sich erledigen kann (z. B. zulässiger und begründeter Einspruch, Korrekturvorschriften, siehe § 124 Abs. 2 AO).

Weiterhin wird u. a. die Einspruchsfrist in Gang gesetzt. Im Umkehrschluss bedeutet dies: Ist die Bekanntgabe unwirksam, beginnt auch keine Einspruchsfrist zu laufen! Damit wäre ein Einspruch grundsätzlich unbefristet möglich.

Nun wissen wir aber immer noch nicht, was genau die dreistufige Bekanntgabe bedeutet. Hier die Auflösung:

Stufe 1: Inhalts-Adressat

Stufe 2: Bekanntgabe-Adressat

Stufe 3: Übermittlungs-Empfänger

1. **Inhalts-**Adressat
   - An wen richtet sich der Verwaltungsakt nach §§ 122 Abs. 1, 124 Abs. 1 AO?

     Beispiel: Steuerschuldner nach § 43 AO (i. V. m. Einzelsteuergesetz) bei Steuerbescheiden kann z. B. auch ein Baby sein.

     Der Inhaltsadressat muss eindeutig bezeichnet sein, sonst ist der gesamte Verwaltungsakt nichtig und unwirksam, AEAO zu § 122, Nr. 4.1.1.

     Z. B. nicht Herr Müller in München, sondern vollständiger Name und Adresse

2. **Bekanntgabe**-Adressat
   - Wem wird der Bescheid bekannt gegeben?

     In der Regel auch dem Steuerschuldner = Inhaltsadressat, **aber**:

     Baby ist nicht steuerlich handlungsfähig, § 79 AO.

     Benötigt also gesetzliche Vertreter, § 34 Abs. 1 AO = Eltern

     Hinweis auf Vertretungsverhältnis muss enthalten sein, ansonsten ist der Verwaltungsakt nichtig und unwirksam, AEAO zu § 122, Nr. 1.4.3.
3. **Übermittlungs**-Empfänger
   - Wem wird der Bescheid übermittelt? = Postempfänger, i. d. R. Steuerschuldner (Inhaltsadressat und Bekanntgabeadressat), **aber:**
   - z. B. Empfangsbevollmächtigter, Steuerberater
   - Problematisch sind u. a.:
     - Adressierung an Toten,
     - Missachtung einer Vollmacht (Heilung § 8 VwzG?),
     - Adressierung an Minderjährige sowie
     - Personenvereinigung (Klassiker).

Diese und noch weitere Punkte werden in der Folge näher beleuchtet.

FEHLER: KEINE UNTERSCHEIDUNG ZWISCHEN DREI- BZW. VIER-TAGES-FIKTION UND BEKANNTGABEMÄNGELN

Ja, sehr lange Zeit galt, dass ein einfacher Brief drei Tage nach Aufgabe zur Post als bekanntgegeben gilt. Nun wird jedoch bekanntlich alles teurer, auch die Post. Im Gegenzug darf sich diese nun einen Tag länger Zeit lassen:

Für Verwaltungsakte, die vor dem 1. 1.2025 zur Post gegeben, elektronisch übermittelt oder elektronisch zum Abruf bereitgestellt wurden, gilt die Bekanntgabefiktion von drei Tagen gem. § 122 Abs. 2 Nr. 1 AO.

Durch das Gesetz zur Modernisierung des Postrechts (Postrechtsmodernisierungsgesetz - PostModG) vom 15.7.2024 [1] wurde für Verwaltungsakte, die nach dem 31.12.2024 zur Post gegeben, elektronisch übermittelt oder elektronisch zum Abruf bereitgestellt wurden, die Bekanntgabefiktion von drei Tagen auf vier Tage verlängert. Dies gilt u. a. auch für die Bekanntgabe der Bereitstellung durch Datenabruf (§ 122a AO) und für die Bekanntgabe nach dem VwZG.

Maßgeblich ist also, wann der entsprechende Verwaltungsakt zur Post gegeben wurde, um die Bekanntgabefrist richtig berechnen zu können. Ausschlaggebend ist also nicht der Veranlagungszeitraum, den der Verwaltungsakt betrifft. So kann auch bei weiter zurückliegenden Veranlagungszeiträumen die Vier-Tages-Frist einschlägig sein (z. B. Auswertung einer Feststellungsmitteilung in 2025 für das Jahr 2018). Ganz genau regelt dies Art. 97 § 1 Abs. 15 EGAO:

1 BGBl 2024 I Nr. 236.

„§ 122 Abs. 2 Nr. 1 und Abs. 2a, § 122a Abs. 4 AO in der am 1.1.2025 geltenden Fassung sind auf alle Verwaltungsakte anzuwenden, die nach dem 31.12.2024 zur Post gegeben, elektronisch übermittelt oder elektronisch zum Abruf bereitgestellt werden."

Nun könnte man denken, dass ein Tag mehr oder wenige keine großen Auswirkungen haben kann. Doch wie so oft, steckt auch hier der Teufel im Detail – gerade zum Jahreswechsel. Einige Beispiele sollen Sie davor bewahren, hierbei Fehler zu begehen.

BEISPIEL (GRUNDFALL AUFGABE ZUR POST IN 2024): Das zuständige Finanzamt gibt am 31.12.24 den ESt-Bescheid mit einfachem Brief zur Post. Der Postbote wirft den Bescheid bereits am 2.1.2025 in den Briefkasten des Stpfl. (Wohnort in D). Dieser holt den Brief erst am Sonntag, den 5.1.2025 aus dem Briefkasten.

LÖSUNG: Die Bekanntgabe des ESt-Bescheids richtet sich nach § 122 Abs. 2 Nr. 1 AO. Da der Bescheid noch in 2024 zur Post gegeben worden ist, greift hier noch die alte Fassung, so dass die Drei-Tages-Fiktion zur Anwendung kommt:

Aufgabe zur Post = 31.12.2024 + 3 Tage = Bekanntgabe am 3.1.2025.

Lassen Sie sich also nicht verunsichern, wenn die Bekanntgabe „über den Jahreswechsel" erfolgt. Gesetzlich ist klar geregelt, dass die Aufgabe zur Post maßgeblich ist. Dass der Brief erst am 5.1.2025 aus dem Briefkasten geholt wurde, ist unerheblich. Maßgeblich ist das Gelangen in den Machtbereich = Briefkasten.

ABWANDLUNG 1 (AUFGABE ZUR POST IN 2025): Bescheid geht erst am 2.1.2025 zur Post.

LÖSUNG: Die Bekanntgabe des ESt-Bescheids richtet sich immer noch nach § 122 Abs. 2 Nr. 1 AO. Da der Bescheid aber erst in 2025 zur Post gegeben worden ist, greift nun die neue Fassung, so dass die Vier-Tages-Fiktion zur Anwendung kommt:

Aufgabe zur Post = 2.1.2025 + 4 Tage = Bekanntgabe am 6.1.2025.

Achtung: In manchen Bundesländern ist der 6.1. ein gesetzlicher Feiertag (Baden-Württemberg, Bayern, Sachsen-Anhalt), so dass hier – und nur hier – § 108 Abs. 3 AO greift, womit sich der Bekanntgabetag auf den 7.1.2025 verschiebt. Maßgeblich ist dabei der Wohnort (siehe weiteres Beispiel unten) des Stpfl. im Zeitpunkt der Bekanntgabe. In den anderen Bundesländern bleibt es dagegen beim 6.1.2025.

ABWANDLUNG 2 (FALSCHER ADRESSAT + NICHTIGKEIT): Bescheid geht im November 2024 zur Post, allerdings ist darin als Stpfl. nicht Müller sondern Maier genannt. Im Februar 2025 bemerkt der zuständige Sachbearbeiter beim FA, Herr John Lahfer, seinen Fehler und erlässt einen neuen Bescheid.

LÖSUNG: Die Bekanntgabe des ESt-Bescheids richtet sich nach § 122 Abs. 2 Nr. 1 AO. Da der Bescheid noch in 2024 zur Post gegeben worden ist, greift hier noch die alte Fassung, so dass grundsätzlich die Drei-Tages-Fiktion zur Anwendung kommt. Allerdings war hier die Bekanntgabe nicht wirksam, §§ 122, 124 Abs. 1 AO. Herr Lahfer hat den Inhaltsadressaten falsch bezeichnet. Dabei handelt es sich um einen so schwerwiegenden Fehler, dass der komplette Bescheid nach § 125 Abs. 1 AO nichtig und nach § 124 Abs. 3 AO unwirksam ist. Dieser Bescheid wurde daher nicht wirksam (und setzt auch keine Einspruchsfrist in Lauf. Statthaft wäre ein Einspruch dagegen aber!).

Beim Bescheid im Februar 2025 handelt es sich daher **nicht** um einen Änderungsbescheid, sondern um einen Erst-Bescheid, da der „1. Bescheid" aufgrund Nichtigkeit gar nicht existiert.

Beim Erlass des Bescheids im Februar 2025 greift dann die Vier-Tages-Fiktion.

ABWANDLUNG 3 (ZUGANG BESTRITTEN): Bescheid geht im September 2024 zur Post. Stpfl. bestreitet aber den Zugang (tatsächlich richtig) nach Erhalt einer Mahnung. Daraufhin erlässt das FA

a) im Dezember 2024 bzw.

b) im Januar 2025 einen neuen Bescheid.

LÖSUNG: Grundsätzlich richtet sich die Bekanntgabe wieder nach § 122 Abs. 2 Nr. 1 AO. Allerdings erfolgte tatsächlich kein Zugang. Nach § 122 Abs. 2 2. Halbsatz (nach Nr. 2) AO hat das FA den Zugang nachzuweisen. Das kann das FA in diesem Fall aber nicht. Daher keine wirksame Bekanntgabe des Bescheids vom September 2024. Daher muss das FA einen „neuen" **ersten** Bescheid bekanntgeben.

a) da noch in 2024 zur Post = 3 Tage

b) da erst in 2025 zur Post = 4 Tage

ABWANDLUNG 4 (AUFGABE DES BEKANNTGABEWILLENS): Bescheid wird am 29.12.2024 vom zuständigen Sachbearbeiter abgeschlossen/freigegeben. Am 30.12.2024 fällt dem zuständigen Sachgebietsleiter ein gravierender Fehler im Bescheid auf. Dieser weist den Sachbearbeiter noch am gleichen Tag an, den Bekanntgabewillen sofort aufzuheben. Der Sachbearbeiter vermerkt die Aufgabe des Bekanntgabewillens und schickt dem Stpfl. am 30.12.2024 noch einen Brief, in dem er die Aufhebung des Bekanntgabewillens mitteilt. Im Januar 2025 wird ein neuer, richtiger Bescheid erlassen.

LÖSUNG: Grundsätzlich gilt wieder § 122 Abs. 2 Nr. 1 AO = Drei-Tage, da Aufgabe zur Post noch in 2024.

Allerdings wird Bekanntgabewillen aufgehoben, bevor der Bescheid den Machtbereich der Finanzbehörde verlässt. Warum? Weil im Sachverhalt steht, dass der Bescheid erst am 29.12.2024 freigegeben wird. Technisch dauert die Umsetzung dann aber mehrere Tage, so dass am 30.12.2024 sicherlich noch kein Bescheid zur Post geht. Siehe hierzu AEAO Nr. 5 und 6 zu § 124.

Da nun im Januar 2025 ein erster Bescheid (weil durch die Aufgabe des Willens der Bescheid aus 2024 nicht existent ist) zur Post gegeben wird, greift wiederum die Vier-Tages-Fiktion.

ABWANDLUNG 5 (BEKANNTGABEMANGEL + HEILUNG NACH VWZG): Das FA gibt am 20.1.2025 einen Bescheid für Müller fälschlicherweise an Maier zur Post. Müller und Maier treffen sich am Samstag, den 25.1.2025 zum wöchentlichen Stammtisch auf ein schönes Kaltgetränk. Bei der Gelegenheit übergibt Maier dem Müller den Bescheid.

LÖSUNG: Grundsätzlich gilt der Bescheid nach der Bekanntgabefiktion des § 122 Abs. 2 Nr. 1 AO am 4. Tag nach Aufgabe zur Post = Freitag, den 24.1.2025 als bekanntgegeben. Der Bescheid ist jedoch erst am 25.1.2025 dem Empfänger zugegangen. Es liegt ein Bekanntgabemangel vor. Erst durch die Übergabe vom falschen an den richtigen Empfänger gelangt der Bescheid an den richtigen Empfänger Müller (der gleichzeitig auch Bekanntgabe- und Inhaltsadressat des Bescheids ist). Der Bekanntgabemangel wird also in analoger Anwendung des § 8 VwZG in dem Zeitpunkt geheilt, in dem der richtige Empfänger den Brief tatsächlich erhält. Dies ist hier Samstag, 25.1.2025. Zu diesem Zeitpunkt wird der Bescheid nach § 124 Abs. 1 AO wirksam.

Aber Moment! Wir haben doch gelernt, dass sich beim Frist-Ende dieses verschiebt, wenn es auf einen Samstag fällt (§ 108 Abs. 3 AO). Richtig, jedoch greift § 108 Abs. 3 AO nur beim Ende einer Frist! Hier haben wir aber keine Frist, sondern einen Zeitpunkt/Termin (der Übergabe). Damit kein § 108 Abs. 3 AO; es bleibt bei Bekanntgabe am Samstag, 25.1.2025.

Schauen Sie sich dazu § 8 VwZG und AEAO zu § 122, Nr. 4.4.4 gerne einmal an.

FEHLER: FALSCHER EMPFÄNGER

Es folgen weitere Beispiele zum falschen Empfänger, da dies meiner Erfahrung nach in der Praxis einer der häufigsten Fehler überhaupt ist!

BEISPIEL 1: Der Postbote wirft einen Brief mit dem Steuerbescheid für Herrn Müller in den Briefkasten von Herrn Maier. Herr Maier gibt Herrn Müller diesen Brief beim Kegelabend am Samstag.

Wann gilt dieser Bescheid als bekanntgegeben?

LÖSUNG: Grundsätzlich gilt bei Versand mit einfachem Brief innerhalb Deutschlands die Vier-Tages-Fiktion nach § 122 Abs. 2 Nr. 1 AO.

Allerdings ist diese hier nicht anwendbar, weil der Brief in den Briefkasten des falschen Empfängers Maier gelegt wurde. Ein Gelangen in den Machtbereich des richtigen Empfängers Müller ist daher nicht erfolgt.

Erst im Zeitpunkt (oder Termin, jedoch keine Frist!) der Übergabe am Samstag erfolgt eine Heilung nach § 8 VwZG analog. Da es sich hier also um keine Frist handelt, greift auch § 108 Abs. 3 AO nicht (dieser spricht vom Ende einer Frist), so dass Bekanntgabezeitpunkt der Samstag ist und bleibt.

BEISPIEL 2: Der Bescheid wird an den Steuerberater geschickt, obwohl keine Empfangsvollmacht (mehr) besteht und dies dem Finanzamt bekannt ist.

LÖSUNG: Die Bekanntgabe wird mangels Vollmacht erst wirksam, wenn der Stpfl. den Bescheid tatsächlich in den Händen hält. Also in dem Moment, in dem bspw. der Steuerberater dem Stpfl. den Bescheid übergibt.

Auch hier erfolgt wiederum eine Heilung nach § 8 VwZG analog. Auch in diesem Fall greift wieder kein § 108 Abs. 3 AO, da kein Ende einer Frist vorliegt.

Achtung, häufige Praxis-Falle:

In der Praxis kommen folgende Fälle häufiger vor: Der Stpfl. widerruft zwar die Vollmacht beim Berater, jedoch nicht beim Finanzamt. Der ehemalige Berater wiederum hat zudem meist eher weniger Interesse daran, dies dem Finanzamt nach entzogener Vollmacht noch mitzuteilen, so dass der Widerruf der Vollmacht der Finanzbehörde mangels Zugangs vorerst nicht wirksam wird, § 80 Abs. 1 Satz 3 AO. In diesen Fällen wäre eine Bekanntgabe an den Berater – im Gegensatz z. B. zuvor – wirksam, da der Widerruf keine Wirkung entfaltet, § 122 Abs. 1 Satz 4 AO (Ermessensreduzierung auf null), AEAO zu § 80, Nr. 4.

FEHLER: KEIN ZUGANG DES VERWALTUNGSAKTS

Wer kennt das nicht: Man bekommt eine Mahnung, ohne dass man zuvor einen Steuerbescheid erhalten hat!

Behauptet der Stpfl. nun, dass er den Steuerbescheid nie erhalten hat, dann ist das grundsätzlich so. Er schuldet keinen substantiierten Tatsachenvortrag, denn im Zweifel hat die Finanzbehörde den Zugang nachzuweisen, § 122 Abs. 2 Halbsatz 2 AO.

Wie kann dieser Nachweis erbracht werden? Gar nicht.

Zumindest in der Regel. Denn im Normalfall werden Steuerbescheide mit einfachem Brief verschickt. Dass ein solcher Bescheid z. B. mit PZU versendet wird, ist der absolute Ausnahmefall, bspw., wenn Festsetzungsverjährung droht oder der Stpfl. zuvor schon den Zugang „bestritten" hat.

Da das Finanzamt den Nachweis also nicht erbringen kann, muss der Bescheid neu bekanntgegeben werden. In einem solchen Fall dann am besten mit Zustellungsnachweis.

Vorteil für den Stpfl.: Durch Erlass eines neuen Steuerbescheids wird nicht nur die Fälligkeit „nach hinten" verschoben, die Einspruchsfrist endet durch die neue Bekanntgabe auch deutlich später.

Exkurs: Datenabruf: § 122a AO regelt die elektronische Bekanntgabe von Verwaltungsakten durch Datenabruf. Die Möglichkeit dieser Form der Bekanntgabe wurde durch das Gesetz zur Modernisierung des Besteuerungsverfahrens geschaffen. Anders als bei der bisherigen Bekanntgabe per Briefpost (§ 122 Abs. 2 AO) oder per E-Mail-Übersendung (§ 122 Abs. 2a AO) ist in diesem Fall der Adressat aufgefordert, sich den Verwaltungsakt selbst bei der Finanzverwaltung abzuholen.

Der Vorschrift kommt langsam praktische Bedeutung zu. Mittlerweile ist die Bekanntgabe durch Datenabruf ab dem VZ 2019 möglich, aber nur für die Einkommensteuer-Erstbescheide inklusive Vorauszahlungsbescheiden. Folgebescheide und Verlustfeststellungsbescheide werden automatisch weiterhin als Papierbescheide bekannt gegeben.

Die Vier-Tages-Frist wird in § 122a Abs. 4 Satz 1 AO auf die Bekanntgabe durch Datenabruf übertragen. Die Frist knüpft an die Benachrichtigung an. Der Bescheid gilt am vierten Tag nach Absendung der Benachrichtigung als bekanntgegeben, wenn der Verwaltungsakt vor der Versendung der Benachrichtigung bereitgestellt wird (Wortlaut: bereitgestellter Verwaltungsakt). Die Vier-Tages-Frist ist aufgrund des Wortlauts „gilt" eine Fiktion und ist auch anzuwenden, wenn die Finanzbehörde einen früheren Zugang nachweisen kann.[1]

Ausblick: Der neu eingeführte § 122a AO erfährt bereits ab 1.1.2026 einige grundlegende Änderungen. Diese sind erstmals auf Verwaltungsakte anzuwenden, die nach dem 31.12.2025 erlassen worden sind.

1 *Vogt/Claussen* in Zugmaier/Nöcker, AO, § 122a Rz. 1, 2, 19, NWB QAAAH-45041.

II. Problem: Ehegatten/Lebenspartner

Beide Ehegatten/Lebenspartner sind als Steuerschuldner (§ 43 AO, § 36 Abs. 4 EStG) Inhaltsadressaten und Bekanntgabeadressaten. Verfahrensrechtlich kann aus Vereinfachungsgründen ein sog. zusammengefasster Steuerbescheid nach § 155 Abs. 3 AO ergehen (rein äußerlich zusammengefasster Bescheid, eigentlich liegen zwei inhaltsgleiche Bescheide vor), da zusammenveranlagte Ehegatten/Lebenspartner Gesamtschuldner i. S. des § 44 AO sind. Vor- und Zunamen beider Ehegatten/Lebenspartner sind aufzuführen.

Hier gestaltet sich oft der Empfänger als problematisch (vor allem, wenn sich die Partner nicht mehr ganz so wohlgesonnen sind).

BEISPIEL (BEKANNTGABE NACH § 122 ABS. 7 SATZ 1 NR. 1 AO BEI GEMEINSAMER ANSCHRIFT): Bei **gemeinsamer** Anschrift reicht die Übermittlung **einer** Ausfertigung des Bescheids aus, Empfänger sind **beide** Ehegatten/Lebenspartner mit Vor- und Zunamen. Damit sind beide Ehegatten/Lebenspartner im Anschriftenfeld zu benennen.

BEISPIEL (BEKANNTGABE NACH § 122 ABS. 6 AO): Die Übermittlung des Steuerbescheids an einen der Ehegatten/Lebenspartner zugleich mit Wirkung für und gegen den anderen Ehegatten/Lebenspartner ist zulässig, **soweit** die Ehegatten/Lebenspartner einverstanden sind. § 122 Abs. 6 AO spielt eine Rolle, wenn **mangels gemeinsamer Anschrift** keine Bekanntgabe nach § 122 Abs. 7 Satz 1 Nr. 1 AO mehr erfolgen kann.

Empfänger ist einer der beiden Ehegatten/Lebenspartner, wobei im Bescheidkopf ausdrücklich vermerkt sein muss:

„Dieser Bescheid ergeht an Sie zugleich mit Wirkung für und gegen Ihre(n) Ehefrau/-mann/Lebenspartner(in)".

BEISPIEL (EINZELBEKANNTGABE): Eine Einzelbekanntgabe ist insbesondere erforderlich, wenn

- zwar eine **gemeinsame** Anschrift vorliegt, **aber** nach § 122 Abs. 7 Satz 2 AO bekannt ist, dass **ernstliche Meinungsverschiedenheiten** zwischen den Ehegatten/Lebenspartnern bestehen (Scheidungsabsicht, getrennt lebend unter gemeinsamer Anschrift) **oder**
- einer der Ehegatten/Lebenspartner Einzelbekanntgabe beantragt hat **oder**
- bei fehlender gemeinsamer Anschrift und fehlendem Einverständnis nach § 122 Abs. 6 AO.

BEISPIEL (EINZELBEKANNTGABE AN EHEMANN):

Anschriftenfeld (links oben): Herrn Michael Wendel, vollständige Adresse.

Bescheidkopf:

Für Herrn Michael Wendel und Frau Lauhra Wendel.

Außerdem muss jede Ausfertigung folgenden Erläuterungstext enthalten:

„Ihrem Ehegatten/Lebenspartner wurde ein Bescheid gleichen Inhalts erteilt."

III. Problem: Gesamtrechtsnachfolge (z. B. Erbfall)

Ein weiterer Klassiker. Hier muss auf den Bekanntgabezeitpunkt abgestellt werden.

1. Bescheide vor Erbfall

Bescheide, die bereits vor Eintritt des Todesfalls an den verstorbenen Stpfl. gerichtet und diesem auch zugegangen sind, bleiben wirksam und wirken nun gegen den Gesamtrechtsnachfolger (Erbe) nach § 45 AO. Es ist weder eine neue Bekanntgabe erforderlich noch läuft eine neue Einspruchsfrist. Siehe hierzu § 166 AO. Eventuell ist Wiedereinsetzung in den vorigen Stand nach § 110 AO denkbar, wenn der Erbe zeitlich und psychisch überfordert ist.

Ist dagegen keine wirksame Bekanntgabe mehr erfolgt, muss an den Gesamtrechtsnachfolger ein „neuer" Bescheid bekanntgegeben werden.

BEISPIEL: Stpfl. öffnet Briefkasten, sieht Brief vom Finanzamt und stirbt vor Schreck – ohne ihn zu öffnen. Dann ist keine wirksame Bekanntgabe mehr erfolgt, der Bescheid ist nach § 125 AO nichtig.

2. Bescheide nach Erbfall (§ 45 AO, § 1922 BGB)

Hat der Verstorbene zwar den Steuertatbestand verwirklicht, wurde ihm aber der Bescheid vor Eintritt der Rechtsnachfolge nicht mehr bekannt gegeben, so ist der Bescheid an den Gesamtrechtsnachfolger als Inhaltsadressat zu richten.

BEISPIEL: Stpfl. öffnet Briefkasten, sieht Brief vom Finanzamt, öffnet diesen, liest ihn durch und stirbt erst dann vor Schreck. Hier muss weiter unterschieden werden, ob ein oder mehrere Erben vorliegen.

a) Lediglich ein Erbe

BEISPIEL A: Der im Jahr 2025 verstorbene Sepp Maier war Einzelunternehmer. Alleinerbin ist seine Ehefrau Zens Maier. Das Finanzamt erlässt den Umsatzsteuerbescheid 2024:

Anschriftenfeld: Frau Zens Maier + Adresse

Bescheidkopf: *Dieser Bescheid ergeht an Sie als Alleinerbin nach Ihrem Ehemann.*

BEISPIEL B: Die Ehegatten Sepp und Zens Maier haben im März 2025 die Einkommensteuererklärung 2024 eingereicht und Zusammenveranlagung beantragt. Im April 2025 verstirbt Sepp Maier. Alleinerbin ist – natürlich – seine Ehefrau. Das Finanzamt erlässt den Einkommensteuerbescheid 2024.

Anschriftenfeld: Frau Zens Maier + Adresse

Bescheidkopf: *Dieser Bescheid ergeht an Sie* ***zugleich*** *als Alleinerbin nach Ihrem Ehemann.*

Im Gegensatz zu Beispiel A muss hier noch „zugleich" stehen, da Frau Maier aufgrund der Zusammenveranlagung auch Schuldnerin der Einkommensteuer ist, also auch „für sich selbst".

b) Mehrere Erben

Mehrere Erben sind Gesamtschuldner nach § 2058 BGB, § 44 AO.

Daher kann das Finanzamt anstatt von Einzelbescheiden für jeden Miterben nach § 155 **Abs. 1** AO **einen zusammengefassten** Bescheid nach § 155 **Abs. 3** AO erlassen, in dem als Inhaltsadressaten alle Gesamtrechtsnachfolger unter Hinweis auf die Gesamtrechtsnachfolge zu nennen sind.

Werden nicht alle Gesamtrechtsnachfolger aufgeführt, so führt dies nicht zur Unwirksamkeit des Bescheids, sondern der Bescheid ist eben nur gegenüber den genannten Miterben wirksam (analog einheitlicher Feststellung).

Dieser zusammengefasste Steuerbescheid ist grundsätzlich an jeden der Erben als **Empfänger** zu übermitteln, soweit sie nicht nach § 122 Abs. 6 AO einen gemeinsamen Empfangsbevollmächtigten bestellt haben.

BEISPIEL: Erben sind Sepp Maier und Xaver Maier. Erblasser ist Fritz Maier.

Anschriftenfeld (getrennte Ausfertigungen)

Sepp Maier + Adresse

Xaver Maier + Adresse

Bescheidkopf:

Für Sepp Maier und Xaver Maier als Miterben nach Fritz Maier. Dem anderen Miterben wurde ein Bescheid gleichen Inhalts erteilt. Die Erben sind Gesamtschuldner nach § 44 AO.

BEISPIEL ZU § 122 ABS. 6 AO: Erben sind Sepp Maier und Xaver Maier. Erblasser ist Fritz Maier.

Anschriftenfeld: Herrn Sepp Maier + Adresse

Bescheidkopf: Der Steuerbescheid ergeht an Sie als Miterben nach Fritz Maier zugleich mit Wirkung für und gegen den Miterben Xaver Maier. Die Erben sind Gesamtschuldner nach § 44 AO.

Betrifft der zusammengefasste Steuerbescheid Ehegatten/Lebenspartner, Ehegatten/ Lebenspartner mit Kindern oder Alleinstehende mit Kindern, kann auch von der Sonderregelung des § 122 Abs. 7 AO Gebrauch gemacht werden, wenn eine **gemeinsame Anschrift** besteht und kein Fall des § 122 Abs. 7 Satz 2 AO (z. B. keine Meinungsverschiedenheiten) vorliegt.

Wird nur einer oder werden mehrere Erben aus einer größeren Anzahl gewählt, so ist dies unschädlich, da es nicht zwingend notwendig ist, einen Steuerbescheid an alle Gesamtrechtsnachfolger zu richten. Die Wirksamkeit eines Steuerbescheids gegenüber einem Gesamtschuldner wird nicht dadurch berührt, dass dieser Bescheid gegenüber einem anderen Beteiligten unwirksam ist.

IV. Bekanntgabe einer Prüfungsanordnung

Nach § 197 Abs. 1 Satz 1 AO sind die Prüfungsanordnung sowie der voraussichtliche Prüfungsbeginn und der Name des Prüfers in einer angemessenen Zeit vor dem Beginn der Prüfung bekannt zu geben, wenn der Prüfungszweck dadurch nicht gefährdet wird.

FEHLER: PRÜFUNGSANORDNUNG BEI EHEGATTEN

So weit so gut. Kommt in der Praxis täglich vor. Was aber, wenn im Jahr 2025 der Betrieb des Ehemannes (z. B. Einkünfte aus Gewerbebetrieb) geprüft werden soll, die Ehegatten für dieses Jahr Zusammenveranlagung beantragt haben und sich aufgrund der Betriebsprüfung der Gewinn aus Gewerbebetrieb des Ehemannes drastisch erhöht? Damit würde sich auch die Einkommensteuer erhöhen und damit Auswirkungen für die Ehefrau haben.

Da die Ehegatten gem. §§ 26, 26b EStG zusammen zur Einkommensteuer veranlagt werden, sind die Ehegatten Gesamtschuldner nach § 44 AO. Jeder Ehegatte schuldet damit grundsätzlich die gesamte Einkommensteuer, § 44 Abs. 1 Satz 2 AO. Somit sind beide gleichermaßen Inhaltsadressaten gem. § 119 Abs. 1, § 157 Abs. 1 Satz 2 AO. Bekanntgabeadressat sind, soweit beide Ehegatten voll geschäftsfähig sind, ebenfalls beide Ehegatten, § 79 Abs. 1 Nr. 1 AO. Empfänger sind gem. § 122 Abs. 7 AO die Ehegatten unter der gemeinsamen Anschrift.

Was aber, wenn ein weiteres Problem auftritt und die Ehegatten ab 2025 dauernd getrennt leben. Dann wird es mit einer Ausfertigung an die gemeinsame Anschrift schwierig.

Sollen Veranlagungszeiträume geprüft werden, in denen die Ehegatten noch Zusammenveranlagung gewählt haben (wie hier im Jahr 2024), im Jahr, in der die Prüfung stattgefunden hat, jedoch getrennt leben, ist § 122 Abs. 7 Satz 2 AO zu beachten, da hier offensichtlich ernstliche Meinungsverschiedenheiten vorliegen.

Die Einkommensteuerveranlagung betrifft trotz Trennung weiterhin beide Ehegatten, somit sind beide Gesamtschuldner. Die Ehefrau ist bei einer Erhöhung der Steuer aufgrund des Betriebs des Ehemannes gleichermaßen betroffen und kann zur Zahlung aufgefordert werden. Die Prüfungsanordnung hat somit sowohl gegen den Ehemann als auch gegen die Ehefrau hinsichtlich der Einkommensteuer zu ergehen.

Hinsichtlich der Betriebssteuern (USt, GewSt) ist keine Bekanntgabe an die Ehefrau erforderlich, da Schuldner der Betriebssteuern ausschließlich der Ehemann ist, § 13a Abs. 1 UStG.

C. Fristen und Möglichkeiten bei Fristversäumnis

I. Fristen

1. Bedeutung von Fristen

Das Thema „Fristen" ist in der Praxis allgegenwärtig. So ist man nahezu täglich mit dieser Problematik konfrontiert. Ständig sitzt einem der Termindruck im Nacken, und es fällt bei der Fülle an zu beachtenden Fristen, Terminen und Neuerungen im Steuerrecht – gerade auch im Hinblick auf die Nachwirkungen der Corona-Pandemie, der Grundsteuerreform und den Fachkräftemangel – immer schwerer, den Überblick zu behalten.

Neben der rechtzeitigen Erstellung der Steuererklärungen und **Steueranmeldungen** ist nach Erhalt des entsprechenden Steuerbescheids u. a. die **Einspruchsfrist** nach § 355 AO zu beachten.

Soll nicht gleich Einspruch eingelegt werden, reicht unter bestimmten Voraussetzungen auch ein **Antrag auf schlichte Änderung** nach § 172 Abs. 1 Satz 1 Nr. 2a AO aus. Jedoch sind auch hier Fristen einzuhalten.

Hatte ein Einspruchsverfahren keinen Erfolg, muss weiterhin die **Klagefrist** nach § 47 FGO (bzw. die Antragsfrist nach § 172 Abs. 1 Sätze 2 und 3 AO) im Hinterkopf behalten und berechnet werden.

Gerade zum Jahresende, an dem es sowieso schon hektisch genug zugeht, muss auch noch die **Festsetzungsverjährung** nach §§ 169 ff. AO bzw. die **Feststellungsverjährung (bei Grundlagenbescheiden)** nach § 181 Abs. 1 Satz 1 AO i. V. m. §§ 169 ff. AO beachtet werden.

Zudem spielt im Erhebungsverfahren neben der Fälligkeit auch noch die **Zahlungsverjährung** nach § 228 AO eine Rolle, denn ist diese eingetreten, so ist der Steueranspruch nach § 47 AO erloschen. Gut für den Stpfl., wenn es sich um eine Nachzahlung handelt, schlecht, wenn man ein Guthaben erwartet hat.

2. Abgrenzung von Fristen und Terminen

FEHLER: KEINE UNTERSCHEIDUNG ZWISCHEN TERMINEN UND FRISTEN

Da es in der Praxis des Öfteren Probleme bei der Abgrenzung von Terminen und Fristen gibt, vorab eine kurze Unterscheidung dieser Begriffe:

Termine: bestimmte Zeitpunkte, an denen etwas geschehen soll oder zu denen eine Wirkung eintritt:

- Schlussbesprechung im Rahmen einer Betriebsprüfung am 22.9.2025
- Mündliche Auskunft des Stpfl. an Amtsstelle nach § 93 Abs. 5 AO am 2.10.2025
- Gespräche über festgestellte Sachverhalte im Rahmen einer Außenprüfung nach § 199 Abs. 2 AO am 4.11.2025

Fristen: abgegrenzte, bestimmte oder jedenfalls bestimmbare Zeiträume. Der Fristablauf kann zum Rechtsverlust führen bzw. zum Eintritt bestimmter Rechtsfolgen.

Beispiele:

- Einspruchsfrist
- Wiedereinsetzungsfrist
- Festsetzungsverjährung
- Vier-Tages-Fiktion/Frist der §§ 122 Abs. 2 Nr. 1, 122 Abs. 2a, 122a AO
- Zahlungsverjährung
- Präklusionsfrist

3. Fristberechnung

Innerhalb der Fristen sind zwei unterschiedliche Arten von Fristen zu unterscheiden: Beginn- und Ereignisfrist, wobei wirklich praxisrelevant nur die **Ereignisfrist** ist. Gesetzliche Grundlage hierfür ist § 187 BGB. Ein Beispiel für die Beginnfrist wäre u. a. die Volljährigkeit nach § 2 BGB.

FEHLER: EREIGNISFRIST UND MISSACHTUNG DES § 108 ABS. 3 AO

§ 187 Abs. 1 BGB regelt den Beginn von Fristen, für die ein Ereignis oder ein in den Lauf eines Tages fallender Zeitpunkt maßgebend ist (Ereignisfrist).

Beispiele:

- Einspruchsfrist
- Fälligkeit
- Festsetzungsfrist
- Wiedereinsetzungsfrist
- Zahlungsfristen

BEISPIEL: Der Einkommensteuerbescheid 2024 geht am 14.4.2025 (= Montag) mit einfachem Brief zur Post. Das Ereignis ist grundsätzlich die Bekanntgabe des Bescheids am 18.4.2025 gem. § 122 Abs. 2 Nr. 1 AO.

Allerdings handelt es sich beim 18.4.2025 um einen Feiertag, so dass hier § 108 Abs. 3 AO greift. Folglich verschiebt sich die Bekanntgabe auf den darauffolgenden Werktag, also Dienstag, den 22.4.2025. Hier sieht man sehr schön die Auswirkungen des § 108 Abs. 3 AO: Die Bekanntgabe „streckt" sich auf über eine Woche. Daher wird diese Norm auch oft Fristenstreckung genannt.

Die Einspruchsfrist beginnt mit Ablauf des 22.4.2025 (24 Uhr) zu laufen, § 108 Abs. 1 AO, § 187 Abs. 1 BGB.

Sie dauert einen Monat (§§ 355, 356 AO), sofern eine ordnungsgemäße Rechtsbehelfsbelehrung beigefügt ist, und endet mit Ablauf des 22.5.2025 (Mittwoch), § 188 Abs. 2 BGB.

Sollte das Ende dieser Frist jedoch wiederum ein Samstag, Sonntag oder gesetzlicher Feiertag sein, würde § 108 Abs. 3 AO entsprechend greifen.

Achtung:

§ 108 Abs. 3 AO greift nur beim **Ende** einer **Frist**, **nicht** beim Beginn der Frist, bei Terminen und Zeitpunkten. Wird also bspw. der Verwaltungsakt per Postzustellungsauftrag nach § 122 Abs. 5 AO i. V. m. dem Verwaltungszustellungsgesetz an einem Wochenende zugestellt oder geht dieser erst nach Ablauf der Vier-Tages-Fiktion zu, gilt hier § 108 Abs. 3 AO nicht, da es sich um keine Frist, sondern um einen Zustellungszeitpunkt handelt.

BEISPIEL 1: Der Einkommensteuerbescheid 2024 vom 14.4.2025 geht dem Stpfl. – nachweislich – erst am 24.4.2025 zu, so greift die Vier-Tages-Fiktion des § 122 Abs. 2 Nr. 1 AO nicht. Denn in diesem Fall hat die Finanzbehörde den Zeitpunkt des Zugangs nachzuweisen, § 122 Abs. 2 Halbsatz 2 AO. Wird der Bescheid jedoch – wie im Regelfall – mit einfachem Brief versandt, kann das Finanzamt den Zeitpunkt nicht nachweisen. Den Beweis könnte man z. B. bei einer Zustellung mit Postzustellurkunde erbringen, was jedoch die Ausnahme darstellt (z. B., wenn Festsetzungsverjährung droht).

BEISPIEL 2 (ABWANDLUNG ZU BEISPIEL 1): Der Stpfl. gibt dem Finanzamt gegenüber an, dass er den Bescheid vom 14.4.2025 gar nicht erhalten hat.

Auch hier gilt: Das Finanzamt hat den Zugang im Zweifel nachzuweisen. Dies wird regelmäßig unmöglich sein, so dass hier überhaupt keine wirksame Bekanntgabe erfolgt ist.

Was passiert aber nun mit der Steuernachzahlung?

Eine Nachzahlung wird grundsätzlich einen Monat nach Bekanntgabe des Bescheids fällig. Da hier jedoch keine Bekanntgabe erfolgt ist (also auch keine verspätete), kann die Nachzahlung auch nicht fällig werden.

Mangels wirksamer Bekanntgabe beginnt keine Einspruchsfrist zu laufen.

Wie löst das Finanzamt aber nun das Problem mit der Bekanntgabe? Ganz einfach: Es erlässt einen „neuen" Steuerbescheid. Neu ist dabei nicht richtig, da es ja genaugenommen der erste – wirksame – Bescheid ist. In diesem Fall erfolgt die Zustellung nun aber meist mit Postzustellungsurkunde, um weitere Probleme mit dem Nachweis zu verhindern.

BEISPIEL 3: Für die Frage, ob § 108 Abs. 3 AO bei gesetzlichen Feiertagen Anwendung findet, ist der Wohnort des Empfängers maßgeblich. Praxisrelevant ist hier bspw. der 8.8.XX, an dem ein Feiertag vorliegt (Hohes Friedensfest) – allerdings nur in Augsburg.

Zieht der Stpfl. also z. B. vor der Bekanntgabe des Bescheids von München nach Augsburg und fand bis dahin noch kein Zuständigkeitswechsel nach § 26 AO statt, so verschiebt sich der Bekanntgabetag vom 8.8.XX auf den 9.8.XX.

Wäre der Stpfl. dagegen in München wohnhaft geblieben, würde es beim 8.8.XX bleiben, da dies in München kein Feiertag ist.

Gleiches gilt auch bei Umzug in ein anderes Bundesland. So ist bspw. der 6.1.XX in Bayern, Baden-Württemberg und Sachsen-Anhalt ein Feiertag, in Berlin dagegen nicht.

Denkbar wären auch Fälle, in denen der Steuerberater bei vorliegender Empfangsvollmacht in einem Tätigkeitsbezirk liegt, in dem entsprechende Feiertage vorliegen.

4. Gesetzliche und behördliche Fristen

FEHLER: ERMESSENSSPIELRAUM DES FINANZAMTS?

Um diese Fragen beantworten zu können, muss zunächst eine Unterscheidung in gesetzliche und behördliche Fristen erfolgen. Gesetzliche Fristen liegen vor, wenn die Dauer im Gesetz geregelt wird. Behördliche Fristen liegen dagegen vor, wenn diese von einer Behörde festgelegt werden.

Beispiele für gesetzliche Fristen:

- Steuererklärungsfrist, § 149 AO
- Steueranmeldungen, §§ 150, 167, 168 AO
- Schonfrist, § 240 AO
- Festsetzungsverjährung, §§ 169 ff. AO
- Qualifiziertes Mitwirkungsverlangen, § 200a AO
- Einspruchsfrist, § 355 AO
- Antrag auf schlichte Änderung nach § 172 Abs. 1 Satz 1 Nr. 2 Buchst. a AO
  - Steuerminderung: Nur innerhalb Einspruchsfrist
  - Steuererhöhung: Nur innerhalb Festsetzungsverjährung

- Wiedereinsetzungsfrist, § 110 Abs. 2 AO
- Dauerfristverlängerung, § 18 Abs. 6 UStG

Beispiele für behördliche Fristen:

- Auskünfte, § 93 AO
- Vorlage von Unterlagen, § 97 AO
- Auskünfte, Aufzeichnungen im Rahmen der Außenprüfung nach § 200 AO
- Stundung, § 222 AO
- Vollstreckungsaufschub, § 258 AO
- Zwangsgeldandrohung, § 332 AO
- Aussetzung der Vollziehung, § 361 AO
- Präklusionsfrist, § 364b AO

II. (Rückwirkende) Fristverlängerung

1. Ermessen der Behörden

Bevor ich Ihnen einen Überblick über die wichtigsten **behördlichen** Fristen gebe, stelle ich vorab dar, ob das Finanzamt bei solchen Fristen denn überhaupt einen Ermessensspielraum hat.

Gemäß § 5 AO hat die Finanzbehörde nach ihrem Ermessen zu handeln, und ihr **Ermessen** entsprechend dem Zweck der Ermächtigung auszuüben und die gesetzlichen Grenzen des Ermessens einzuhalten.

Es gilt der Grundsatz, dass **behördliche** Fristen nach § 109 Abs. 1 AO **verlängerbar** sind. Hintergrund ist, dass diese Fristen – wie der Name schon verrät – von einer Behörde i. S. des § 6 AO (im Regelfall also das Finanzamt) bestimmt werden. Damit soll dem Umstand Rechnung getragen werden, dass jeder Steuerfall als Einzelfall unterschiedlich ist und die Behörde daher entsprechend auf unvorhersehbare Umstände (z. B. lange, schwere Krankheit, Unfall) reagieren kann. In Ausnahmefällen ist auch eine Regelung durch eine Allgemeinverfügung möglich.

Wichtig zu erwähnen ist, dass die Fristverlängerung grundsätzlich auch **rückwirkend** möglich ist. Eine rückwirkende Fristverlängerung? Wieso denn das? Abgelaufen ist doch abgelaufen, und wer zu spät kommt, ist selbst schuld. Könnte man meinen. Jedoch sollen hierdurch die zum Teil harten Konsequenzen abgefedert werden, wenn bspw. ein Stpfl. unverschuldet in eine Notsituation gekommen ist und dadurch seine Steuererklärung nicht fristgerecht abgeben konnte.

BEISPIEL: Stpfl. erleidet besonders schweren Verlauf nach einer Corona-Infektion und muss monatelang auf der Intensivstation behandelt werden. Nach Entlassung aus dem Krankenhaus ist die Steuererklärungsfrist bereits abgelaufen und es würde grundsätzlich ein Verspätungszuschlag nach § 152 AO anfallen. Durch eine rückwirkende Fristverlängerung kann dieser ggf. verhindert werden.

Durch die Möglichkeit der (rückwirkenden) Fristverlängerung und der gesetzlichen Regelung des § 110 Abs. 1 Satz 1 AO wird deutlich, dass die Wiedereinsetzung in den vorigen Stand nicht für behördliche Fristen gilt.

Behördliche Fristen sind i. d. R. keine Ausschlussfristen. Eine Ausnahmestellung nimmt hierbei die Ausschlussfrist (sog. **Präklusionsfrist**) nach § 364b AO im Rahmen eines außergerichtlichen Rechtsbehelfsverfahrens ein.

Denn diese „kombiniert" Merkmale einer behördlichen Frist mit denen einer gesetzlichen Frist. Behördlich, weil die Präklusionsfrist vom Finanzamt bestimmt wird. Gesetzlich, weil – trotz dieser behördlichen Komponente – Wiedereinsetzung in den vorigen Stand in Betracht kommt, die gem. § 110 Abs. 1 Satz 1 AO wie erwähnt ansonsten nur bei gesetzlichen, nicht verlängerbaren Fristen in Betrag kommt (§ 364b Abs. 2 Satz 3 AO).

Nach herrschender Meinung ist jedoch eine Fristverlängerung möglich, wenn der Fristverlängerungsantrag **vor Fristablauf** gestellt worden ist. Eine Wiedereinsetzung in den vorigen Stand ist damit obsolet.

Auch die Frist zur **Revisionsbegründung** nach § 120 Abs. 2 FGO kann verlängert werden, jedoch wiederum auch nur vor Ablauf der Begründungsfrist und nicht rückwirkend.

2. Abgabe von Erklärungen

Zur Abgabefrist von Steuererklärungen siehe § 149 AO. Zu den Sonderregelungen für die Veranlagungszeiträume 2019 bis 2024 siehe *Ortwald* in Zugmaier/Nöcker, § 149 AO Rz. 34 sowie die nachfolgende Tabelle.

Tab. 2: Abgabefristen für Steuererklärungen 2020 ff.

	Erklärung ohne steuerliche Vertretung		Erklärung mit steuerlicher Vertretung	
Veranlagungszeitraum	Normalfall	Land und Forstwirtschaft = abweichendes Wirtschaftsjahr	Normalfall	Land und Forstwirtschaft = abweichendes Wirtschaftsjahr

2020	31.10.2021 = 1. bzw. 2.11.2021 wegen § 108 Abs. 3 AO	Ende Wirtschaftsjahr + 10 Monate	31.8.2022	31.1.2023
2021	31.10.2022 = 1.11.2022 wegen § 108 Abs. 3 AO	Ende Wirtschaftsjahr + 10 Monate	31.8.2023	31.4.2024
2022	30.9.2023 = 2.10.2023 wegen § 108 Abs. 3 AO	Ende Wirtschaftsjahr + 9 Monate	31.7.2024	31.12.2024
2023	31.8.2024 = 2.9.2024 wegen § 108 Abs. 3 AO	Ende Wirtschaftsjahr + 8 Monate	30.5.2025 = 2.6.2025 wegen § 108 Abs. 3 AO	31.10.2025 = 3.11.2025 wegen § 108 Abs. 3 AO
2024	31.7.2025	Ende Wirtschaftsjahr + 7 Monate	30.4.2026	30.9.2026
2025	31.7.2026	Ende Wirtschaftsjahr + 7 Monate	28.2.2026 = 2.3.2027 wegen § 108 Abs. 3 AO	31.7.2027 = 2.8.2027 wegen § 108 Abs. 3 AO

Im AEAO zu § 149, Nr. 1 finden Sie hierzu auch einige Angaben.

FEHLER: MISSACHTUNG DES § 149 ABS. 5 AO

Für Stpfl., die einen Angehörigen der steuerberatenden Berufe mit der Erstellung der Steuererklärung beauftragen, verlängert sich nach § 149 Abs. 3 AO die Abgabefrist vorbehaltlich des Abs. 4 bis zum letzten Tag des Monats Februar und in den Fällen des Abs. 2 Satz 2 bis zum 31.7. des zweiten auf den Besteuerungszeitraum folgenden Kalenderjahres.

Eine Ausnahme von der verlängerten Abgabefrist nach § 149 Abs. 3 AO gilt gem. § 149 Abs. 5 AO für die Umsatzsteuerjahreserklärung in den Fällen, in denen die gewerbliche oder berufliche Tätigkeit vor oder mit Ablauf des Besteuerungszeitraums endet. Damit wird der verkürzten Umsatzsteuererklärungsfrist der § 16 Abs. 3, § 18 Abs. 3 Satz 2 UStG Rechnung getragen.

Es ist dabei zu unterscheiden: Endet die gewerbliche oder berufliche Tätigkeit mit Ablauf des Kalenderjahres, gilt die Regelung des § 149 Abs. 3 AO und die Umsatzsteuererklärung ist bis zum letzten Tag des Monats Februar und in den Fällen des Abs. 2 Satz 2 bis zum letzten Tag des Monats Februar und in den Fällen des Abs. 2 bis zum 31.7. des zweiten auf den Besteuerungszeitraum folgenden Kalenderjahres einzureichen. Wird dagegen die berufliche Tätigkeit vor diesem Zeitpunkt eingestellt, gilt wegen des kürzeren Besteuerungszeitraumes § 18 Abs. 3 Satz 2 UStG und die Umsatzsteuererklärung ist innerhalb eines Monats nach Ende der gewerblichen oder beruflichen Tätigkeit zu übermitteln.

Da § 149 Abs. 5 AO die Anwendung des § 149 Abs. 3 AO ausschließt, kommt eine – auch rückwirkende – Verlängerung der Erklärungsfrist nach § 109 Abs. 1 AO in Betracht.

3. Auskunfts- und Vorlagepflichten

Beteiligte i. S. des § 78 AO (im Regelfall der Stpfl.) sind gem. § 90 AO zur Mitwirkung bei der Ermittlung des Sachverhalts verpflichtet. Dazu gehört u. a. auch die Auskunftspflicht nach § 93 AO. Vorrangig soll dabei der Beteiligte selbst zur Auskunft angehalten werden. Jedoch können nach § 93 Abs. 1 Satz 1 AO auch andere Personen (Dritte) als die Beteiligten zur Auskunft angehalten werden. Allerdings erst dann, wenn die Sachverhaltsaufklärung durch die Beteiligten nicht zum Ziel führt oder keinen Erfolg verspricht (§ 93 Abs. 1 Satz 3 AO, sog. **Subsidiaritätsprinzip**). Denkbar sind hierbei Fälle, in denen der Stpfl. keine Auskunft erteilen kann oder will.

Der Beteiligte, aber auch dritte Personen sind verpflichtet, nach Aufforderung des Finanzamts Bücher, Aufzeichnungen, Geschäftspapiere und andere Urkunden zur Einsicht und Prüfung vorzulegen, § 97 Abs. 1 Sätze 1 und 3 AO i. V. m. § 93 Abs. 1 Satz 3 AO.

Das in § 93 Abs. 1 Satz 3 AO verankerte **Subsidiaritätsprinzip** gilt hierbei also entsprechend: An Dritte (z. B. Anforderung Mietvertrag vom Mieter des steuerpflichtigen Vermieters) soll mit dem Vorlageersuchen erst dann herangetreten werden, wenn das Ersuchen an den Beteiligten nicht zum Ziel führt oder keinen Erfolg verspricht.

Ohne ein vorheriges Auskunftsersuchen abwarten zu müssen, können Finanzbehörden direkt die Vorlage von Unterlagen verlangen. Auskunftsersuchen (§ 93 Abs. 1 AO) und Vorlageverlangen (§ 97 AO) sind damit gleichwertige Ermittlungsinstrumente und fallen in den Bereich der behördlichen Frist.

4. Einlegung eines Rechtsbehelfs

FEHLER: BEI FEHLENDER RECHTSBEHELFSBELEHRUNG BETRÄGT DIE EINSPRUCHSFRIST IMMER EIN JAHR.

Auch bei der auf den ersten Blick recht einfach erscheinenden Rechtsbehelfsbelehrung gibt es einige Fallstricke zu beachten. Im Normalfall ergehen Verwaltungsakte maschinell (Steuerbescheide), denen automatisch eine ordnungsgemäße Rechtsbehelfsbelehrung beigefügt ist. Aber auch in diesen Fällen kann es vorkommen, dass die Rechtsbehelfsbelehrung fehlt, z. B., wenn ein Druckfehler vorliegt.

Allerdings gibt es immer noch Anlässe, in denen ein personeller Verwaltungsakt (personeller Steuerbescheid, Zwangsgeld, Auskunftsersuchen) nötig ist. Hierbei kann es vorkommen, dass eine Rechtsbehelfsbelehrung „vergessen" wird.

Nach § 356 Abs. 1 AO muss unterschieden werden:

- Ergeht ein Verwaltungsakt schriftlich oder elektronisch, so beginnt die Frist für die Einlegung des Einspruchs, wenn der Beteiligte über die Rechtsbehelfsmöglichkeit und die Behörde, bei der er einzulegen ist, deren Sitz und die einzuhaltende Frist in der für den Verwaltungsakt verwendeten Form belehrt worden ist.
- Ist die Belehrung unterblieben oder unrichtig erteilt, so ist die Einlegung des Einspruchs nur binnen eines Jahres seit Bekanntgabe des Verwaltungsakts zulässig, es sei denn, dass die Einlegung vor Ablauf der Jahresfrist infolge höherer Gewalt unmöglich war oder schriftlich oder elektronisch darüber belehrt wurde, dass ein Einspruch nicht gegeben sei (§ 356 Abs. 2 AO).

Folglich greift die verlängerte Einspruchsfrist nur bei schriftlichen oder elektronischen Verwaltungsakten, was im Umkehrschluss zur Folge hat, dass es bei mündlichen, fernmündlichen oder konkludenten Verwaltungsakten bei der einmonatigen Einspruchsfrist bleibt.

FEHLER: FRISTVERLÄNGERUNG IST IMMER MÖGLICH.

Wie bereits erwähnt, ist eine Fristverlängerung grundsätzlich nur hinsichtlich der Einreichung von Steuererklärungen und bei behördlichen Fristen möglich. Dies bedeutet im Umkehrschluss, dass gesetzliche Fristen nicht verlängert werden können. Wie Sie aber wissen, gibt es im Steuerrecht keinen Grundsatz ohne Ausnahme:

- So ist bei der Präklusionsfrist nach § 364b AO im Rahmen eines außergerichtlichen Rechtsbehelfsverfahrens eine Fristverlängerung möglich. In der Praxis spielt diese Vorschrift jedoch nur eine untergeordnete Rolle, denn der Ausschluss gilt lediglich für das Einspruchsverfahren. Dies bedeutet, dass das zu spät Vorgebrachte oder Eingereichte durchaus für Änderungen außerhalb des Einspruchsverfahren berücksichtigt werden darf, z. B. im anschließenden FG-Verfahren.
- Ebenso kann die Frist zur Revisionsbegründung nach § 120 Abs. 2 FGO verlängert werden, jedoch wiederum auch nur vor Ablauf der Begründungsfrist und nicht rückwirkend.

Für gesetzliche Fristen kommt daher nur Wiedereinsetzung in den vorigen Stand nach § 110 AO in Betracht. Siehe hierzu Kapitel C. IV.

Gesetzliche Grundlage für die Fristverlängerung ist § 109 Abs. 1 AO:

„Fristen zur Einreichung von Steuererklärungen und Fristen, die von einer Finanzbehörde gesetzt sind, können vorbehaltlich des Abs. 2 verlängert werden. Sind solche Fristen bereits abgelaufen, können sie vorbehaltlich des Abs. 2 rückwirkend verlängert werden, insbesondere wenn es unbillig wäre, die durch den Fristablauf eingetretenen Rechtsfolgen bestehen zu lassen."

Bei der Frist zur Abgabe der Steuererklärung handelt es sich somit um einen Sonderfall: Zum einen ist diese Frist gesetzlich (§ 149 AO), zum anderen behördlich, da in § 109 AO explizit aufgeführt.

Tab. 3: Formulierungshilfe Fristverlängerung

„Steuerberater Max Mustermann, Müllerweg 123, 45678 Musterstadt

Finanzamt München
Deroystr. 1
12345 München

Ort, Datum

Max Müller, Mühlenstr. 1, 12345 München
Steuernummer: XXX/XXX/XXXXX

Antrag auf Fristverlängerung für die Einkommensteuererklärung 2024
Steuer-Identifikationsnummer: XXX

Sehr geehrte Damen und Herren,

ich beantrage, die Frist zur Abgabe der Einkommensteuererklärung nach § 109 AO für das Jahr 2024 bis zum

(Abgabe-Datum)

zu verlängern, da ich mich aus folgenden Gründen nicht in der Lage sehe, die Einkommensteuererklärung fristgerecht abzugeben:

- noch fehlende Unterlagen/Verträge/Rechnungen
- eigene Erkrankung
- Erkrankung eines Familienangehörigen
- Erkrankung mehrerer Mitarbeiter
- längere Abwesenheit/Geschäftsreise
- Auswirkungen der Corona-Pandemie

Selbstverständlich werde ich mich bemühen, die Steuererklärung noch vor diesem Termin einzureichen.

Sollten Sie meiner Bitte entsprechen, so ist eine schriftliche Nachricht nicht erforderlich (stillschweigende Fristverlängerung).

Für Ihr Verständnis bedanke ich mich im Voraus.

Mit freundlichen Grüßen

....

Steuerberater Mustermann
(Unterschrift)

Anlage(n)
Ärztliches Attest
Rechnung über Krankenhausaufenthalt“

FEHLER: KONSEQUENZEN NACH FRISTVERSÄUMNIS EINFACH HINNEHMEN.

Was ist aber nun, wenn die Frist schon versäumt ist? Was sind die möglichen Konsequenzen? Und wie lassen sich diese ggf. vermeiden?

Ist es wirklich passiert und wurde eine Frist versäumt, stehen dem Finanzamt einige Instrumente zur Verfügung, welche negative Konsequenzen für den Stpfl. nach sich ziehen können. Die Wichtigsten werden im folgenden Kapital aufgezeigt.

III. Konsequenzen bei Fristversäumnis

1. Zwangsgeld

Das Zwangsgeld kommt als steuerliche Nebenleistung (§ 3 Abs. 4 Nr. 6 AO) nach §§ 328 ff. AO immer dann in Betracht, wenn ein Verwaltungsakt i. S. des § 118 AO auf Vornahme einer Handlung oder auf Duldung oder Unterlassung gerichtet ist.

Hierzu zählen insbesondere

- Aufforderung zur Abgabe der Steuererklärung, § 149 Abs. 1 Satz 2 AO
- Auskunftsersuchen, § 93 AO
- Vorlageersuchen, § 97 AO
- Abgabe von Fragebögen zur Gewerbeanmeldung
- **Nicht** erzwungen werden können dagegen **Geld**leistungen. Hier können jedoch Säumniszuschläge nach § 240 AO allein kraft Gesetzes entstehen. Eine behördliche Festsetzung ist hier also gar nicht erst nötig.

Die Androhung hat nach § 332 AO schriftlich unter angemessener Fristsetzung zu erfolgen. Auch hier kommt es wiederum auf den Einzelfall an. Als angemessen kann ein Zeitraum von zwei bis vier Wochen angesehen werden. Die Zwangsgeldandrohung muss sich auf ein bestimmtes Zwangsmittel beziehen und für jede einzelne Verpflichtung getrennt ergehen. Zwangsgeld ist in bestimmter Höhe anzudrohen.

BEISPIEL 1: Stpfl. XY gibt trotz mehrfacher Erinnerungen durch das Finanzamt seine Steuererklärungen nicht ab. Daher droht das Finanzamt ein Zwangsgeld wie folgt an: Einkommensteuer, Umsatzsteuer, Gewerbesteuer i. H. v. insgesamt 900 €.

Zwar liegt in diesem Fall eine bestimmte Höhe vor, jedoch muss das Zwangsgeld für jede einzelne Verpflichtung getrennt angedroht (und dann natürlich auch festgesetzt) werden. Richtig wäre also gewesen:

Einkommensteuer: 300 €

Umsatzsteuer: 300 €

Gewerbesteuer: 300 €

BEISPIEL 2: Zusammenveranlagte Ehegatten kommen trotz wiederholter Erinnerungen der Aufforderung des Finanzamts nach § 93 Abs. 2 AO nicht nach, fehlende Auskünfte zu erteilen. Die Finanzbehörde will daher ein Zwangsgeld androhen.

Wie muss eine solche Androhung aussehen? Nun könnte man meinen, dass die Ehegatten Gesamtschuldner sind und daher eine Ausfertigung ausreicht. Die Ehegatten sind Gesamtschuldner, das stimmt.

Allerdings betrifft das nur die Einkommensteuer. Hier handelt es sich jedoch um ein Zwangsgeldverfahren, also um einen sonstigen Verwaltungsakt.

In diesem Fall muss das Finanzamt zwei getrennte Zwangsgeldverfahren einleiten: Eines gegen die Ehefrau und eines gegen den Ehemann. Auch muss die Androhung wieder getrennt nach Steuerart sein. Es ist also nicht zulässig, einen Verwaltungsakt nach § 332 oder § 333 AO an die Eheleute unter der Anschrift „Herrn und Frau Müller" zu richten.

Aber: Gemäß **AO-Kartei § 328 Karte 1** wird es i. d. R. ausreichen, das Zwangsgeldverfahren nur gegen den Ehegatten zu betreiben, der die land- und forstwirtschaftlichen, gewerblichen oder freiberuflichen Einkünfte erzielt oder dem die Einkünfte bei der Veranlagung ausschließlich oder überwiegend zuzurechnen sind.

Das Finanzamt hat ein Ermessen nach § 5 AO.

Wird die Verpflichtung innerhalb der Frist, die in der Androhung bestimmt ist, nicht erfüllt oder handelt der Pflichtige der Verpflichtung zuwider, so setzt die Finanzbehörde das Zwangsmittel fest (§ 333 AO). Dabei muss jeder Adressat separat bezeichnet werden.

Da es sich beim Zwangsgeldverfahren um sonstige Verwaltungsakte handelt, ist der Einspruch dagegen statthaft (§ 347 Abs. 1 Satz 1 Nr. 1 AO).

FEHLER: FALSCHE REIHENFOLGE BEIM BEZAHLEN DES ZWANGSGELDES

Wird die Verpflichtung nach Festsetzung des Zwangsmittels erfüllt, so ist der Vollzug einzustellen (§ 335 AO). Gemäß § 335 AO ist zwar der Vollzug einzustellen, wenn die Verpflichtung (z. B. Abgabe der Steuererklärung) nach Festsetzung des Zwangsgeldes erfüllt wird. Die Aufhebung der Festsetzung des Zwangsgeldes ist dadurch jedoch nicht angeordnet.

War das Zwangsgeld im Zeitpunkt der Abgabe der Steuererklärungen bereits entrichtet, so kommt eine Erstattung nicht in Betracht. Zwangsgelder, die erst nach der Befolgung der Anordnung (z. B. Abgabe der Steuererklärungen) bezahlt werden, sind jedoch von Amts wegen zu erstatten, da insoweit die gesetzliche Grundlage weggefallen ist (§ 37 Abs. 2 AO).

Erfolgt trotz Festsetzung keine Zahlung oder ist eine Beitreibung erfolglos, ist ein erneutes Zwangsgeldverfahren möglich.

In der Praxis ist aufgrund der Tatsache, dass der Vollzug nach § 335 AO einzustellen ist, wenn die Verpflichtung erfüllt wird, ein Zwangsgeldverfahren eher selten anzutreffen. Jedoch sollte das Instrument aufgrund seiner direkten Auswirkung (bis zu 25.000 €, § 329 AO) nicht unterschätzt werden.

Sollte man eine Zwangsgeldandrohung erhalten haben, sollte schnellstmöglich der Aufforderung der Finanzbehörde Folge geleistet werden.

2. Schätzung der Besteuerungsgrundlagen

FEHLER: KEIN EINSPRUCH BEI SCHÄTZUNG DER BESTEUERUNGSGRUNDLAGEN

Nahezu täglich kommt es im Praxisalltag zur Schätzung der Besteuerungsgrundlagen.

Soweit (d. h. in dem Umfang wie) das Finanzamt die Besteuerungsgrundlagen, also insbesondere die Einkünfte, nicht ermitteln oder berechnen kann, hat es sie zu schätzen (§ 162 Abs. 1 Satz 1

AO). Hierbei handelt es sich also im Gegensatz zum Zwangsgeldverfahren nicht um eine Ermessensentscheidung.

Geschätzt werden nach dem Gesetzeswortlaut die Besteuerungsgrundlagen i. S. des § 199 Abs. 1 AO und nicht – wie es vielleicht zu vermuten wäre – die festzusetzende Steuer. Somit ist auch klar, wogegen sich ein Einspruch richten muss: Gegen die festgesetzte Steuer, nicht gegen die festgestellten Besteuerungsgrundlagen. Allerdings wird in der Praxis als Begründung auf die Besteuerungsgrundlagen verwiesen.

Warum aber sollte Einspruch gegen die Schätzung eingelegt werden? Schätzungsbescheide ergehen doch sowieso regelmäßig unter dem Vorbehalt der Nachprüfung nach § 164 Abs. 1 AO (was aber kein Muss ist, siehe unten).

Richtig, hierbei gibt es aber ein Problem: Der Vorbehalt der Nachprüfung entfällt spätestens mit Ablauf der regulären, vierjährigen Festsetzungsfrist (§ 164 Abs. 4 Satz 1 und 2 AO).

Handelt es sich also um etwas ältere Veranlagungszeiträume und dauert die Einreichung, sowie die Bearbeitung der Steuererklärungen „etwas" länger – was in der Praxis durchaus häufig vorkommt – oder wird ein Änderungsbescheid erlassen, so besteht die Gefahr, dass der Vorbehalt der Nachprüfung entfällt. Die Nachreichung der Steuererklärung wird dann höchst schwierig, da z. B. eine Änderung nach § 173 Abs. 1 Nr. 2 AO regelmäßig am groben Verschulden scheitern wird und andere Korrekturvorschriften voraussichtlich auch nicht greifen.

Daher empfiehlt es sich, Einspruch einzulegen, denn dadurch bleibt der Fall vollumfänglich offen (§ 367 Abs. 2 Satz 1 AO) und es greift die Ablaufhemmung des § 171 Abs. 3a AO. Demnach läuft die Festsetzungsfrist nicht ab, bevor über den Rechtsbehelf unanfechtbar entschieden ist.

Wird in der Folge tatsächlich geschätzt, bieten Anhaltspunkte hierbei die erklärten Besteuerungsgrundlagen der Vorjahre, also bspw. die Einnahmen, Ausgaben, Spenden, Alter des Stpfl., Unterlagen oder Kontrollmitteilungen in den Akten.

Die Schätzung muss dabei schlüssig, wirtschaftlich und möglich sein, was uns auch gleich zum nächsten Fehler bringt.

FEHLER: STRAFSCHÄTZUNG HINNEHMEN

Eine „Strafschätzung" ist nach ständiger Rechtsprechung unzulässig. Die Schätzung ist nämlich im Gegensatz zum Verspätungszuschlag und Zwangsgeldverfahren kein Druckmittel, sondern dient dem Fortgang und Abschluss des Veranlagungsverfahrens. Es dürfen lediglich konkrete Tatsachen bei der Schätzung berücksichtigt werden wie z. B. vorliegende Rechnungen, Kontrollmitteilungen, Umsatzsteuervoranmeldungen (ggf. mit angemessenem „Sicherheitszuschlag"), Anträge des Stpfl., Vorauszahlungen, Werte aus den Vorjahren.

BEISPIEL: Das Finanzamt erhöht den vom Stpfl. nachträglich erklärten Umsatz im Umsatzsteuer-Schätzungsbescheid um fast das 25-fache, ohne dass sich hierfür Anhaltspunkte aus den Steuerakten sowie aus den Feststellungen der Steuerfahndung ergeben hatten. Ein Fall aus der Theorie? Weit gefehlt: Das Finanzgericht kam in diesem Echt-Fall zu dem Ergebnis, dass das Finanzamt die an eine ordnungsgemäße Verwaltung zu stellenden Anforderungen in einem so hohen Maße verletzt hatte, dass von niemandem erwartet werden kann, den so erlassenen Umsatzsteuerbescheid als verbindlich anzuerkennen.[1]

1 BFH, Urteil v. 15.5.2002 - X R 33/99, BFH/NV 2002 S. 1415, NWB KAAAA-67881.

Hier erfolgte die Schätzung des Finanzamts nicht mit dem Ziel, den tatsächlichen Besteuerungsgrundlagen nahe zu kommen, sondern vielmehr, um über die Steuerbelastung Druck auf den Stpfl. auszuüben und ihn für die Nichtabgabe der Steuererklärungen der Vorjahre und der Nichtabgabe der Gewinnermittlung zu sanktionieren.[1]

Dieser Bescheid ist daher nach § 125 Abs. 1 AO nichtig und nach § 124 Abs. 3 AO unwirksam.

FEHLER: SCHÄTZUNG OHNE VORBEHALT DER NACHPRÜFUNG IST UNZULÄSSIG.

Vorweg: Nein! Das ist ein Irrglaube, der sich leider hartnäckig hält. Schuld dafür ist wohl der einschlägige AEAO zu § 162, Nr. 4:

Werden die Besteuerungsgrundlagen wegen Nichtabgabe der Steuererklärung geschätzt, ist die Steuer unter Nachprüfungsvorbehalt (§ 164 AO) festzusetzen (meistens hört man hier zu lesen auf. Aber es geht noch weiter), wenn der Fall für eine eventuelle spätere Überprüfung offengehalten werden soll. Dies gilt z. B., wenn eine den Schätzungszeitraum umfassende Außenprüfung vorgesehen oder zu erwarten ist, dass der Stpfl. nach Erlass des Bescheids die Steuererklärung nachreicht.

Geht der Bearbeiter aber, z. B. aufgrund bisheriger Erfahrungen mit dem Stpfl. (z. B. Schätzungen sämtlicher Vorjahre), nicht davon aus, dass die Steuererklärung nachgereicht wird, kann dieser problemlos den Schätzungsbescheid ohne Vorbehalt der Nachprüfung erlassen.

Bei Dauerschätzungsfällen ist regelmäßig – sofern die Stpfl. die festgesetzte Steuer aus der Vorjahresschätzung bezahlt haben – bei der aktuellen Schätzung grundsätzlich von höheren Besteuerungsgrundlagen auszugehen. Hier kann sowieso davon ausgegangen werden, dass nach erfolgter Schätzung keine Erklärungsabgabe mehr erfolgt.

Bei Einkünften aus nichtselbständiger Arbeit sind die elektronischen Lohndaten heranzuziehen, wenn sie im bundesweiten Lohndatenspeicher abgelegt sind; insoweit besteht dann aber keine Schätzungsbefugnis.

Sämtliche, dem Finanzamt von dritter Seite übermittelten Daten sind in die Schätzung zu übernehmen (e-Daten), z. B.:

- Rentenbezugsmitteilungen,
- Beiträge zur Kranken-, Pflegeversicherung,
- Lohndaten,
- Lohnersatzleistungen wie Arbeitslosengeld oder Krankengeld.

FEHLER: NACH ERFOLGTER SCHÄTZUNG MUSS ICH KEINE ERKLÄRUNG MEHR ABGEBEN.

Schön wär's. Zumindest in den Fällen, in denen die tatsächliche Steuer höher als die geschätzte Steuer ist. Trotz Schätzung bleibt die Verpflichtung zur Erklärungsabgabe bestehen, § 149 Abs. 1 Satz 4 AO. Daher sollte auch im Schätzungsfalle schnellstmöglich die Steuererklärung nachgereicht werden, um weitere negative Konsequenzen (Zinsen nach § 233a AO, Verspätungszuschlag, Zwangsgeld) zu vermeiden.

Genaugenommen kann sogar eine Steuerhinterziehung vorliegen. Nach § 370 Abs. 4 AO sind Steuern namentlich dann verkürzt, wenn sie nicht, nicht in voller Höhe oder nicht rechtzeitig festgesetzt werden.

1 FG Köln, Urteil 22.5.2014 - 11 K 3056/11, EFG 2014 S. 1739, NWB FAAAE-72420.

3. Verspätungszuschlag

FEHLER: DURCH DIE NEUFASSUNG DES § 152 AO ENTFÄLLT DAS ERMESSEN BEIM VERSPÄTUNGSZUSCHLAG.

Auch bei der steuerlichen Nebenleistung (§ 3 Abs. 4 Nr. 2 AO) des Verspätungszuschlags handelt es sich um ein Druckmittel seitens der Finanzverwaltung. Nach der Neufassung des § 152 AO durch das Gesetz zur Modernisierung des Besteuerungsverfahrens (StModernG) sind die Regelungen zum Verspätungszuschlag in § 152 AO grundlegend überarbeitet worden. § 152 AO i. d. F. des StModernG (§ 152 AO n. F.) ist zwar bereits am 1.1.2017 in Kraft getreten, ist aber erst für Steuererklärungen anzuwenden, die nach dem 31.12.2018 abzugeben sind; eine Verlängerung der Steuererklärungsfrist ist hierbei nicht zu berücksichtigen.

Eine Besonderheit liegt darin, dass § 152 AO sowohl Ermessens-Entscheidungen des Finanzamts mit gesetzlichen Ist-Vorschriften kombiniert.

a) Grundsatz § 152 Abs. 1 AO: Ermessensentscheidung

Besteht die Verpflichtung zur Abgabe einer Steuererklärung nach § 149 Abs. 1 AO (nach den Einzelsteuergesetzen oder nach erfolgter Aufforderung durch das Finanzamt), so **kann** bei Nichtabgabe oder nicht fristgemäßer Abgabe i. S. des § 149 Abs. 2, 3 AO ein Verspätungszuschlag festgesetzt werden.

Von der Festsetzung eines Verspätungszuschlags ist abzusehen, wenn der Erklärungspflichtige glaubhaft macht, dass die Verspätung entschuldbar ist; das Verschulden eines Vertreters oder eines Erfüllungsgehilfen ist dem Erklärungspflichtigen zuzurechnen, § 152 Abs. 1 Satz 2 AO.

Entschuldbare Hinderungsgründe sind u. a. schwere, unvorhersehbare Krankheit, Unfälle, höhere Gewalt. Keine Entschuldigungsgründe sind Arbeitsüberlastung, Husten, leichte Erkrankungen.

b) Ausnahme § 152 Abs. 2 AO: Keine Ermessensentscheidung

Abweichend von § 152 Abs. 1 AO ist ein Verspätungszuschlag festzusetzen, wenn eine Steuererklärung, die sich auf ein Kalenderjahr oder auf einen gesetzlich bestimmten Zeitpunkt bezieht,

1. *nicht binnen 14 Monaten nach Ablauf des Kalenderjahres (ESt 2024 z. B. bis Ende Februar 2026) oder nicht binnen 14 Monaten nach dem Besteuerungszeitpunkt,*

2. *in den Fällen des § 149 Absatz 2 Satz 2 nicht binnen 19 Monaten nach Ablauf des Kalenderjahres oder nicht binnen 19 Monaten nach dem Besteuerungszeitpunkt oder*

3. *in den Fällen des § 149 Absatz 4 nicht bis zu dem in der Anordnung bestimmten Zeitpunkt* [z. B. **vorzeitige Anforderung** von Dauerschätzern]

abgegeben wurde. Durch das 4. Corona-Steuerhilfegesetz v. 22.6.2022, BGBl 2022 I S. 911, wurden § 152 Abs. 2 Nr. 1 und 2 an die verlängerten Abgabefristen der §§ 109 und 149 AO angepasst. Die Änderung betrifft die Besteuerungszeiträume bis 2024.[1]

Liegen die Voraussetzungen des Abs. 2 vor, hat das Finanzamt sodann **kein** Ermessen mehr, sondern ist an die gesetzlichen Vorgaben gebunden.

c) Rückausnahme § 152 Abs. 3 AO: Rückfall auf Abs. 1 = Ermessen

[§ 152 Abs. 2 AO] *gilt nicht,*

1. *wenn die Finanzbehörde die Frist für die Abgabe der Steuererklärung nach § 109 verlängert hat oder diese Frist rückwirkend verlängert,*
2. *wenn die Steuer auf null Euro oder auf einen negativen Betrag* [z. B. Vorsteuerüberhang] *festgesetzt wird,*
3. *wenn die festgesetzte Steuer die Summe der festgesetzten Vorauszahlungen und der anzurechnenden Steuerabzugsbeträge nicht übersteigt oder*
4. *bei jährlich abzugebenden Lohnsteueranmeldungen bei Anmeldungen von Umsatzsteuer-Sondervorauszahlungen nach § 48 Absatz 2 der Umsatzsteuer-Durchführungsverordnung sowie bei jährlich abzugebenden Versicherungssteuer- und Feuerschutzsteueranmeldungen sowie bei Erklärungen nach § 95 des Mindeststeuergesetzes.*

Greift eine dieser Rückausnahmen, ist nicht mehr § 152 Abs. 2 AO, sondern § 152 Abs. 1 AO einschlägig, mit der Folge, dass das Finanzamt nun wieder ein **Ermessen** bei der Festsetzung des Verspätungszuschlags hat.

Herauszuheben ist hierbei die Nr. 1 des Abs. 3:

Hat die Finanzbehörde eine Frist nach § 109 AO (rückwirkend) verlängert, muss kein Verspätungszuschlag festgesetzt werden, sondern es kann. AEAO zu § 152, Nr. 5 stellt die Vorgehensweise durch einige Beispiele klar.

In diesem Fall ist es nach § 5 AO z. B. ermessensfehlerhaft einen Verspätungszuschlag festzusetzen, obwohl der Stpfl. einen Fristverlängerungsantrag gestellt hat und das Finanzamt diesem Begehren nachgekommen ist. Daher darf weder ein Verspätungszuschlag nach Abs. 1 noch nach Abs. 2 festgesetzt werden, wenn die verlängerte Erklärungsfrist eingehalten wurde. Wurde diese jedoch nicht eingehalten, so kann (also wieder Ermessen) das Finanzamt wiederum nach Abs. 1 einen Zuschlag festsetzen.

Folglich ist auch in solchen Fällen ein (rückwirkender) Fristverlängerungsantrag dringend angeraten, denn so kann ein Verspätungszuschlag eventuell doch noch verhindert

1 *Kahl-Hinsch* in Zugmaier/Nöcker, § 152 AO Rz. 4 und 56, AEAO zu § 149 sowie die Tabelle unter C. II.

werden. Ein rückwirkender Fristverlängerungsantrag wäre z. B. denkbar, wenn der Stpfl. vor Ablauf der regulären Frist ins Krankenhaus eingeliefert werden muss und erst nach Ablauf der Frist wieder entlassen wird.

d) Berechnung des Verspätungszuschlags

FEHLER: DIE HÖHE DES VERSPÄTUNGSZUSCHLAGS

Der Verspätungszuschlag beträgt bei Steuererklärungen, die sich auf ein Kalenderjahr beziehen (also in der Praxis sicherlich der Standard) 0,25 % der festgesetzten Steuer abzgl. festgesetzter Vorauszahlungen und anzurechnenden Steuerabzugsbeträgen pro angefangenen Monat, mindestens jedoch 25 € pro Monat (§ 152 Abs. 5 Satz 2 AO).

Dies gilt aber nicht für monatliche/vierteljährliche Steueranmeldungen (§ 152 Abs. 8 AO). In diesen Fällen sind bei der Bemessung des Verspätungszuschlags die Dauer und Häufigkeit der Fristüberschreitung sowie die Höhe der Steuer zu berücksichtigen (also so, wie der Verspätungszuschlag vor der Reform festgesetzt wurde).

Bei Nichtabgabe der Steuererklärung ist der Verspätungszuschlag für einen Zeitraum bis zum Ablauf desjenigen Tages zu berechnen, an dem die erstmalige Festsetzung der Steuer wirksam wird (§ 152 Abs. 9 AO). Damit ist die wirksame Bekanntgabe des Schätzungsbescheids nach § 124 Abs. 1 AO gemeint.

Der Verspätungszuschlag ist auf volle € abzurunden und darf höchstens 25.000 € betragen (§ 152 Abs. 10 AO).

Im Regelfall wird der Verspätungszuschlag zusammen mit der Steuer im Steuerbescheid festgesetzt (§ 152 Abs. 11 AO).

§ 152 Abs. 12 AO enthält eine eigenständige Korrekturvorschrift.

BEISPIEL: Die festgesetzte Einkommensteuer beträgt 10.000 €, die Verspätung drei angefangene Monate. Vorauszahlungen wurden i. H. v. 1.000 € festgesetzt. Somit ergibt sich eine Abschlusszahlung i. H. v. 9.000 €.

Berechnung des Verspätungszuschlags:

- 0,25 % x 9.000 € = 22,5 €/angefangenen Monat
- Aber: Mindestbetrag 25 €
- 3 Monate x 25 € = 75 €
- Höchstgrenze 25.000 € eingehalten

Achtung: Gemäß § 152 Abs. 5 AO sind die für die Berechnung des Verspätungszuschlags festgesetzten Vorauszahlungen maßgeblich. Ob diese tatsächlich geleistet worden sind, spielt bei der Festsetzung des Verspätungszuschlags folglich keine Rolle.

4. Möglichkeiten des Steuerpflichtigen

FEHLER: KEIN ANTRAG AUF (RÜCKWIRKENDE) FRISTVERLÄNGERUNG

So banal es sich anhört, aber in den meisten Fällen (wo möglich) ist ein einfacher Antrag auf Fristverlängerung die schnellste und einfachste Lösung!

Wie eingangs erwähnt, kommt es immer wieder vor, dass Fristen nicht eingehalten werden können. Dann ist es notwendig, einen Antrag auf Fristverlängerung beim Finanzamt zu stellen.

Schaffen Sie es nicht, Ihre Steuererklärung termingerecht beim Finanzamt einzureichen, können Sie einen Antrag auf Verlängerung der Abgabefrist stellen.

So sollte es tunlichst vermieden werden, die Steuererklärung ohne einen zuvor entsprechend gestellten Antrag zu spät abzugeben, denn dann drohen nicht unerhebliche Konsequenzen wie Schätzung, Zwangsgeldverfahren und Verspätungszuschlag, welche erfahrungsgemäß nur noch mehr Arbeit, Zeitaufwand und Ausgaben bedeuten.

Ein Antrag auf Fristverlängerung der Steuererklärung spart somit bares Geld, Zeit und ist zudem unkompliziert, denn § 109 AO schreibt keine Form vor. Folglich ist ein formloses Schreiben oder gar ein Anruf ausreichend. Aus verschiedenen Gründen bietet sich aber die schriftliche Form an: Sie dient bspw. als eindeutiger Nachweis für die Einreichung der Verlängerungsbitte, der auf Verlangen vorgelegt werden kann.

Allerdings sollten für einen möglichst reibungslosen Ablauf einige inhaltliche Aspekte berücksichtigt werden. So muss in dem Schreiben eine Begründung für die Fristverlängerung genannt werden. Das kann sowohl eine Erkrankung oder konkrete Arbeitsüberlastung, aber auch das Fehlen bestimmter Unterlagen sein. Weitere mögliche Gründe finden Sie im Formulierungsvorschlag.

Es bietet sich auch an, im Fristverlängerungsantrag sogleich selbst eine Frist vorzuschlagen. Setzt das Finanzamt bspw. eine Frist zur Abgabe einer Auskunft nach § 93 AO von nur zwei Wochen fest, könnte als Vorschlag eine Frist von drei oder vier Wochen gemacht werden, sofern sie diese Frist nicht einhalten können.

Falls der Abgabetermin nur um wenige Tage verlängert werden soll, reicht grundsätzlich auch ein telefonischer Antrag.

FEHLER: KEIN EINSPRUCH GEGEN MAẞNAHMEN DES FINANZAMTS

Gegen Maßnahmen des Finanzamts wie bspw. Schätzung, Verspätungszuschlag oder Zwangsgeld, kann, da es sich jeweils um Verwaltungsakte handelt, im Einspruchsverfahren vorgegangen werden und so eine Änderung des Bescheids, Aufhebung oder Reduzierung des Verspätungszuschlags bzw. des Zwangsgeldes erreicht werden. Siehe hierzu Kapitel A.

FEHLER: KEINE PRÜFUNG DER KORREKTURNORMEN

Haben Sie sämtliche Rechtsmittel ausgeschöpft oder ist die Einspruchsfrist abgelaufen, ohne dass eine Wiedereinsetzung in den vorigen Stand in Betracht kommt? Dann sollten Sie auf alle Fälle noch die Möglichkeit einer Korrekturvorschrift prüfen! Eine Korrektur von Verwaltungsakten ist möglich, wenn noch keine Festsetzungsverjährung nach §§ 169 ff. AO eingetreten ist und eine Korrekturvorschrift greift.

Beachten Sie hierbei, dass bei sonstigen Verwaltungsakten wie Verspätungszuschlag und Zwangsgeld nur §§ 129 bis 131 AO in Betracht kommen, wobei bei einem Schätzungsbescheid nur §§ 129, 164, 165 und 172 ff. AO (§§ 130 und 131 AO also nicht) anwendbar sind. Siehe hierzu Kapitel I.

IV. Wiedereinsetzung in den vorigen Stand

GROẞER FEHLER: KEIN ANTRAG AUF WIEDEREINSETZUNG IN DEN VORIGEN STAND

Wurde eine **gesetzliche** Frist unverschuldet versäumt, so kann unter bestimmten Voraussetzung Wiedereinsetzung in den vorigen Stand nach § 110 AO in Betracht kommen. Da diese Voraussetzungen samt dazugehöriger Rechtsprechung sehr umfangreich sind, habe ich diesem – in der Praxis nicht ganz so einfachem Thema – die nächsten Seiten gewidmet.

1. Prüfungsschema (hier am Beispiel Einspruch)

Prüfungsschema: § 110 AO
– immer zu prüfen, wenn gesetzliche Frist überschritten –

1. Grundsatz

   Die Wiedereinsetzung in den vorherigen Stand ist zu gewähren, wenn die Voraussetzungen des § 110 AO vorliegen.

   -> Abprüfen der Tatbestandsmerkmale des § 110 AO

2. Gesetzliche, nicht nach § 109 AO verlängerbare Frist (nicht: behördliche Frist):

   a. Einspruchsfrist nach § 355 Abs. 1 AO

   b. Wiedereinsetzungsfrist nach § 110 Abs. 2 AO

   c. Antrag auf schlichte Änderung § 172 Abs. 1 Satz 1 Nr. 2 Buchst. a AO

   d. Präklusionsfrist § 364b Abs. 2 Satz 3 AO

   e. Meldefristen i. S. des § 138 AO

   Achtung: Gilt nicht für Fristen, die (auch) vom Finanzamt einzuhalten sind, z. B. Festsetzungsverjährung.

3. Versäumung der gesetzlichen Frist ohne Verschulden

   a. Verschuldensprüfung **beim Stpfl.** nach § 110 Abs. 1 Satz 1 AO
   z. B. Urlaub bis zu sechs Wochen, Krankheit, höhere Gewalt, Streik

   b. Verschuldensprüfung **beim Vertreter** nach § 110 Abs. 1 Satz 2 AO, falls der Stpfl. einen gesetzlichen Vertreter (§ 34 Abs. 1 AO) oder gewillkürten Vertreter (§ 80 AO) hat.
   z. B. Prüfung **Organisationsverschulden** beim Steuerberater: Hat der Steuerberater sich „schuldig" gemacht hinsichtlich der **Auswahl** eines unzuverlässigen Mitarbeiters und aufgrund fehlender Überwachung der Gehilfen?
   Merke: Verschulden des Vertreters wird dem Stpfl. zugerechnet.

4. Antrag auf Wiedereinsetzung und Nachholung des versäumten Einspruchs

   a. Wahrung der Monatsfrist nach § 110 Abs. 2 Satz 1 AO

   Fristbeginn mit Wegfall des Hindernisses (z. B. Entlassung aus dem Krankenhaus, Nachholung unterlassener Verfahrenshandlung seitens Finanzverwaltung gem. § 126 Abs. 3 Satz 2 AO.

Genaue Fristberechnung:
Fristbeginn: mit Ablauf des Tages des Wegfalls des Hindernisses z. B. 21.3., §§ 108 Abs. 1 AO, 187 Abs. 1 BGB
Fristdauer: 1 Monat, § 110 Abs. 2 Satz 1 AO
Fristende: mit Ablauf des 21.4, §§ 108 Abs. 1 AO, 188 Abs. 2 (und 3) BGB, ggf. § 108 Abs. 3 AO

b. Glaubhaftmachen der Tatsachen (z. B. Attest über Krankenhausaufenthalt) nach § 110 Abs. 2 Satz 2 AO

c. Nachholen der versäumten Handlung (= Einspruchseinlegung) innerhalb der Antragsfrist nach § 110 Abs. 2 Satz 3 AO

d. Ein ausdrücklicher Antrag ist entbehrlich, wenn der Einspruch innerhalb der Antragsfrist (= Monatsfrist) nachgeholt wurde nach § 110 Abs. 2 Satz 4 AO.

5. Prüfung Jahresausschlussfrist nach § 110 Abs. 3 AO
z. B. Feuer, Erdbeben, Hochwasser. Hierfür müssen sich eindeutige Hinweise aus dem Lebenssachverhalt ergeben.

6. **Ergebnis:**

a. Wiedereinsetzung ist zu gewähren. Der Stpfl. wird so gestellt, wie er stände, wenn der Einspruch fristgerecht eingelegt worden wäre.

b. Wiedereinsetzung wird **nicht** gewährt: Einspruch ist verspätet.

In der Folge wird der Stpfl. zur Einspruchsrücknahme aufgefordert. Sofern keine Rücknahme seitens des Stpfl. erfolgt, wird der Einspruch an die Rechtsbehelfsstelle zur Entscheidung weitergeleitet.

Beachte:
Die Wiedereinsetzung an sich ist **kein** eigenständiger Verwaltungsakt und kann daher nicht mittels Rechtsbehelfs angefochten werden. Die Entscheidung über die Wiedereinsetzung wird z. B. im Rahmen der Zulässigkeitsprüfung des Einspruchs (hier: Frist) getroffen.
Erst diese Entscheidung (Abhilfebescheid, Einspruchsentscheidung) kann angefochten werden.

2. Wiedereinsetzungsgründe[1]

FEHLER: DIE VERSCHULDENSFRAGE

Problembehaftet wird in der Praxis mit Sicherheit das Verschulden sein.

1 Siehe hierzu *Dißars* in Zugmaier/Nöcker, § 110 AO Rz. 20.

a) Krankheit

Eine Krankheit ist nur dann unverschuldet, wenn sie plötzlich, unvorhersehbar und so schwer ist, dass es für den Stpfl. unzumutbar ist, die Frist einzuhalten bzw. rechtzeitig einen Vertreter zu bestellen.[1]

Beispiele, bei denen kein Verschulden vorliegt:

- Akut durchgebrochenes Zwölffingerdarmgeschwür
- Herzinfarkt
- Schlaganfall
- Diabetesschock
- durch Krankheit verursachter seelischer Erregungszustand

Beispiele für Verschulden:

- Leichte Gehirnerschütterung
- Kreislaufschwäche
- Darmerkrankungen
- Husten
- Schnupfen

HINWEIS: CORONA-PANDEMIE

Noch immer machen sich Nachwirkungen der Corona-Pandemie in unserem Alltag bemerkbar. Wie sieht es hier hinsichtlich der Verschuldensfrage aus? Nun ja, es kommt wie so oft darauf an.

Handelt es sich nur um einen **leichten Verlauf**, kann aufgrund der relativ niedrigen Hürden des Einspruchsverfahrens m. E. vom Stpfl. verlangt werden, fristgerecht Einspruch einzulegen, zumal dieser auch per E-Mail zulässig ist, das Einspruchsverfahren kostenfrei ist und eine fehlende Begründung nach § 357 Abs. 3 AO einer Zulässigkeit nicht entgegensteht. Folglich sollte ein fristwahrender Einspruch in solchen Fällen wie z. B. bei Schnupfen zumutbar sein. Eine ausführliche Begründung kann dann nachgereicht werden. Gleiches gilt bei einem leichten Verlauf.

Anders sieht es dagegen aus, wenn es sich um einen **schweren Fall** handelt, insbesondere bei stationärer Aufnahme im Krankenhaus, schlimmstenfalls auf der Intensivstation. Dann kann nicht von einem Verschulden ausgegangen werden.

Auch schwere seelische Krankheiten aufgrund des Lockdowns (Depressionen etc.) können Grund für eine Wiedereinsetzung sein.[2] M. E. fallen hierunter auch schwere Fälle von Long Covid, vor allem, wenn diese Lunge oder Gehirn betreffen und z. B. zur Arbeits- oder Dienstunfähigkeit führen.

Es bleibt abzuwarten, wie sich die Rechtsprechung hierzu entwickelt.

---

1 BFH, Beschluss v. 9.4.2018 - X R 9/18, BFH/NV 2018 S. 828 Nr. 8, NWB FAAAG-87915; BFH, Urteil v. 17.9.1987 - III R 235/84, BStBl 1988 II S. 249.

2 BFH, Beschluss v. 20.6.1996 - X R 95/93, BFH/NV 1997 S. 40, NWB OAAAB-38753.

b) Urlaub

Ein „Normalbürger" muss sich nach ständiger Rechtsprechung bei einer Urlaubsabwesenheit von bis zu sechs Wochen (30 Arbeitstage) um keine besonderen Vorkehrungen wie bspw. Bestellung eines Vertreters oder gar um einen Nachsendeauftrag kümmern.[1] Hierbei gibt es jedoch einige Ausnahmen:

- Verbleibt z. B. nach fünf Wochen Urlaub noch eine Frist von vier Tagen[2] (m. E. auch, wenn weniger Tage übrigbleiben) oder
- erfolgt keine Abholung der bei der Post niedergelegten Sendung innerhalb der Frist[3] oder
- ist eine Zustellung zu erwarten, z. B. durch Rückfrage beim Finanzamt, oder
- unterlässt es ein Geschäftsmann, im Falle häufiger Geschäftsreisen einen Nachsendeauftrag zu stellen oder für eine Vertretung zu sorgen,[4]

so ist in diesen Fällen eine Wiedereinsetzung ausgeschlossen, denn es wäre noch genügend Zeit geblieben bzw. von der baldigen Bekanntgabe des Bescheids war ausgehen.

c) Fehlende Anhörung und Begründung

Fügt das Finanzamt dem Verwaltungsakt die erforderliche Begründung nach § 121 AO (im Regelfall Erläuterungen zur Festsetzung) nicht bei und ist die erforderliche Anhörung des Beteiligten nach § 91 AO unterblieben und sind diese formellen Fehler kausal für die Versäumung der Einspruchsfrist, so ist in diesem Fall Wiedereinsetzung zu gewähren (§ 126 Abs. 3 AO).

Voraussetzung ist daher, dass ein ursächlicher Zusammenhang besteht. Dieser ist grundsätzlich dann gegeben, wenn die unterlassene Anhörung und die notwendige Erläuterung im Bescheid selbst unterblieben ist (AEAO zu § 91, Nr. 3). Ist also das erforderliche rechtliche Gehör unterblieben, wurden die Abweichungen jedoch im Bescheid erläutert, wird dieser formelle Mangel nach § 126 AO dadurch geheilt und eine Wiedereinsetzung im Regelfall ausgeschlossen.

d) Arbeitsüberlastung

Wie schön wäre es, würde die Finanzverwaltung die allzeit vorherrschende – und unter Corona, Grundsteuerreform, Fachkräftemangel usw. noch verstärkte Arbeitsüberlastung – bei steuerlichen Vertretern würdigen und diesbezüglich Wiedereinsetzung ge-

1 BVerfG, Beschluss v. 11.2.1976 - 2 BvR 849/75, HFR 1976 S. 331.
2 BFH, Urteil v. 11.12.1986 - IV R 184/84, BStBl 1987 II S. 303.
3 BFH, Urteil v. 21.8.1974 - I R 78/74, BStBl 1975 II S. 18.
4 BFH, Urteil v. 8.10.1981 - IV R 108/81, BStBl 1982 II S. 165.

währen. Leider sieht das die Rechtsprechung anders und lässt aufgrund der allgemeinen Zeiterscheinung hierbei keine Wiedereinsetzung zu.[1] Ausnahmsweise kann meines Erachtens jedoch über eine Wiedereinsetzung nachgedacht werden, wenn z. B. bei einer kleinen Kanzlei mit nur einem Berater dieser ausfällt und kurzfristig kein Ersatz gefunden werden kann. Selbstredend ist die Bemühung um eine Vertretung glaubhaft zu machen bzw. nachzuweisen.

e) Kurze Fristüberschreitung

Die Kürze der Fristüberschreitung allein rechtfertigt nach Ansicht des BFH keine Wiedereinsetzung,[2] ganz egal, ob diese nur wenige Minuten, Stunden oder Tage beträgt. Zwar darf der Stpfl. die Frist bis zuletzt ausnutzen. Die Sorgfaltspflicht des Stpfl. wird jedoch umso größer, je näher das Fristende kommt.

f) Rechtsirrtum

Bestehen Unsicherheiten oder Irrtümer über die Erfolgsaussichten von Einsprüchen oder Anträgen, so kommt keine Wiedereinsetzung in Betracht, wenn der Stpfl. oder Prozessbevollmächtigte die Frist – auch in Unkenntnis der Rechtslage – absichtlich verstreichen lässt.[3]

Irrtümer eines **steuerlichen Beraters** sind in aller Regel als verschuldet anzusehen, so dass eine Wiedereinsetzung nicht in Betracht kommt. Dies soll nur dann nicht gelten, wenn die Rechtslage in hohem Maß unsicher ist. Unterlässt ein steuerlicher Berater die Einlegung eines Rechtsmittels aufgrund des erwarteten Obsiegens in einem Parallelverfahren, kommt ebenfalls keine Wiedereinsetzung in Betracht.

g) Fehlende Sprachkenntnisse

Fehlen deutsche Sprachkenntnisse, so liegt grundsätzlich Verschulden vor, wenn die Rechtsbehelfsbelehrung nicht verstanden wurde oder wenn sich der Stpfl. nicht um eine entsprechende Übersetzung gekümmert hat.[4] Hintergrund ist § 87 Abs. 1 AO, wonach Amtssprache deutsch ist.

1 BFH, Urteil v. 24.11.1970 - II B 42/70, BStBl 1971 II S. 110; BFH, Urteil v. 30.10.1974 - VIII R 203/73, BStBl 1975 II S. 213.

2 BFH, Urteil v. 17.11.1970 - II R 121/70, BStBl 1971 II S. 143.

3 BFH, Urteil v. 10.8.1977 - II R 89/77, BStBl 1977 II S. 769.

4 BFH, Beschluss v. 17 3.2010 - X B 114/09, BFH/NV 2010 S. 1239, NWB AAAAD-44111; BFH, Urteil v. 9.3.1976 - VII R 102/75, BStBl 1976 II S. 440.

h) Überlange Postlaufzeiten

Nach der Rechtsprechung darf ein Bürger in einem Verwaltungsverfahren auf die normalen Postlaufzeiten vertrauen. Als normale Postlaufzeit sieht die Rechtsprechung an, dass eine an einem Werktag aufgegebene Postsendung am **nächsten Werktag** dem Empfänger zugestellt wird. Dies gilt für die Post AG sowie für private Postdienstleister.

Ob diese kurze Laufzeit eingehalten werden kann, darf bezweifelt werden. So häuften sich 2022 Beschwerden über unregelmäßige Briefzustellungen aufgrund Personalmangels. Grundsätzlich kann aber auf die Postlaufzeiten vertraut werden. Handelt es sich dagegen um einen Poststreik, über welchen im Vorfeld bereits in den Medien berichtet worden ist, so liegt hier ein Verschulden vor. Der Stpfl. hätte dann eine andere Form der Einspruchseinlegung wählen müssen, z. B. E-Mail, Fax, Elster oder Einwurf in den Finanzamtsbriefkasten.

Beachtet der Stpfl. die normale Brieflaufzeit nicht (z. B. Einwurf am Sonntag, Fristende am darauffolgenden Montag) oder nimmt dieser keine ausreichende Frankierung vor, und kommt es dadurch zu einer Annahmeverweigerung, ist eine Wiedereinsetzung ausgeschlossen.[1]

Durch das Postrechtsmodernisierungsgesetz und der Änderung der Drei-Tages-Fiktion auf die Vier-Tages-Fiktion erscheint eine regelmäßige Zustellung am nächsten Werktag als höchst unrealistisch. Eine Änderung der Rechtsprechung durch den BFH dürfte daher nur noch eine Frage der Zeit sein.

i) Fehlerhafte Adressierung

Etwaige Fehlleistung der unzuständigen Behörde bei Weiterleitung eines Rechtsbehelfs führt im Fall der Fristversäumnis jedenfalls bei einer falschen Bezeichnung der Rechtsbehelfsbehörde i. d. R. nicht zur Wiedereinsetzung in den vorigen Stand.[2] Fehler in der Adressierung gehen regelmäßig zu Lasten des Stpfl. bzw. seines Vertreters.

Etwas anderes gilt, wenn die Behörde leicht und einwandfrei erkennen kann, dass sie für den bei ihr eingegangenen Einspruch nicht zuständig ist. Unterlässt sie die unverzügliche Weiterleitung an die zuständige Behörde, kommt Wiedereinsetzung in Betracht.[3] Diese „unverzügliche" Weiterleitung geht m. E. aber nicht so weit, dass der zuständige Sachbearbeiter im Finanzamt zum nächsten Faxgerät rennen muss, um den Einspruch an das zuständige Finanzamt zu faxen.

1 BFH, Urteil v. 11.12.1986 - IV R 184/84, BStBl 1987 II S. 303.

2 BFH, Urteil v. 19.12.2000 - VII R 7/99, BStBl 2001 II S. 158.

3 BVerfG, Beschluss v. 2.9.2002 - 1 BvR476/01, BStBl 2002 II S. 835, AEAO zu § 357, Nr. 2.

j) Verschulden des Vertreters

Grundsätzlich ist nach § 110 Abs. 1 Satz 2 AO das Verschulden des Vertreters dem Stpfl. zuzurechnen. Der Vertreterbegriff umfasst dabei sowohl die gesetzlichen Vertreter wie z. B. Eltern für minderjährige Kinder nach § 34 Abs. 1 AO als auch gewillkürte Vertreter gem. § 80 AO (z. B. Steuerberater, Rechtsanwälte). Bedient sich der Vertreter keiner Hilfsperson (Angestellte, Sekretärin etc.), so darf den Vertreter selbst kein Verschulden treffen.

Zur ordnungsgemäßen **Organisation** der steuer- und rechtsberatenden Berufe gehört z. B.:

- Vertreter hat schwierige Fristen selbst zu berechnen bzw. zu kontrollieren
- Führung von Fristenkontrollbüchern bzw. EDV-gestützte Fristenkalender
- Vermerk von Fristen in Handakten
- Auswahl, Belehrung und Überwachung zuverlässiger Angestellter (**Auswahlverschulden**)
- Neuzugänge auf Fristsachen durchschauen und nach Dringlichkeit ordnen

Erkrankt ein steuerlicher Vertreter, so muss die Erkrankung so plötzlich, unvorhersehbar und schwer sein, dass es für den Bevollmächtigten unzumutbar ist, rechtzeitig Ersatz zu bestellen.

k) Rechtzeitige Übermittlung per Fax/E-Mail

Technische Probleme mit dem Fax gehen regelmäßig zu Lasten des Stpfl. Eine Ausnahme hat der BFH nur für den Fall anerkannt, dass der Stpfl. alles Zumutbare unternommen hat, um das vollständige Gelingen der Sendung zu prüfen. Dagegen begründen technische Probleme beim Empfängergerät regelmäßig kein Verschulden des Stpfl. Die Rechtsprechung verlangt jedoch darüber hinaus, dass für den Stpfl. alle anderen Möglichkeiten zur Wahrung der Frist nicht in Betracht kommen. Die Beweislast liegt dabei beim Stpfl. Entsprechendes gilt bezüglich der Verwendung von E-Mail, d. h., der Stpfl. muss dafür sorgen, dass die E-Mail rechtzeitig beim Empfänger ankommt. Technische Probleme (Absturz des PCs, technische Störung der Internetverbindung etc.) gehen dabei zu Lasten des Stpfl.

l) Verlegen oder Verlieren eines Bescheids[1]

Rutscht ein Schriftstück, das zusammen mit anderen Schreiben beim Finanzamt abgegeben werden soll, unbemerkt in den Lüftungsschacht eines Pkw, so hat sich bei dessen

1 BFH, Beschluss v. 30.1.1990 - VII B 165/89, BFH NV 1990 S. 682, NWB ZAAAB-31798.

Transport ein mechanischer Vorgang zwischengeschaltet (von dem FG in dem genannten Fall als „Tücke der Technik“ bezeichnet). Daran fehlt es, wenn der bestimmende Schriftsatz ohne Einwirkung von außen in der Aktentasche des Überbringers schlechthin verblieben ist. In diesem Fall war der Überbringer nicht ohne Verschulden verhindert, die gesetzliche Frist einzuhalten.

m) Keine Ablaufhemmung nach § 171 Abs. 3 AO durch Wiedereinsetzung in eine versäumte Frist zur Beantragung einer Steuervergütung

Fällt der Ablauf der Frist für die Beantragung einer Steuervergütung mit dem Ablauf der Festsetzungsfrist zusammen und wird ein entsprechender Antrag erst nach Ablauf der Festsetzungsfrist und damit nach dem Erlöschen des Vergütungsanspruchs gestellt, kommt eine Wiedereinsetzung in den vorigen Stand nach § 110 Abs. 1 AO mit der Folge einer rückwirkenden Ablaufhemmung nach § 171 Abs. 3 AO nicht in Betracht.[1]

n) Verlust auf dem Postweg

Der Verlust von Schreiben auf dem Postweg ermöglicht im Einzelfall eine Wiedereinsetzung in den vorigen Stand. Allerdings ist zu beachten, dass der Beteiligte nachweisen muss, dass das Schriftstück überhaupt zur Post gegangen ist. Die reine Behauptung, dass ein Schriftstück auf dem Postweg verloren gegangen ist, reicht nicht aus. In der Praxis dürfte dieser Nachweis eher schwierig werden.

o) Nachtbriefkasten von Behörden

Behörden und Gerichte müssen einen fristwahrenden Briefkasten einrichten, um einen Zugang bis zum Fristende zu ermöglichen. Fehlt ein solcher, ist hinsichtlich der am nächsten Tag nach dem Fristablauf eingegangenen Schreiben Wiedereinsetzung zu gewähren. Die meisten Finanzämter besitzen keinen Nachtbriefkasten mit Klappe. In solchen Fällen tragen Schriftstücke, welche z. B. an einem Sonntag beim Finanzamt eingeworfen werden, den Stempel Montag „Frühleerung“, so dass Eingangstag der vorangegangene Freitag ist. In solchen Fällen erübrigt sich oft eine Wiedereinsetzung, weil der Einspruch fristgerecht eingegangen ist, wenn die Einspruchsfrist mit Ablauf des Freitags endet.

1 BFH, Urteil v. 24.5.2012 - III R 95/08, BFH/NV 2012 S. 1658, NWB JAAAE-16027; BFH, Urteil v. 24.1.2008 - VII R 3/07, BStBl 2008 II S. 462.

p) Umzug

Einen Umzug hat der Stpfl. dem Finanzamt anzuzeigen oder einen Nachsendeantrag zu stellen, damit bei einer Fristversäumnis aufgrund einer Adressenänderung eine Wiedereinsetzung erfolgen kann.

q) Vergessen

Vergessen einer Frist rechtfertigt regelmäßig keine Wiedereinsetzung, es sei denn, es liegt eine altersbedingte Vergesslichkeit vor, die als Krankheit anzusehen ist.

r) Elektronischer Rechtsverkehr

Im Zuge der Digitalisierung häufen sich die Fälle mit der Nutzung des elektronischen Rechtsverkehrs. Im Austausch mit dem Finanzgericht ist gemäß § 52a FGO bereits seit 2023 die Nutzung des besonderen elektronischen Steuerberaterpostfachs (beSt) grundsätzlich verpflichtend. Hierbei kann es zu unterschiedlichen Problemen kommen. Allen Fällen ist jedoch gemein, dass die Verpflichtung zur Glaubhaftmachung dieser Probleme beim Steuerberater liegt und die Voraussetzungen einer Wiedereinsetzung aufgrund der zu erwartenden Kenntnisse des Profis als hoch zu bewerten sind.

3. Übrige Voraussetzungen

FEHLER: BEHÖRDLICHE FRIST

Zunächst muss eine gesetzliche Frist vorliegen, denn bei behördlichen Fristen kommt keine Wiedereinsetzung, sondern ggf. (rückwirkende) Fristverlängerung in Betracht. Die gesetzlichen Fristen dürfen auch nicht verlängerbar sein.

§ 110 AO gilt dabei nur für gesetzliche Fristen, die der Stpfl. einzuhalten hat:

- Einspruchsfrist
- Wiedereinsetzungsfrist
- Monatsfrist beim Antrag auf schlichte Änderung
- Präklusionsfrist, § 364b Abs. 2 Satz 3 AO
- Meldefristen i. S. des § 138 AO

Wiedereinsetzung ist folglich nicht möglich, wenn das Finanzamt die Einhaltung gesetzlicher Fristen versäumt hat, z. B. bei Absendung eines Steuerbescheids nach Ablauf der Festsetzungsverjährung oder Beitreibung der Zahlung nach Ablauf der Zahlungsverjährung.

FEHLER: FEHLENDE GLAUBHAFTMACHUNG

Das Glaubhaftmachen nach § 110 Abs. 2 Satz 2 AO ist weniger als Beweisen, jedoch mehr als bloßes Behaupten oder Vortragen. Eine überwiegende Wahrscheinlichkeit ist ausreichend, wie bspw. durch Vorlage vom Fristenkontrollbuch mit Absendevermerk, ärztliches Attest über Krankheit oder Krankenhausaufenthalt.

FEHLER: KEINE NACHHOLUNG VERSÄUMTER HANDLUNG

Grundsätzlich erfordert § 110 Abs. 2 Satz 3 AO, dass innerhalb der Monatsfrist des § 110 Abs. 2 AO auch die versäumte Rechtshandlung nachgeholt wird.

Im Regelfall wird dabei ein Einspruch als versäumte Handlung nachzuholen sein.

Wird allerdings der Antrag auf Wiedereinsetzung gestellt, ist dieser in der Praxis als Einspruch auszulegen.

FEHLER: VERSÄUMEN DER FRIST FÜR WIEDEREINSETZUNG

Der Antrag auf Wiedereinsetzung ist innerhalb eines Monats nach dem Wegfall des Hindernisses zu stellen (§ 110 Abs. 2 Satz 1 AO). Wegfall des Hindernisses ist bspw. die Rückkehr aus dem Urlaub, Entlassung aus dem Krankenhaus, Belehrung des Finanzamts.

Diese Frist ist zwar nicht nach § 109 AO verlängerbar, jedoch kommt bei einer Fristenversäumnis Wiedereinsetzung nach § 110 AO in Betracht, da es sich hierbei um eine gesetzliche Frist handelt. Die Wiedereinsetzungsfrist ist also selbst wiedereinsetzungsfähig. Denkbar wären hierbei Fälle, bei denen der Stpfl. auf dem Weg zum Finanzamt einen Unfall oder Herzinfarkt erleidet, wodurch dann erneut eine neue Fristberechnung zu erfolgen hat.

Zur Fristberechnung kann das Schema zur Berechnung der Einspruchsfrist verwendet werden, siehe Kapitel A. III. 3.

Antrag entbehrlich?

Tatbestandsvoraussetzung ist grundsätzlich, dass ein Antrag auf Wiedereinsetzung gestellt wird. Hat der Stpfl. oder sein Vertreter die versäumte Handlung (z. B. Einspruch) innerhalb der Antragsfrist von einem Monat nachgeholt, kann die Wiedereinsetzung auch ohne einen ausdrücklichen Antrag des Stpfl. erfolgen (§ 110 Abs. 2 Satz 4 AO). In diesem Fall reicht also bspw. die Einlegung des Einspruchs aus.

FEHLER: AUSSCHLUSSFRIST EIN JAHR

Nach § 110 Abs. 3 AO kann Wiedereinsetzung nach Ablauf eines Jahres nach dem Ende der versäumten Frist (Einspruchsfrist) grundsätzlich nicht mehr beantragt werden. Auch eine Nachholung der versäumten Handlung ist grundsätzlich nicht mehr möglich. Hintergrund ist der Gedanke des Rechtsfriedens.

Etwas anderes gilt nur, wenn der Antrag auf Wiedereinsetzung oder die Nachholung der Handlung aufgrund höherer Gewalt innerhalb eines Jahres nicht möglich war. Dies dürfte jedoch nur in den seltensten Fällen zutreffen, z. B. bei Naturkatastrophen wie Überschwemmung, Stürmen etc.

4. Wirkung der Wiedereinsetzung

► Frist gilt als nicht versäumt!

Sind die Voraussetzungen des § 110 AO erfüllt, so wird der Stpfl. so gestellt, wie wenn er die Frist nicht versäumt hätte. Er hat somit alle Rechte, die er gehabt hätte, wenn er die Frist nicht versäumt hätte. Ein verfristeter Einspruch wäre in einem solchen Fall doch zulässig.

FEHLER: ENTSCHEIDUNG ÜBER WIEDEREINSETZUNG IST EIN SELBSTÄNDIG ANFECHTBARER VERWALTUNGSAKT.

Die Entscheidung über den Antrag auf Wiedereinsetzung in den vorigen Stand ist keine Ermessensentscheidung. Die Finanzbehörde hat bei Vorliegen aller Voraussetzungen Wiedereinsetzung zu gewähren. Zumindest sollte das in der Praxis so sein. Leider gibt es jedoch immer noch Bearbeiter im Finanzamt, die eine Wiedereinsetzung versagen.

Im Rahmen des § 89 Abs. 1 AO hat das Finanzamt auch auf die Möglichkeit eines Wiedereinsetzungsantrags hinzuweisen.

Liegen die Voraussetzungen der Wiedereinsetzung nicht vor, so sollten die Erfolgsaussichten einer Korrekturvorschrift geprüft werden. Hierzu ist aufgrund von § 89 AO und der Gleichmäßigkeit der Besteuerung auch das Finanzamt von Amts wegen verpflichtet.

Die Entscheidung über die Wiedereinsetzung erfolgt im Rahmen der Hauptsacheentscheidung und ist folglich kein selbständig anfechtbarer Verwaltungsakt.[1] Daher sollte seitens des Finanzamts kein gesonderter Schriftsatz hinsichtlich der Entscheidung des Finanzamts erfolgen, auch wenn dies in der Praxis aufgrund Unwissenheit jedoch trotzdem ab und an vorkommen kann, was leider wiederum unnötige Einsprüche gegen diesen Schriftsatz zur Folge hat.

Kommt das Finanzamt zu dem Ergebnis, dass keine Wiedereinsetzung gewährt werden kann, so erlässt die Rechtsbehelfsstelle eine Einspruchsentscheidung, in welcher der Einspruch aufgrund der versäumten Frist als unzulässig verworfen wird. Diese Entscheidung könnte dann im kostenpflichtigen Klageverfahren beim Finanzgericht angefochten werden.

Kurios: Über die Gewährung von Wiedereinsetzung gegen die Versäumung der Einspruchsfrist wird erst in der Einspruchsentscheidung befunden. Das Finanzamt ist dabei nicht an frühere Äußerungen zu dieser Frage im Einspruchsverfahren gebunden. Die Entscheidung des Finanzamts ist vom Finanzgericht uneingeschränkt überprüfbar.[2]

D. Anträge auf Stundung, Aussetzung der Vollziehung

FEHLER: KEINE BEANTRAGUNG EINER TECHNISCHEN STUNDUNG

Oftmals werden die Umsatzsteuer- und Einkommensteuererklärungen zusammen beim Finanzamt abgegeben. Bei der Umsatzsteuer berechnet sich der Stpfl. eine Nachzahlung i. H. v. 500 €, bei der Einkommensteuer jedoch eine Erstattung i. H. v. 1.000 €. Problem hierbei ist, dass es sich

1 BFH, Urteil v. 2.10.1986 - IV R 39/83BFH, BStBl 1987 II S. 7.

2 BFH, Urteil v. 26.10.1989 - IV R 82/88, BStBl 1990 II S. 277.

bei der Umsatzsteuer um eine Steueranmeldung handelt, die bei einer Nachzahlung bereits mit Eingang beim Finanzamt einer Steuerfestsetzung unter Vorbehalt der Nachprüfung gleichsteht (§ 168 Satz 1 AO). Das Guthaben der Einkommensteuer wird jedoch erst mit Bekanntgabe des Einkommensteuerbescheids und damit im Regelfall deutlich später fällig.

Ohne weitere Anträge müsste der Stpfl. also jetzt 500 € Umsatzsteuer zahlen, in ein paar Wochen/Monaten würde dieser jedoch wieder 1.000 € Einkommensteuer erstattet bekommen.

Lösung des Problems: Antrag auf technische Stundung stellen. Dann kann die fällige Umsatzsteuer gestundet werden, bis die Einkommensteuer veranlagt wird.

Weiterer Vorteil ist, dass durch die Verschiebung der Fälligkeit auch keine Säumniszuschläge nach § 240 AO entstehen können.

Umgekehrt ist dies auch möglich: Ergibt sich bei der Umsatzsteuer eine Erstattung, bei der Einkommensteuer aber eine Nachzahlung, so kann eine Verrechnung der beiden Steuern beantragt werden. Das Finanzamt kann bis dahin eine Erstattungssperre setzen, so dass die Umsatzsteuer nicht ausbezahlt, sondern mit der künftig fällig werdenden Einkommensteuer verrechnet wird.

FEHLER: KEIN ANTRAG AUF AUSSETZUNG DER VOLLZIEHUNG

Grundsätzlich hat die Einlegung eines Einspruchs allein nicht zur Folge, dass die Vollziehung des angefochtenen Verwaltungsakts ausgesetzt wird, § 361 Abs. 1 AO. Man spricht auch vom Suspensiveffekt, welcher hier eben gerade nicht vorliegt.

Folge: Die Steuern werden zur Zahlung fällig, es können Säumniszuschläge entstehen und es kann auch vollstreckt werden. Soll also vorläufiger Rechtsschutz gewährt werden, muss zusätzlich zum zulässigen Einspruch zwingend Aussetzung der Vollziehung beantragt werden. Dies gilt entsprechend für AdV-Anträge beim Finanzgericht, § 69 Abs. 1 Satz 1 AO.

FEHLER: ES LIEGT KEIN VOLLZIEHBARER VERWALTUNGSAKT VOR.

Der auszusetzende Verwaltungsakt muss vollziehbar sein.

Vollziehbar sind alle vollstreckbaren Verwaltungsakte, also Verwaltungsakte, welche einen Geldanspruch festsetzen, eine Zahlschuld feststellen oder eine sonstige Handlung, Duldung oder Unterlassung fordern. Siehe hierzu die nicht abschließende Aufzählung in AEAO zu § 361, Nr. 2.3.1. Demnach sind **vollziehbar** z. B.

- eine (positive) Steuer festsetzende Steuerbescheide (vgl. AEAO zu § 361, Nr. 4),
- Steuerbescheide über 0 €, die einen vorhergehenden Steuerbescheid über einen negativen Betrag ändern,[1]
- Vorauszahlungsbescheide bis zum Erlass des Jahressteuerbescheids[2],
- Bescheide, mit denen der Vorbehalt der Nachprüfung aufgehoben wird[3],
- Mitteilungen nach § 141 Abs. 2 AO über die Verpflichtung zur Buchführung,
- Leistungsgebote,
- der Widerruf einer Stundung,
- Außenprüfungsanordnungen (vgl. AEAO zu § 196, Nr. 1).

1 BFH, Beschluss v. 28.11.1974 - V B 52/73, BStBl 1975 II S. 239.

2 BFH, Beschluss v. 4.6.1981 - VIII B 31/80, BStBl 1981 II S. 767; vgl. AEAO zu § 361, Nr. 8.2.2.

3 BFH, Urteil v. 1.6.1983 - III B 40/82, BStBl 1983 II S. 622.

Nicht vollziehbar sind gemäß AEAO zu § 361, Nr. 2.3.2 dagegen z. B.

- erstmalige Steuerbescheide über 0 €, auch wenn der Stpfl. die Festsetzung einer negativen Steuer begehrt,
- die Ablehnung von Anträgen, z. B. Ablehnung einer Billigkeitsmaßnahme nach § 163 AO,
- verbindliche Auskünfte (§ 89 Abs. 2 AO; § 2 StAuskV), verbindliche Zusagen (§§ 204 bis 207 AO) und Lohnsteueranrufungsauskünfte (§ 42e EStG),

Liegt also kein vollziehbarer Verwaltungsakt vor, so kann auch ein Antrag auf Aussetzung der Vollziehung nicht erfolgreich sein.

BEISPIEL 1: Widerruf einer Stundungsverfügung über 500 € betreffend die Einkommensteuer 2024 nach § 131 Abs. 2 AO.

Diese Verfügung über den Widerruf einer Stundungsverfügung ist ein eigenständiger Verwaltungsakt, so dass der Rechtsbehelf des Einspruchs statthaft ist, § 347 Abs. 1 Satz 1 Nr. 1 AO.

Durch den Widerruf der Stundung gilt wieder die alte Fälligkeit des Anspruchs, so dass die Erhebung oder gar die Vollstreckung wieder ermöglicht werden.

Deshalb handelt es sich bei dem Widerruf der Stundungsverfügung um einen vollziehbaren Verwaltungsakt, wonach Aussetzung der Vollziehung wieder möglich ist.[1]

BEISPIEL 2: Der Antrag von Huber auf Änderung seines Einkommensteuerbescheids 2024 nach § 173 Abs. 1 Nr. 2 AO wird aufgrund groben Verschuldens am nachträglichen Bekanntwerden der Tatsachen formgerecht abgelehnt.

Die Ablehnung der Änderung einer Steuerfestsetzung ist selbst ein Steuerbescheid nach § 155 Abs. 1 Satz 3 AO, gegen den der Einspruch statthaft ist.

Verwaltungsakte, durch die ein Antrag abgelehnt wird, sind jedoch grundsätzlich nicht vollziehbar, da sie keine anordnende Regelung enthalten, sondern es ablehnen, eine Regelung zu treffen.[2]

Aussetzung der Vollziehung (AdV) ist daher ausgeschlossen.

FEHLER: KEIN ZULÄSSIGER EINSPRUCH

Voraussetzung für die Gewährung der AdV ist das Bestehen von ernstlichen Zweifeln an der Rechtmäßigkeit des angefochtenen Verwaltungsakts.

Ist der Einspruch jedoch gar nicht erst zulässig, so kann auch keine vollumfängliche Überprüfung in der Sache nach § 367 Abs. 2 Satz 1 AO stattfinden. Folglich können im Einspruchsverfahren auch keine ernstlichen Zweifel vorliegen, so dass eine Aussetzung der Vollziehung nicht gewährt werden kann.

Ernstliche Zweifel und damit der Umfang der Aussetzung der Vollziehung gehen also nur so weit, wie der zulässige Einspruch mit hinreichender Wahrscheinlichkeit auch (teilweise) begründet ist. Es wird also anhand der vorliegenden Beweismittel geprüft, ob und inwieweit der Einspruch wahrscheinlich Erfolg haben wird. Eine abschließende Prüfung findet nicht statt. Ansonsten bräuchte man keine AdV, denn dann könnte man gleich einen (Teil-)Abhilfebescheid erlassen. Ohne Einspruch wäre z. B. ein Antrag auf Stundung denkbar.

1 AEAO zu § 361, Nr. 2.3.1.

2 AEAO zu § 361, Nr. 2.3.2.

FEHLER: KEINE BERÜCKSICHTIGUNG DER FOLGE-ADV NACH § 361 ABS. 3 AO

Ist ein Grundlagenbescheid mit einem Einspruch angefochten worden und die Vollziehung des Grundlagenbescheids nach § 361 Abs. 2 AO ausgesetzt, so ist auch die Aussetzung der Vollziehung des Folgebescheids insoweit von Amts wegen nach § 361 Abs. 3 AO zu gewähren (sog. Folge-AdV). Der Folgebescheid muss nicht separat mit einem weiteren Einspruch angefochten werden.

Denn aufgrund der Bindungswirkung nach § 182 Abs. 1 AO ist die Änderung des Folgebescheids aufgrund des Grundlagenbescheids nach § 175 Abs. 1 Satz 1 Nr. 1 AO durchzuführen.

Im nächsten Schritt wird dann die Vollziehung des Folgebescheids insoweit ausgesetzt, als die Änderung des Folgebescheids aufgrund dieses ausgesetzten Grundlagenbescheids reicht, § 361 Abs. 3 Satz 1 AO.

BEISPIEL: Huber ist selbständiger Steuerberater. Für diese Tätigkeit wurde im April 2025 ein Gewinnfeststellungsbescheid 2024 erlassen. Der Gewinn wurde darin auf 100.000 € festgestellt.

Im Juni 2025 erging der Einkommensteuerbescheid 2024. Darin war dieser Gewinn enthalten. Es ergab sich eine Steuer-Erstattung von 15.000 €.

Im Juli 2025 wurde der Feststellungsbescheid 2024 geändert und der Gewinn nun auf 120.000 € festgestellt. Daraufhin wurde auch der Einkommensteuerbescheid 2024 nach § 175 Abs. 1 Satz 1 Nr. 1 AO geändert und die Einkommensteuer um 8.000 € erhöht.

Gegen den geänderten Feststellungsbescheid legt Huber zulässigen Einspruch ein und beantragt AdV des Feststellungsbescheids.

Wie viele AdV müssen verfügt werden?

Ernstliche Zweifel an der Rechtmäßigkeit des Feststellungsbescheids liegen jeweils vor.

LÖSUNG FESTSTELLUNGSBESCHEID: Aufgrund der Bindungswirkung nach § 182 Abs. 1 AO des Feststellungsbescheids (§ 179 Abs. 1, § 180 Abs. 1 Satz 1 Nr. 2 Buchst. b AO) wirkt sich die Vollziehbarkeit auch auf den Folgebescheid aus.

Wegen der ernstlichen Zweifel wird also die Vollziehung des Feststellungsbescheids 2024 ausgesetzt, indem von einem Gewinn i. H. v. 100.000 € statt von 120.000 € ausgegangen wird.

LÖSUNG EINKOMMENSTEUERBESCHEID: Durch diese Bindungswirkung muss (keine Soll-Vorschrift) auch die Vollziehung des Folgebescheids nach § 361 Abs. 3 AO = Folge-AdV ausgesetzt werden.

Höhe: Die Aussetzung hat in der Höhe zu erfolgen, in der sich der geänderte festgestellte Gewinn auf die Einkommensteuer auswirkt, also i. H. v. 8.000 €.

Analog wäre zu verfahren, wenn ein festgestellter Verlust durch einen geänderten Gewinnfeststellungsbescheid reduziert wird.

WEITERER FEHLER: KEIN ERLASS DES FOLGEBESCHEIDS AUFGRUND EINER FOLGE-ADV

Obwohl der Grundlagenbescheid mit einem Einspruch angefochten wird und durch die Folge-AdV auch der Folgebescheid auszusetzen ist (keine Ermessensentscheidung), darf der Folgebescheid trotzdem weiterhin geändert bzw. erlassen werden, § 361 Abs. 3 Satz 2 AO.

So soll vermieden werden, dass die Veranlagungszeiten der Einkommensteuerbescheide künstlich verlängert werden.

Gerade bei vielen Beteiligungen wäre sonst ein Erlass des Einkommensteuerbescheids für lange Zeit gehemmt.

FEHLER: KEINE KENNTNIS ÜBER FOLGEN EINER ADV

Langläufig meint man ja, dass bei einer AdV die Fälligkeit wie bei einer Stundung nach hinten verschoben wird. Dies ist jedoch unzutreffend. Beruht der Verwaltungsakt auf einer Geldleistung, so wird lediglich die Wirkung der Fälligkeit suspendiert, also quasi eingefroren.

Hier die wichtigsten Folgen einer AdV:

- Die Zahlungsverjährung wird unterbrochen (Unterbrechungshandlung nach § 231 Abs. 1 Nr. 1 AO).
- Ab Gewährung der AdV tritt keine Säumnis mehr ein, also entstehen keine (weiteren) Säumniszuschläge.
- Entstehung von AdV-Zinsen (§ 237 AO).

Achtung: Säumniszuschläge fallen nur dann nicht an, wenn die beantragte Aussetzung ab Fälligkeit und in voller Höhe gewährt wird! Wird also AdV erst gewährt, nachdem bspw. schon ein Säumnismonat begonnen hat, so bleiben die bis dahin entstandenen Säumniszuschläge bestehen, außer es wird (rückwirkend) ab Fälligkeit AdV gewährt. Gleiches gilt, wenn AdV nur teilweise gewährt wird. Für den Teil, für den also keine Aussetzung verfügt wird, entstehen daher nach wie vor Säumniszuschläge.

BEISPIEL: Schätzungsbescheid Einkommensteuer 2023. Fällig mit Ablauf des 7.3.2025. Dagegen wird nun zulässig Einspruch eingelegt und AdV beantragt. Die zur Geltendmachung ernstlicher Zweifel nötige Steuererklärung 2023 wird jedoch erst am 19.5.2025 nachgereicht, so dass erst ab diesem Zeitpunkt AdV gewährt werden kann. Die bis dahin entstandenen Säumniszuschläge bleiben bestehen. Erst ab 19.5.2025 entstehen keine neuen Säumniszuschläge mehr.

- Eine Aufrechnung nach § 226 AO ist nicht mehr möglich, da die Aufrechnungslage nicht mehr gegeben ist.
- Mahnungen nach § 259 AO werden nicht mehr versandt.
- Bereits angefangene Vollstreckungsmaßnahmen bleiben zwar bestehen, diese dürfen jedoch nicht mehr weitergeführt werden. Wird die Aufhebung der Vollziehung beantragt und gewährt, so sind auch die bisher durchgeführten Vollstreckungsmaßnahmen zurückzunehmen.
- Weitere/neue Vollstreckungsmaßnahmen sind nicht mehr zulässig.

FEHLER: KEINE BEANTRAGUNG DER ADV VOR DEM FINANZGERICHT

Die Ablehnung eines AdV-Antrags ist ein Verwaltungsakt. Der Stpfl. hat somit die Möglichkeit, Einspruch gegen die Ablehnung einzulegen. Allerdings besteht bei Erfolglosigkeit dieses Einspruchs keine Klagemöglichkeit beim Finanzgericht. Siehe hierzu § 361 Abs. 5 AO. Der Stpfl. hat in diesem Fall aber die Möglichkeit, direkt beim Finanzgericht AdV zu beantragen (§ 69 Abs. 3 und 4 FGO). Damit kann der Stpfl. also einen AdV-Antrag beim Finanzgericht stellen, ohne dass vorher ein Einspruchsverfahren durchgeführt werden muss. Jedoch muss das Finanzamt in diesem Fall nach § 69 Abs. 4 FGO einen Antrag auf AdV ganz/teilweise abgelehnt haben.

Ausnahmen hiervon: Die Finanzbehörde hat über diesen Antrag ohne Mitteilung eines zureichenden Grundes in angemessener Frist sachlich nicht entschieden oder es droht eine Vollstreckung bzw. erst recht, wenn mit einer Vollstreckung bereits begonnen wurde.

FEHLER: KEINE BEACHTUNG DER ADV-ZINSEN

Für die Dauer der gewährten Aussetzung sind Zinsen nach § 237 AO festzusetzen. Der Zinsanspruch entsteht dabei erst, wenn das Einspruchsverfahren beendet und der Einspruch endgültig erfolglos ist. Ohne Bedeutung ist dabei, aus welchen Gründen der Rechtsbehelf im Ergebnis erfolglos war.[1] Aussetzungszinsen sind demnach zu erheben, wenn der Stpfl. aufgrund einer bestandskräftigen Einspruchsentscheidung oder aufgrund eines rechtskräftigen gerichtlichen Urteils ganz oder teilweise unterlegen ist, oder wenn das Einspruchsverfahren oder gerichtliche Verfahren nach der Rücknahme des Einspruchs, der Klage oder der Revision rechtskräftig abgeschlossen wird. Erst dann ist das Verfahren endgültig abgeschlossen. Nach § 237 Abs. 1 Satz 1 AO ist davon jede Erledigungsart betroffen.

Festgesetzt werden diese Zinsen durch einen Zinsbescheid nach §§ 239, 237 AO. Höhe (§ 238 Abs. 1 Satz 1 und 2 AO): **0,5 % pro vollen** Monat der AdV. Angefangene Monate bleiben also außer Ansatz. Der Zinslauf und die Festsetzung der Zinsen richten sich dabei nach dem Inhalt der Aussetzungsverfügung. Darin wird der Beginn (z. B. ab Fälligkeit) und das Ende (z. B. bestandskräftige Einspruchsentscheidung) festgelegt.

Es sollte also gut überlegt sein, ob der Einspruch wirklich Aussicht auf Erfolg haben kann. Denn meist ist ein Einspruchsverfahren langwierig (gerade, wenn es bereits in der Rechtsbehelfsstelle bearbeitet wird), so dass die Zinsen (immerhin 6 % pro Jahr) recht schnell in die Höhe schießen können.

Hinweis: Der BFH hat verfassungsrechtliche Zweifel an der Höhe der Aussetzungszinsen für den Zeitraum vom 1.1.2019 bis zum 15.4.2021 geäußert und hierzu eine Entscheidung des BVerfG eingeholt.[2] Demnach ist in diesen Fällen eine Aussetzung der Vollziehung der Aussetzungszinsen nach § 363 Abs. 2 Satz 2 AO möglich: Mit Beschluss vom 24.10.2024[3] hat sich der BFH dazu geäußert, in welcher Höhe ab 2019 festgesetzte Aussetzungszinsen wegen der verfassungsrechtlichen Bedenken ausgesetzt werden können.

E. Verfahrensabläufe

Natürlich hat sich das Finanzamt an das Verfahrensrecht zu halten und z. B. seinen Ermittlungs- und Aufklärungspflichten nachzukommen. Ebenso hat aber auch der Stpfl. Mitwirkungspflichten. In der Hektik des Alltages kann dies aber schon mal in Vergessenheit geraten. Daher hier nochmal eine kleine Auffrischung.

1 BFH, Urteil v. 27.11.1991 - X R 10 3/89, BStBl 1992 II S. 319.

2 BFH, Vorlagebeschluss v. 8.5.2024 - VIII R 9/23, NWB OAAAJ-73666, BFH/NV 204 S. 1207.

3 BFH, Beschluss v. 24.10.2024 - VI B 35/24 (AdV), NWB NAAAJ-78908.

Abb. 7: Mitwirkungspflichten des Stpfl. im Besteuerungsverfahren

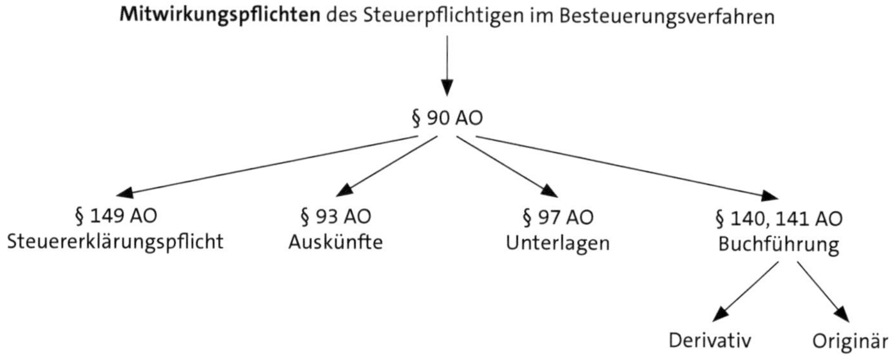

FEHLER: UNERHEBLICHER ZUSTÄNDIGKEITSWECHSEL

Zieht ein Stpfl. in einen anderen Zuständigkeitsbereich um, so kann es durchaus vorkommen, dass dieser vergisst, dies dem alten oder neuen Finanzamt mitzuteilen. Hier sind einige Besonderheiten zu beachten.

BEISPIEL: Huber wohnte bis 31.12.2024 in Straubing. Am 2.1.2025 wollte er einen Neustart wagen und ist daher nach Deggendorf gezogen.

Diesen Umzug hat Huber am 20.1.2025 dem Finanzamt Deggendorf über Elster mitgeteilt.

Das Finanzamt Straubing hat im Jahr 2024 den ursprünglichen Einkommensteuerbescheid 2023 erlassen. Weiterhin hat dieses Finanzamt auch am 30.1.2025 einen ESt-Änderungsbescheid für 2023 erlassen. Gegen diesen Änderungsbescheid legt Huber Einspruch beim Finanzamt Straubing ein mit der Begründung, dass der Bescheid nichtig sei, da aufgrund des Umzugs der Bescheid vom Finanzamt Deggendorf hätte erlassen werden müssen.

Nehmen wir an, dass beide Finanzämter zu einer Steuerfestsetzung in gleicher Höhe gekommen wären.

Wie ist der Fall zu lösen?

LÖSUNG: Durch die Mitteilung am 20.1.2025 war ein Zuständigkeitswechsel nach § 26 Satz 1 AO eingetreten, da erst an diesem Tag eines der beiden Finanzämter vom Umzug erfahren hat. Unerheblich ist dabei also, dass nur das Finanzamt Deggendorf Kenntnis vom Umzug erlangt hat. In der Praxis erfolgt hier die Einleitung der Aktenabgabe an das Finanzamt Deggendorf. Um Verfahrensprobleme zu vermeiden, erfolgt i. d. R. vorab eine telefonische Kontaktaufnahme. Daher wäre eigentlich das Finanzamt Deggendorf und nicht mehr das Finanzamt Straubing für den Erlass des Änderungsbescheids örtlich zuständig gewesen. Somit wäre der geänderte Einkommensteuerbescheid rechtswidrig, da ein formeller Fehler in Form einer Missachtung von Verfahrensrecht – hier der Zuständigkeitswechsel – vorliegt.

Denkbar wäre jedoch, dass das Finanzamt Straubing das Verfahren nach § 26 Satz 2 AO fortführt, sofern das neu zuständige Finanzamt Deggendorf zustimmt.

Im Endeffekt kann es aber dahingestellt bleiben, welches Finanzamt den Fall abschließend bearbeitet, denn das Ergebnis ist identisch.

Beim Steuerbescheid handelt es sich um einen gebundenen Verwaltungsakt, so dass § 127 AO greift. Da beide Finanzämter zu einer Steuerfestsetzung in gleicher Höhe kommen, ist der formelle Fehler (örtliche Unzuständigkeit) nach § 127 AO unbeachtlich. Eine Aufhebung des Bescheids aufgrund der örtlichen Zuständigkeit kommt insoweit also nicht in Betracht.

Der Fall liegt anders, wenn das Finanzamt Deggendorf zu einer anderen Steuerfestsetzung gekommen wäre. Dann müsste über eine Aufhebung des Bescheids nachgedacht werden. Nichtig wäre der Bescheid jedenfalls insoweit keinesfalls, siehe § 125 Abs. 3 Nr. 1 AO.

Achtung: Beachten Sie den Wortlaut „örtliche" Zuständigkeit. Im Falle der Missachtung der sachlichen Zuständigkeit (z. B. Polizeibehörde erlässt den ESt-Bescheid) wäre dieser Bescheid selbstredend nichtig und damit unwirksam.

FEHLER: ZUSTÄNDIGKEIT BEI EINER EINSPRUCHSENTSCHEIDUNG

BEISPIEL: Nehmen wir an, dass sich Huber (siehe Fall zuvor) im Einspruchsverfahren auch noch gegen die Nichtanerkennung von Werbungskosten im **geänderten** Bescheid wehren will.

Welches Finanzamt wäre für den Erlass einer Einspruchsentscheidung zuständig?

LÖSUNG: Grundsätzlich ist durch den Zuständigkeitswechsel nach § 26 Satz 1 AO das neu zuständige Finanzamt Deggendorf für die Einspruchsentscheidung zuständig (§ 367 Abs. 1 Satz 2 AO). Dies gilt jedoch nur, wenn ein **nachträglicher** Zuständigkeitswechsel vorliegt. Hier ist der Zuständigkeitswechsel aber bereits **vor** Bekanntgabe des geänderten Bescheids (30.1.2025) eingetreten, da sowohl der Umzug bereits am 2.1.2025 erfolgt war als auch der Wechsel der Zuständigkeit vor Bekanntgabe eingetreten ist, wenn eines der beiden Finanzämter vom Umzug Kenntnis erlangt (20.01.2025), § 26 Satz 1 AO.

Auch hier kann wieder § 26 Satz 2 AO zum Einsatz kommen:

- Wäre es in diesem Fall zweckmäßig, dass das Finanzamt Straubing das Verfahren zu Ende führt (bspw., weil der zuständige Bearbeiter in der Rechtsbehelfsstelle schon in den Fall eingearbeitet ist), so könnte dies mit Zustimmung des neu zuständigen Finanzamts Deggendorf erfolgen.
- Wurde seitens des Finanzamts Straubing dagegen bislang noch nichts unternommen oder stimmt das Finanzamt Deggendorf nicht zu, so läge die örtliche Zuständigkeit für den Erlass der Entscheidung beim Finanzamt Deggendorf.

Es kommt wie so oft auf den Einzelfall an.

FEHLER: ERMITTLUNG INS BLAUE HINEIN UND MISSACHTUNG DES SUBSIDIARITÄTSPRINZIPS

Das Finanzamt hat grundsätzlich vielerlei Ermittlungsmöglichkeiten. Aber gibt es hierbei auch Grenzen? Wie gestaltet sich das Ganze, wenn neben dem Stpfl. auch noch dritte Personen ins Spiel kommen?

BEISPIEL: In der Straubinger Tageszeitung „Straubinger Tagblatt" war in der Ausgabe vom 5.5.2025 folgende Chiffre-Anzeige abgedruckt:

„Hochwertige Villa in der Schweiz zu verkaufen. 400 m² Wohnfläche, Pool, Sauna, Blick in die Natur. Kaufpreis 3,9 Mio. €. Anzeigen-Nummer: 206/123456."

Die zuständige Mitarbeiterin des Finanzamts Straubing, Frau Schnell, welche jeden Morgen ihre Arbeit mit dem Lesen dieser Zeitung beginnt, liest natürlich auch diese Anzeige und fordert mit Schriftsatz vom 5.5.2025 erbost den Verleger dieser Zeitung auf, den Inserenten dieser Anzeige zu nennen. Als Frist wurde der 30.5.2025 gesetzt. Rechtsgrundlagen für diese Aufforderung hat die Mitarbeiterin in der Hektik jedoch vergessen zu zitieren.

Bis zum 10.6.2025 ging keine Antwort des Verlegers ein. Frau Schnell war darüber so wütend, dass diese noch am gleichen Tag beim zuständigen Verantwortlichen der Zeitschrift, Herrn Stur, anrief und diesem ein Zwangsgeld i. H. v. 5.000 € androhte, sollte die Auskunft nicht bis spätestens 20.6.2025 eingehen. Herr Stur nahm dies zur Kenntnis und beendete das Telefonat.

Nachdem sich die Mitarbeiterin nachmittags wieder beruhigt hatte, setzte sie mit gleichem Datum folgendes Schreiben auf:

„Betreff: Straubinger Tagblatt, Ausgabe vom 5.5.2025, Chiffre-Anzeige-Nummer: 206/123456

Sehr geehrter Herr Stur,

leider haben Sie auf meine Aufforderung vom 5.5.2025 nicht reagiert.

Ich fordere Sie daher hiermit auf, bis zum 30.6.2025 den Inserenten der oben genannten Anzeige zu nennen.

Begründung:

Bei dem Inserat ist zu vermuten, dass es sich bei dem Inserenten um einen steuerlichen Inländer handelt. Die Höhe des Kaufpreises von 3,9 Mio. € lässt darauf schließen, dass beim Erwerb der Villa in der Schweiz unversteuerte Finanzmittel zum Einsatz gekommen sind.

Dies ist ausreichend, um entsprechend ermitteln zu dürfen.

Wenn Sie dieser Aufforderung nicht innerhalb der oben genannten Frist nachkommen, werde ich gegen Sie ein Zwangsgeld i. H. v. 200 € festsetzen.

Mit freundlichen Grüßen

Sarah Schnell“

War das Vorgehen von Frau Schnell rechtmäßig?

LÖSUNG: Gemäß §§ 85, 88 AO entscheidet das Finanzamt nach pflichtgemäßem Ermessen, § 5 AO, wann und in welchem Umfang es Ermittlungsmaßnahmen einleitet (sog. **Amtsermittlungsgrundsatz/Untersuchungsgrundsatz**). Allerdings ist eine „Ermittlung ins Blaue hinein“ unzulässig.

Bei Chiffre-Anzeigen besteht nach ständiger Rechtsprechung – wie im vorliegenden Fall – die Möglichkeit, dass unversteuerte Gelder zum Einsatz gekommen sind. Es liegt daher ein konkreter Ermittlungsanlass vor.

Bei der Ermittlung des Sachverhalts bedient sich das Finanzamt der Beweismittel, die ihm für das Ermittlungsverfahren zweckmäßig erscheinen, § 92 AO. Hier liegt ein Fall des § 93 Abs. 1 Satz 1 AO vor. Nach dieser Vorschrift kann das Finanzamt Auskünfte vom Beteiligten (§ 78 AO) selbst, jedoch auch von Dritten verlangen, wenn dies der Feststellung steuererheblicher Sachverhalte dient.

Allerdings ist das sog. **Subsidiaritätsprinzip** des § 93 Abs. 1 Satz 3 AO zu beachten. Demnach soll sich das Finanzamt erst dann an Dritte wenden, wenn das Auskunftsersuchen an den Beteiligten selbst nicht zum Ziel führt oder keinen Erfolg verspricht.

Im vorliegenden Fall hat sich das Finanzamt sofort an Dritte und nicht zuerst an den Beteiligten gewandt. Allerdings liegt kein Ermessensfehler nach § 5 AO vor, da keine anderen Aufklärungsmittel zur Verfügung standen. Es war dem Finanzamt nicht zuzumuten, dass es Interesse vortäuscht, um so den Namen und die Adresse potenzieller Interessenten zu erfahren. Denn der schnellere und einfachere Weg war das Auskunftsersuchen an die dritte Person, da das Finanzamt die Grundsätze der Wirtschaftlichkeit und Zweckmäßigkeit zu beachten hat (AEAO zu § 88, Nr. 3). Zudem war dem Dritten eine Auskunft ohne größeren Aufwand möglich.

Weiterhin ist zu beachten, dass das Finanzamt (genaugenommen die Amtsträger) dem Steuergeheimnis unterliegt (unterliegen), so dass die gewonnenen Informationen lediglich im Besteuerungsverfahren verwendet werden dürfen (§ 30 AO).

Das Auskunftsersuchen war daher rechtmäßig.

Zwar hat das Finanzamt nicht darauf hingewiesen, aus welchen Vorschriften sich die Auskunftspflicht ergibt, so dass es sich um einen Begründungsfehler nach § 121 Abs. 1 AO handelt. Dieser Fehler wurde jedoch durch das Telefonat nach § 126 Abs. 1 Nr. 2 AO geheilt.

Auch das Auskunftsverweigerungsrecht des § 102 Abs. 1 Nr. 4 AO greift hier nicht, da sich das Auskunftsverweigerungsrecht nur auf den redaktionellen Teil der Zeitschrift, nicht aber auf den Anzeigenteil erstreckt.[1]

Ist Ihnen noch ein Fehler von Frau Schnell aufgefallen? Richtig, eine fernmündliche Androhung des Zwangsgeldes ist unwirksam, da § 332 Abs. 1 Satz 1 AO zwingend die Schriftform vorsieht. Erst der Schriftsatz vom 10.6.2025 erfüllt diese Voraussetzung. Welche Besonderheiten es dabei noch gibt, erfahren Sie gleich im nächsten Kapitel.

F. Verspätungszuschläge, Säumniszuschläge, Zinsen und Zwangsgeld

Diese Themen sind in der theoretischen Prüfung eher Nebengebiete. In der Praxis macht aber gerade dieser Themenkomplex häufig Probleme. Um die Bearbeitung für beide Seiten zu erleichtern, habe ich hier für Sie vorab einige Prüfungsschemata erstellt.

I. Prüfungsschema: Verspätungszuschlag (§ 152 AO)

Sonstiger Verwaltungsakt, es greifen somit nur §§ 129 bis 131 AO als Korrekturvorschriften.
Verspätungszuschläge = steuerliche Nebenleistungen (§ 3 Abs. 4 Nr. 2 AO).

1. **Grundsatz (Abs. 1): Ermessen** (§ 5 AO)
   a. Pflicht-Veranlagung; daher nicht bei Antrags-Veranlagung
      - § 149 Abs. 1 Satz 1 AO i. V. m. Einzelsteuergesetzen, z. B. § 25 Abs. 3 EStG
      - § 149 Abs. 1 Satz 2 AO: Aufforderung durch das Finanzamt
      - Analog für gesonderte Feststellung, § 181 Abs. 1 Satz 1 AO

1 *Murrer* in Zugmaier/Nöcker, AO, § 102 Rz. 29.

   b. Nichtabgabe oder nicht fristgerecht
      – § 152 Abs. 1 Satz 2 AO: entschuldbar/nicht entschuldbar?
      – Arbeitsüberlastung, Grippe, Corona, Husten, schwere Krankheit?
   c. Grundsatz: Ermessen (§ 5 AO)
      – Nichtgebrauch (Annahme Pflicht statt Ermessen)
      – Missbrauch (Erklärung inhaltlich falsch, deswegen Vorauszahlungen)
      – Überschreitung (> 25.000 €)
2. **Ausnahme (Abs. 2): Muss**
   a. Nr. 1: 14 Monate nach Ablauf des Kalenderjahres (2023 -> Ende Februar 2025)
   b. Nr. 3: Vorzeitige Anforderung, 149 Abs. 4 AO
3. **Rückausnahme (Abs. 3)**, Abs. 2 gilt nicht mehr -> Grundsatz Abs. 1 -> **Ermessen** (§ 5 AO)
   a. Nr. 1: (rückwirkende) Fristverlängerung § 109 AO
   b. Nr. 2: **Festgesetzte** Steuer 0 oder negativ (USt)
   c. Nr. 3: **Festgesetzte** Steuer < festgesetzte Vorauszahlungen oder anzurechnende Steuerabzugsbeträge
   d. Nr. 4: Jährliche abzugebende Lohnsteueranmeldungen/Anmeldungen von USt-Sondervorauszahlungen nach § 48 Abs. 2 UStDV
4. **Mehrere** Personen **(Abs. 4)**
   a. Finanzamt hat Auswahlermessen, ob Zuschlag gegen eine/mehrere/alle Personen
   b. Mehrere/alle Personen = Gesamtschuldner des Zuschlags
   c. Festsetzung bei gesondert und einheitlicher Feststellung nach § 180 Abs. 1 Satz 1 Nr. 2 Buchst. a AO?
      - Rechtsfähige Personenvereinigung: Vorrangig gegen Personenvereinigung
      - Nicht rechtsfähig: vorrangig gegen Personen nach § 181 Abs. 2 Satz 2 Nr. 4 AO = Personen nach § 34 AO
5. **Höhe** (**Abs. 5 und 6)**
   a. 0,25 % der festgesetzten Steuer abzgl. festgesetzter Vorauszahlungen/Steuerabzug

b. Mindestens 25 €/angefangenem Monat (Grenze: 10.000 €) = Null-Fälle oder Erstattungen

c. Besonderheit Steueranmeldungen: § 152 Abs. 5 AO gilt nicht -> § 152 Abs. 8 AO

In diesen Fällen sind bei der Bemessung des Verspätungszuschlags die Dauer und Häufigkeit der Fristüberschreitung sowie die Höhe der Steuer zu berücksichtigen.

d. Bei gesonderter Feststellung siehe § 152 Abs. 6 AO

e. Max. 25.000 € (§ 152 Abs. 10 AO), Abrundung volle €

6. **Nichtabgabe (Abs. 9 AO):** Berechnung bis wirksame Bekanntgabe des Steuerbescheids (§ 124 Abs. 1 AO, Schätzung § 162 AO)
7. **Festsetzung** regelmäßig mit Steuerfestsetzung **(Abs. 11)**
8. Eigenständige **Korrekturvorschrift (Abs. 12)** bei Änderung/Aufhebung Steuerfestsetzung

BEISPIEL: Verspätung drei angefangene Monate, festgesetzte ESt 10.000 €, festgesetzte Vorauszahlung 1.000 €

Berechnung	Festgesetzte ESt	10.000 €
	Festgesetzte Vorauszahlungen	1.000 €
	Verbleiben	9.000 €
	0,25 % x 9.000 € =	22,5 €
	Aber: Mindestbetrag 25 € x 3 Monate =	75 €

Achtung: Nach dem Gesetzeswortlaut kommt es auf die **festgesetzten** Vorauszahlungen an. Ob diese tatsächlich bezahlt worden sind, ist für die Festsetzung des Verspätungszuschlags unerheblich!

II. Prüfungsschema: Säumniszuschläge

1. Allgemeines (AEAO zu § 240, Nr. 5)

Säumniszuschläge entstehen – anders als Zinsen (müssen durch Verwaltungsakt festgesetzt werden) – rein durch Zeitablauf **kraft Gesetzes ohne Rücksicht** auf **Verschulden** des Stpfl. Sie stellen in erster Linie ein **Druckmittel** zur Durchsetzung fälliger Steuerforderungen dar, sind aber auch eine Gegenleistung für das Hinausschieben der Zahlung und ein Ausgleich für den angefallenen Verwaltungsaufwand. Soweit diese Zielsetzung durch die verwirkten Säumniszuschläge nicht mehr erreicht werden kann, ist ihre Erhebung sachlich unbillig, so dass sie nach § 227 AO ganz oder teilweise erlassen werden können.

2. Fälligkeit (§ 220 Abs. 1 AO i. V. m. dem jeweiligen Einzelsteuergesetz)

BEISPIEL EINKOMMENSTEUER: Die Einkommensteuerabschlusszahlungen 2023 sind nach § 220 Abs. 1 AO i. V. m. § 36 Abs. 4 EStG einen Monat nach Bekanntgabe des Bescheids fällig. Hier wird ein Bescheid geändert, so dass zwei Fälligkeiten berechnet werden müssen:

Erstbescheid vom 5.12.2024:

- Bekanntgabe nach § 122 Abs. 2 Nr. 1 AO + 3 Tage = 8.12.2024.
  Nach § 108 Abs. 3 AO verschiebt sich die Bekanntgabe auf den 9.12.2024, da der 8.12.2024 ein Sonntag ist. Ein früherer Zugang wäre unbeachtlich.
- Frist**beginn**: mit Ablauf des 9.12.2024 (§ 108 Abs. 1 AO, § 187 Abs. 1 BGB)
- Frist**dauer**: ein Monat, § 220 Abs. 1 AO, § 36 Abs. 4 EStG
- Frist**ende**: mit Ablauf des 9.1.2025 (§ 188 Abs. 2 BGB) (auch hier: § 108 Abs. 3 AO beachten).

Geänderter Bescheid vom 4.2.2025:

- Bekanntgabe nach § 122 Abs. 2 Nr. 1 AO + 4 Tage (Achtung: Hier 4 Tage, da Aufgabe zur Post ab 1.1.2025) = 8.2.2025. Nach § 108 Abs. 3 AO verschiebt sich die Bekanntgabe auf den 10.2.2025, da der 8.2.2025 ein Samstag ist.
- Frist**beginn**: mit Ablauf des 10.2.2025 (§ 108 Abs. 1 AO, § 187 Abs. 1 BGB)
- Frist**dauer**: ein Monat (§ 220 Abs. 1 AO, § 36 Abs. 4 EStG)
- Frist**ende**: mit Ablauf des 10.3.2025, (§ 188 Abs. 2 BGB) (= Fälligkeit des **Erhöhungs**betrags ESt 2023)

Beachte:

§ 108 Abs. 3 AO am Ende der Frist (Verschiebung auf nächsten Werktag).

§ 240 Abs. 1 **Satz 3** AO: Die Säumnis nach Satz 1 tritt nicht ein, bevor die Steuer festgesetzt oder angemeldet worden ist.

Wird der Verwaltungsakt geändert und ergibt sich dabei eine Erhöhung, so sind **zwei** Fälligkeiten zu berechnen, da sich im Änderungsbescheid eine „neue" Fälligkeit ergibt. Bei einer Minderung dagegen nicht.

Dies bedeutet, es muss für jede einzelne Fälligkeit auch eine separate Ermittlung der Schonfrist, Bemessungsgrundlage, Säumnis berechnet werden.

3. Zahlung/Tilgung

Der Wertstellungstag ist nach § 224 Abs. 2 Nr. 1, 2 AO (Zahlungen) oder nach § 76 Abs. 4 Satz 2 bzw. 3 BuchO (Verrechnung) zu berechnen.

Beachte: Ergibt sich bei einer Änderung des Verwaltungsakts eine Verminderung des ursprünglich festgesetzten Betrags, so muss eine fiktive (fiktiv, da der Stpfl. ja gar nichts „zahlt", sich der Betrag aber trotzdem mindert) Tilgung berechnet werden.

Drei-Tages-Schonfrist (siehe § 240 Abs. 3 AO): Ein Säumniszuschlag wird bei einer Säumnis bis zu drei Tagen nicht erhoben. Dies gilt nicht bei Zahlung nach § 224 Abs. 2 Nr. 1 AO (= Bar-Zahlung oder Scheck). Die Schonfrist ist auch bei Verrechnung oder einer Teil-Tilgung einschlägig. Auch hier: § 108 Abs. 3 AO (Ende einer Frist) beachten.

HINWEIS:

Auch, wenn die Zahlung innerhalb der Schonfrist erfolgt ist, werden die Säumniszuschläge weiterhin ermittelt, da diese ja kraft Gesetzes entstanden sind (siehe Allgemeines). Sie sind zwar entstanden, werden aber nicht erhoben (Unterschied zwischen „Festsetzung" und Erhebung).

Wird nur ein Teil innerhalb der Schonfrist getilgt, so werden nur diese Säumniszuschläge erhoben, welche für den Teil entstanden sind, welcher noch nicht bzw. nicht innerhalb der Schonfrist bezahlt worden ist.

4. Bemessungsgrundlage für Säumnis (§ 240 Abs. 1 AO)

Der noch offene Betrag ist auf den nächsten durch 50 € teilbaren Betrag abzurunden.

Wird nur ein oder werden mehrere Teile getilgt, so ist/sind dies/diese getrennt zu berechnen:

Bemessungsgrundlage ab Fälligkeit:	1.000 €
Bemessungsgrundlage ab 1.2. (Bar-Zahlung 400 €):	600 €
Bemessungsgrundlage ab 1.4. (Überweisung: 200 €):	400 €

Säumniszeitraum: § 240 Abs. 1 AO: Säumnis ist für jede einzelne Steuerart, Zeitraum und Fälligkeit (siehe Punkte Erhöhung des Betrags) getrennt zu ermitteln.
Beginn der Säumnis: Mit Ablauf des Tages (nicht am Tag) der Fälligkeit

Am Ende eines Säumnismonats (Achtung: Nicht Kalendermonat!) ist § 108 Abs. 3 AO zu beachten.

Rechtsfolge: Insgesamt sind Säumniszuschläge i. H. von 500 € entstanden, von denen aber nur 300 € erhoben werden (bei Teil-Zahlung innerhalb Schonfrist oder weil es keine Schonfrist gibt – Scheck/Bar) oder von denen alle 500 € erhoben werden (bei vollständiger Zahlung erst nach Ablauf der Schonfrist).

III. Prüfungsschema: Zinsen (§ 233a AO)

Sog. Vollverzinsung.
Zinsen = steuerliche Nebenleistungen (§ 3 Abs. 4 Nr. 4 AO).

1. Allgemeines

- Zinsen werden **festgesetzt** und entstehen nicht kraft Gesetzes.
- Da die Verzinsung gesetzlich vorgeschrieben ist, besteht kein Ermessen nach § 5 AO.
- Es können Zinsen auf Nachzahlungen aber auch auf Guthaben entstehen.

Was wird verzinst?

- Einkommensteuer
- Umsatzsteuer
- Körperschaftssteuer
- Gewerbesteuer

Nicht verzinst werden (§ 233 Satz 1 und 2, § 233a Abs. 1 AO):

- Steuerliche Nebenleistungen (Verspätungs-, Säumniszuschläge, Zinsen, etc.)
- Solidaritätszuschlag
- Lohnsteuer
- Vorauszahlungen

Die Verzinsung erfolgt sowohl zugunsten als auch zuungunsten des Stpfl.

Da das Thema Zinsen oft ein Streitthema in der Praxis ist – vor allem, wenn die Bearbeitung der Steuererklärung wieder mal etwas länger dauert und die Nachzahlung dann auch noch verzinst wird – möchte ich hier eine Lanze für das Finanzamt brechen und auf den AEAO zu § 233a, Nr. 1 verweisen:

Die Verzinsung nach § 233a AO (sog. ***Vollverzinsung****) soll im Interesse der Gleichmäßigkeit der Besteuerung und zur Vermeidung von Wettbewerbsverzerrungen einen Ausgleich dafür schaffen, dass die Steuern trotz gleichen gesetzlichen Entstehungszeitpunkts,* ***aus welchen Gründen auch immer****, zu unterschiedlichen Zeitpunkten festgesetzt und erhoben werden. Die Verzinsung ist gesetzlich vorgeschrieben; die Zinsfestsetzung steht* ***nicht im Ermessen der Finanzbehörde****. Die Zinsen werden grundsätzlich im automatisierten Verfahren berechnet, festgesetzt und zum Soll gestellt. Die Zinsfestsetzung wird regelmäßig mit dem Steuerbescheid oder der Abrechnungsmitteilung verbunden.*

Grundsätzlich ist daher also der Grund für die Entstehung unerheblich. Selbst wenn die Erklärung also fristgerecht beim Finanzamt eingereicht wird, das Finanzamt diese dann aber so lange liegen lässt (aus welchen Gründen auch immer), dass tatsächlich Zinsen entstehen, ist dies unerheblich. Gegebenenfalls kommt allerdings ein Erlass in Betracht.

2. Berechnung

a) Beginn des Zinslaufs

Der Zinslauf beginnt 15 Monate (sog. zinsfreie Karenzzeit) nach Ablauf des Kalenderjahres, in dem die Steuer entstanden (nicht festgesetzt) ist, § 233a Abs. 2 Satz 1 AO.

BEISPIEL: Entstehung ESt 2024 mit Ablauf des 31.12.2024, § 38 AO i. V. m. § 36 Abs. 1 EStG (USt: § 13 Abs. 1 UStG)
+ 15 Monate = mit Ablauf des 31.3.2026 (also ab 1.4.2026).

b) Ende des Zinslaufs

Mit Wirksamkeit der Steuerfestsetzung, § 233a Abs. 2 Satz 3 AO, also mit wirksamer Bekanntgabe des Steuerbescheids, §§ 124 Abs. 1, 122 Abs. 2 Nr. 1 AO (Regelfall Vier-Tages-Fiktion, aber z. B. Zustellung beachten).

BEISPIEL: ESt-Bescheid 2023 vom 7.5.2025 + 4 Tage = 11.5.2025. Nach § 108 Abs. 3 AO = wirksame Bekanntgabe am 12.5.2025, da der 11.5.2025 ein Sonntag ist.

Früherer Zugang ist unbeachtlich.

Ende des Zinslaufs somit mit Ablauf des 12.5.2025.

c) Volle Zinsmonate

BEISPIEL: Vom 1.4.2025 (Steuerentstehung 31.12.2023 + 15 Monate) bis 12.5.2025 = 1 voller Monat (Mai nicht mehr „voll", § 238 Abs. 1 Satz 2 AO).

d) Bemessungsgrundlage

Bemessungsgrundlage ist der Unterschiedsbetrag gem. § 233a Abs. 1 und Abs. 3 AO.

BEISPIEL:

Festgesetzte Steuer	5.000 €
./. anzurechnende Steuerabzugsbeträge (Lohnsteuer, KapESt)	500 €
./. **festgesetzte** Vorauszahlungen	1.000 €
= Unterschiedsbetrag	**3.500 €**

Dieser Unterschiedsbetrag wäre auf volle 50 € abzurunden (§ 238 Abs. 2 AO).

ACHTUNG:

Ist der Unterschiedsbetrag negativ, ergibt sich also für den Stpfl. ein Guthaben, dürfen gem. § 233a Abs. 3 Satz 3 AO nur die tatsächlich gezahlten/getilgten Vorauszahlungen abgezogen werden (nicht die festgesetzten, da die Berechnung ansonsten falsch ist bzw. der Stpfl. günstiger gestellt wird als jemand, der die Vorauszahlungen nicht gezahlt hat).

e) Zinshöhe

Die Zinshöhe beträgt ab 2019: 0,15 % des Unterschiedsbetrags für jeden vollen Zinsmonat, § 238 Abs. 1a AO (zuvor: 0,5 %).

Ermittlung des Zinsbetrags: 0,15 % x Unterschiedsbetrag x volle Monate.

FORTFÜHRUNG DES BEISPIELS: 0,15 % x 3.500 € x 1 voller Monat = 5,25 €.

Dieser Betrag ist zugunsten des Stpfl. nach § 239 Abs. 2 Satz 1 AO auf volle Euro zu runden, hier also Abrundung auf 5 €.

f) Mindestbetrag

Zinsen werden nur festgesetzt, wenn sie mindestens 10 € betragen (§ 239 Abs. 2 Satz 2 AO).

FORTFÜHRUNG DES BEISPIELS: Da dieser Betrag hier nicht erreicht wird, sind keine Zinsen festzusetzen.

3. Festsetzung

Die Zinsen werden mit schriftlichem/elektronischem Zinsbescheid festgesetzt, der regelmäßig mit dem Steuerbescheid verbunden werden soll und auch wird (§ 239 Abs. 1, § 233a Abs. 4, § 155 Abs. 1, § 157 Abs. 1 AO).

4. Festsetzungsfrist

Auf die Zinsen sind die für Steuern geltenden Vorschriften entsprechend anzuwenden, jedoch beträgt die Festsetzungsfrist zwei Jahre (früher ein Jahr).

IV. Prüfungsschema: Zwangsgeld (§§ 328 ff. AO)

Sonstiger Verwaltungsakt, es greifen somit nur §§ 129 bis 131 AO als Korrekturvorschriften.
Zwangsgelder = steuerliche Nebenleistungen (§ 3 Abs. 4 Nr. 6 AO), Zwangsgeld als ein Zwangsmittel.

1. **Verwaltungsakt** (§ 118 AO)

   Vornahme einer Handlung:

   - Abgabe einer Erklärung (§ 149 Abs. 1 Satz 1 oder Satz 2 AO, § 181 Abs. 1 Satz 1, 2 AO)
   - Erteilung von Auskünften (§ 93 AO)
   - Einreichung von Unterlagen (§ 97 AO)

- **nicht** Geld → hierfür gibt es Säumniszuschläge nach § 240 AO

2. **Androhung** (§ 332 AO) = Verwaltungsakt (§ 118 AO) → Einspruch möglich
   - Schriftlich → telefonisch unwirksam (außer bei Gefahr in Verzug)
   - Bestimmtes Zwangsmittel (hier: Zwangsgeld, § 332 Abs. 2 Satz 2 AO)
   - Angemessene Frist (2 bis 4 Wochen, je nach Art und Umfang)
   - Angemessene Höhe (§ 329 AO): max. 25.000 €
   - Gesondert für jede Verpflichtung: ESt/USt je 200 €, nicht zusammen 400 €
   - Zusammenveranlagung? An jeden Ehegatten getrennt bekannt zu geben = Nachweis!
3. **Festsetzung** (§ 333 AO) = Verwaltungsakt (§ 118 AO) →Einspruch möglich
   - War Androhung wirkungslos? Verpflichtung trotz Androhung nicht nachgekommen? → Zwangsgeld wird festgesetzt
   - Zusammenveranlagung? An jeden Ehegatten getrennt bekannt zu geben = Nachweis!
   - Einstellung (§ 335 AO) bei Pflichterfüllung: Erstattung?
     - Erstattung, wenn Pflicht erfüllt (z. B. Abgabe der Erklärung) und **danach** bezahlt.
     - **Keine** Erstattung, wenn bezahlt und **danach** Erklärung eingereicht.
4. **Zahlung**/Beitreibung des Zwangsgeldes
5. Keine Zahlung oder Beitreibung erfolglos? **Erneutes** Zwangsgeld-Verfahren möglich.
   - Androhung → Festsetzung → Beitreibung
   - Wieder erfolglos? Erneutes Zwangsgeld-Verfahren möglich usw.

V. Säumniszuschläge

FEHLER: SÄUMNISZUSCHLÄGE MÜSSEN DURCH EINEN VERWALTUNGSAKT FESTGESETZT WERDEN.

Säumniszuschläge entstehen – anders als Zinsen, welche erst durch einen Verwaltungsakt festgesetzt werden müssen – rein durch Zeitablauf kraft Gesetzes ohne Rücksicht auf Verschulden des Stpfl. Sie stellen in erster Linie ein Druckmittel zur Durchsetzung fälliger Steuerforderungen dar, sind aber auch eine Gegenleistung für das Hinausschieben der Zahlung und ein Ausgleich für den angefallenen Verwaltungsaufwand.

Wenn die Säumniszuschläge nicht mit einem Verwaltungsakt festgesetzt werden, kann ich mich dann überhaupt mit einem Einspruch dagegen zur Wehr setzen?

Da wir uns im Bereich der Erhebung befinden, bleibt die Möglichkeit, einen Antrag auf Erlass eines Abrechnungsbescheids zu stellen und dagegen Einspruch einzulegen. Daneben wäre auch noch ein Antrag auf Erlass nach § 227 AO denkbar.

VI. Zinsen nach § 233a AO

Die Verzinsung erfolgt sowohl zugunsten als auch zuungunsten des Stpfl. Letzteres stellt oft ein Streitthema in der Praxis dar. Vor allem, wenn die Steuererklärung fristgerecht eingereicht wird, beim Finanzamt aber so lange liegen gelassen wird, dass die 15-monatige zinsfreie Karenzzeit nach § 233a AO abgelaufen ist und dann Zinsen entstehen.

FEHLER: VERSCHULDENSGRUND MAßGEBLICH

Da es hier in der Praxis meiner Erfahrung nach sehr viele Missverständnisse, Streitereien und unnötige Einsprüche gibt, möchte ich das Thema nochmals explizit aufgreifen.

Die Verzinsung nach § 233a AO (Vollverzinsung) soll im Interesse der Gleichmäßigkeit der Besteuerung und zur Vermeidung von Wettbewerbsverzerrungen einen Ausgleich dafür schaffen, dass die Steuern trotz gleichen gesetzlichen Entstehungszeitpunkts, aus welchen Gründen auch immer, zu unterschiedlichen Zeitpunkten festgesetzt und erhoben werden. Die Verzinsung ist gesetzlich vorgeschrieben; die Zinsfestsetzung steht nicht im Ermessen der Finanzbehörde. Die Zinsen werden im automatisierten Verfahren berechnet, festgesetzt und zum Soll gestellt.[1]

Grundsätzlich ist also der Grund für die Entstehung unerheblich. Selbst wenn die Erklärung fristgerecht beim Finanzamt eingereicht wird, das Finanzamt diese dann aber so lange liegen lässt (aus welchen Gründen auch immer), dass tatsächlich Zinsen entstehen, ist dies unerheblich.

Ein Einspruch hat hier also wenig Aussicht auf Erfolg. Gegebenenfalls kommt allerdings ein Erlass nach § 227 AO in Betracht.

FEHLER: KEINE BEACHTUNG DER (NEUEN) FESTSETZUNGSFRIST

Die Festsetzungsfrist beträgt vier Jahre, die Zahlungsverjährung fünf Jahre, und die Festsetzungsfrist für Zinsen?

In § 239 Abs. 1 Satz 1 AO findet sich die Lösung:

Auf die Zinsen sind die für die Steuern geltenden Vorschriften entsprechend anzuwenden, jedoch beträgt die Festsetzungsfrist zwei Jahre.

Lange Zeit betrug die Frist nur ein Jahr.

Diese Frist von zwei Jahren sollte man im Hinterkopf behalten, denn i. d. R. wird die Zinsfestsetzung mit der Steuerfestsetzung im Steuerbescheid verbunden. Für die Einkommensteuer bspw. beträgt die Verjährungsfrist wie erwähnt vier Jahre. Die Zinsfestsetzung ist dagegen nur zwei Jahre lang möglich. Es handelt sich dabei um zwei separate Verwaltungsakte, welche jeweils auch getrennt mit dem Einspruch angefochten werden können.

1 AEAO zu § 233a, Nr. 1.

VII. Zwangsgeld

FEHLER: KEINE PRÜFUNG DES DOPPELTEN ERMESSENS BEIM ZWANGSGELD

Sehen Sie sich bitte noch einmal das Beispiel oben im Kapitel E an. Dort wurde dem Verleger von Frau Schnell ein Zwangsgeld angedroht. War dies rechtmäßig?

Lösung:

Da der Verleger seiner Auskunftspflicht nicht nachgekommen ist, hat das Finanzamt ein Zwangsgeld angedroht.

- Nach § 328 Abs. 1 Satz 1 AO kann ein Verwaltungsakt, der auf Vornahme einer Handlung oder auf Duldung oder Unterlassung gerichtet ist, mit Zwangsmitteln (Zwangsgeld, Ersatzvornahme, unmittelbarer Zwang) durchgesetzt werden. Hier wurde das Zwangsmittel des Zwangsgeldes gewählt.
- Bei dem Auskunftsersuchen handelt es sich um einen Verwaltungsakt i. S. des § 118 AO, der auf Vornahme einer Handlung, Erteilung der Auskunft, gerichtet ist.
- Das Finanzamt hat dann ein sog. doppeltes Ermessen: Zum einen kann es entscheiden, ob es überhaupt ein Zwangsgeld androht. Zum anderen kann es die Höhe des Zwangsgeldes nach pflichtgemäßem Ermessen festsetzen.
- Das Zwangsgeld muss gem. § 332 Abs. 1 Satz 1 AO schriftlich angedroht werden. Ein Telefonat erfüllt diese Voraussetzung grundsätzlich nicht. Allerdings wurde diese Voraussetzung durch das Schreiben erfüllt.
- Weiterhin muss eine angemessene Frist gewährt werden, § 332 Abs. 1 Satz 3 AO. Auch diese Anforderung ist durch die Fristsetzung von vier Wochen erfüllt.
- Das Zwangsgeld ist zudem in einer bestimmten und angemessenen Höhe anzudrohen (§ 332 Abs. 2 Satz 3 AO). Dies ist durch die Androhung i. H. v. 200 € erfolgt. Es wurde eine konkrete Höhe festgesetzt und die Höhe ist angemessen. Auch die Grenze des § 329 AO wurde nicht überschritten.

Ergebnis: Die Androhung war daher rechtmäßig.

HINWEIS:

Diese doppelte Ermessensausübung gibt es auch noch in anderen Bereichen der AO, z. B. beim Verspätungszuschlag hinsichtlich monatlich abzugebender Steueranmeldungen (§ 152 Abs. 1 und 8 AO), da hier ein Ermessen besteht, ob ein Zuschlag erhoben wird und, wenn ja, in welcher Höhe.

G. Auskunftsverweigerungsrechte

Auskunftsverweigerungsrechte spielen in der Praxis eine große Rolle – gerade bei Betriebsprüfungen. Oft übersieht man dies jedoch leicht, wenn man mitten in einer Prüfung ist. Daher nachfolgend ein paar Beispiele, um Sie etwas mehr dafür zu sensibilisieren, was erlaubt ist und was nicht.

Vorab erhalten Sie eine kompakte Übersicht über die §§ 101 bis 107 AO sowie über Angehörige nach § 15 AO.

Tab. 4:	Übersicht Auskunfts-/Urkundenvorlageverweigerungsrechte (§§ 101 bis 107 AO)				
Angehörige nach § 15 AO	**Bestimmte Berufsträger**	**Gefahr der Strafverfolgung**	**Verhältnis der Auskunfts- und Vorlagepflicht zur Schweigepflicht öffentlicher Stellen**	**Beschränkung der Auskunfts- und Vorlagepflicht bei Beeinträchtigung des staatlichen Wohls**	**Entschädigung der Auskunftspflichtigen und der Sachverständigen**
§§ 101, 104 AO Nur, soweit nicht selbst beteiligt oder als gesetzlicher Vertreter für einen Beteiligten, § 34 AO **Achtung:** Belehrungspflicht, § 101 Abs. 1 Satz 2 AO bei Verstoß: Verwertungsverbot der Auskünfte bzw. Unterlagen	**§§ 102, 104 AO** Nur für Tatsachen, die in Eigenschaft als Berufsträger bekannt geworden sind gilt auch für Mitarbeiter der Berufsträger, § 102 Abs. 2 AO **Achtung:** kein Auskunftsverweigerungsrecht, wenn davon entbunden	**§§ 103, 104 AO** Nur selbst beteiligt oder als gesetzlicher Vertreter für einen Beteiligten, § 34 AO **Achtung:** Belehrungspflicht, § 103 Satz 2 AO bei Verstoß: Verwertungsverbot der Auskünfte bzw. Unterlagen	**§ 105 AO** z. B. Deutsche Bundesbank, Staatsbanken Brief-, Post- und Fernmeldegeheimnis ist zu wahren.	**§ 106 AO** Bei erheblichen Nachteilen des Wohls des Bundes oder eines Landes	**§ 107 AO** Entschädigung nach Justizvergütungs- und -entschädigungsgesetz

Nicht unter das Urkundenvorlageverweigerungsrecht fallen Urkunden und Wertsachen, die für den Beteiligten aufbewahrt werden, soweit der Beteiligte selbst zur Vorlage verpflichtet wäre, § 104 Abs. 2 AO.

Tab. 5: Angehörige nach § 15 Abs. 1 AO

		Oma/Opa (Nr. 3)	
	Tante/ Onkel (Nr. 7)	**Eltern** (Nr. 3)	**Schwiegereltern** (Nr. 3)
Schwager/ Schwägerin (Nr. 6)	**Bruder/ Schwester** (Nr. 6)	**Ausgangsperson**	**Verlobter** (Nr. 1)/ **Ehegatte/Lebenspartner** (Nr. 2)
	Kinder der Geschwister (Nr. 5)	**Kinder** (Nr. 3)	**Stiefkind der Ausgangsperson** (Nr. 3)
	Pflegekind/ Pflegeeltern (Nr. 8)	**Enkelkind** (Nr. 3)	

FEHLER: KEINE BELEHRUNG ÜBER VERWEIGERUNGSRECHT

BEISPIEL: Das Finanzamt Starnberg ist örtlich zuständig für die Veranlagung der Ehegatten Olaf und Simone Huber. In der eingereichten Steuererklärung 2024 gab es einige Ungereimtheiten.

Um den Sachverhalt aufzuklären, schickte der zuständige Bearbeiter des Finanzamts Starnberg je einen Brief an Herrn Huber und – um das Verfahren zu beschleunigen – gleichzeitig an den Vater von Frau Simone. Beide Briefe trugen jeweils das Datum 10.6.2025. Eine Belehrung des Vaters über die ihm etwaig zustehenden Rechte erfolgte nicht.

Fragen:

- Durfte der zuständige Bearbeiter sich direkt an den Vater von Simone wenden?
- Hat der Vater ein Auskunftsverweigerungsrecht?
- Angenommen der zuständige Bearbeiter im Finanzamt hätte am 10.6.2025 auch noch eine entsprechende, inhaltsgleiche Anfrage an Steuerberater Xaver Maier, welcher eine Affäre mit Simone hat, diese jedoch nicht steuerlich vertritt, geschickt. Hätte dieser Steuerberater ein Auskunftsverweigerungsrecht und dürften diese Auskünfte auch ohne vorherige Belehrung verwertet werden?

LÖSUNG (AUSKUNFTSERSUCHEN AN VATER): ▶ Nach dem Untersuchungsgrundsatz ermittelt die Finanzbehörde den Sachverhalt von Amts wegen (§ 88 Abs. 1 AO). Sie bestimmt Art und Umfang der Ermittlungen nach den Umständen des Einzelfalls sowie nach den Grundsätzen der Gleichmäßigkeit, Gesetzmäßigkeit und Verhältnismäßigkeit (§§ 85, 88 Abs. 2 AO).

Olaf und Simone sind in diesem Fall jeweils Beteiligte i. S. des § 78 Nr. 2 AO und daher grundsätzlich zur Mitwirkung bei der Aufklärung des Sachverhalts in ihren steuerlichen Angelegenheiten verpflichtet (§ 90 Abs. 1 Satz 1 AO).

Gemäß § 93 Abs. 1 Satz 1 AO kann das Finanzamt auch **andere** Personen um Auskunft ersuchen, soweit dies zur Feststellung eines für die Besteuerung erheblichen Sachverhaltes erforderlich ist. An andere Personen soll mittels eines Auskunftsersuchens aber **erst dann** herangetreten werden, wenn die Aufklärung des Sachverhaltes durch den Beteiligten selbst nicht zum Ziel führt oder keinen Erfolg verspricht (§ 93 Abs. 1 Satz 3 AO, sog. Subsidiaritätsprinzip).

Problematisch ist hier, dass der zuständige Beamte Olaf als Beteiligten zwar auch um Auskunft ersucht hat, allerdings nicht dessen Antwort abgewartet hat, sondern sich **sofort** an den Vater von Simone gewandt hat. Somit liegt ein Verstoß gegen § 93 Abs. 1 Satz 3 AO vor.

Zudem wurde der Vater laut Sachverhalt nicht über seine Rechte belehrt. Der Vater von Simone ist ein Angehöriger i. S. des § 15 Abs. 1 Nr. 3 AO. Somit hätte er ein Auskunftsverweigerungsrecht in der Steuersache der Simone nach § 101 Abs. 1 Satz 1 AO.

Das Finanzamt hat somit gegen § 101 Abs. 1 Satz 2 AO verstoßen, wonach die Angehörigen eines Beteiligten über das Auskunftsverweigerungsrecht zu belehren sind. Da eine Belehrung unterblieben ist, dürften etwaig getätigte Auskünfte nicht verwertet werden, es sei denn, der Angehörige stimmt nachträglich zu oder wiederholt nach Belehrung seine Aussage (**Verwertungsverbot**, AEAO zu § 101, Nr. 2).

FEHLER: AUSKUNFTSVERWEIGERUNGSRECHT BESTIMMTER BERUFSGRUPPEN

LÖSUNG (AUSKUNFTSERSUCHEN AN STEUERBERATER): ▶ Bei dem Steuerberater Xaver Maier handelt es sich um eine andere, fremde Person und nicht um einen Angehörigen i. S. des § 15 AO, so dass insoweit kein Auskunftsverweigerungsrecht nach § 101 AO besteht.

Zwar handelt es sich um einen Steuerberater, so dass eventuell ein Auskunftsverweigerungsrecht nach § 102 AO bestehen könnte. Allerdings greift das Auskunftsverweigerungsrecht nach § 102 Abs. 1 Nr. 3 Buchst. b AO nur hinsichtlich dessen, was ihm in dieser Eigenschaft (als Steuerberater) anvertraut worden oder bekannt geworden ist.

Da dem Steuerberater die Informationen nicht in seiner Eigenschaft als Steuerberater, sondern in privater Angelegenheit bekannt geworden sind, besteht kein diesbezügliches Auskunftsverweigerungsrecht. In der Folge hätten die Auskünfte vom Steuerberater erteilt werden müssen.

PROBLEM: KEINE SCHWÄRZUNG VON AUSGANGSRECHNUNGEN

Grundsätzlich haben bestimmte Berufsgeheimnisträger ein Auskunftsverweigerungsrecht nach § 102 AO. Auch die unter die in § 102 AO genannten Berufsgruppen fallenden Personen müssen jedoch im eigenen Besteuerungsverfahren alles Zumutbare unternehmen, um den Nachweis zu erbringen, dass es sich bei den von ihnen verwahrten Rechten oder Sachen nicht um eigenes, sondern um fremdes Vermögen handelt.[1]

1 BFH, Beschluss v. 23.1.2011 - VIII B 126/10, BFH/NV 2011 S. 1283, NWB IAAAD-84754; BFH, Urteil v. 27.9.2006 - IV R 45/04, BStBl 2007 II S. 39.

Der Grundsatz der Gleichmäßigkeit der Besteuerung nach Art. 3 GG i. V. m. § 85 AO darf aber durch dieses Auskunftsverweigerungsrecht nicht gefährdet werden. Dies bedeutet, dass die in § 102 AO aufgezählten Berufsgruppen sich der Überprüfung ihrer im Besteuerungsverfahren gemachten Angaben unter Berufung auf eine bestehende Verschwiegenheitspflicht nicht entziehen können (Rechtsgedanke der Gleichmäßigkeit der Besteuerung nach § 85 AO).[1]

Unterlagen wie bspw. Lohnabrechnungen oder Ausgangsrechnungen, welche keinerlei Rückschlüsse auf die schutzbedürftigen Personen zulassen, fallen nicht unter § 102 AO.

Darunter fallen auch bspw. Ausgangsrechnungen, welche in neutralisierter Form vorgelegt werden können, um so die berufsbedingte Verschwiegenheitspflicht sicher zu stellen. Die Neutralisierung kann durch Schwärzung der sensiblen Daten (wie z. B. Name, Anschrift, Diagnose) oder auch auf andere Weise erfolgen.[2] Da der Stpfl. die objektive Feststellungslast bzgl. steuermindernder Tatsachen trägt, muss die Anonymisierung so gewählt werden, dass eine Überprüfung auf Richtigkeit und Vollständigkeit der steuerlichen Verhältnisse durch die Finanzbehörde weiterhin möglich bleibt.

Problematisch dürfte im Rahmen des Besteuerungsverfahrens vor allem die Durchführung einer Außenprüfung bei Ärzten, Steuerberatern, Rechtsanwälten etc. sein. Nach § 199 Abs. 1 AO hat der Außenprüfer die tatsächlichen und rechtlichen Verhältnisse, die für die Steuerpflicht und für die Bemessung der Steuer maßgebend sind (Besteuerungsgrundlagen), zugunsten wie zuungunsten des Stpfl. zu prüfen. Nach § 200 Abs. 1 AO hat der Stpfl. insbesondere Auskünfte zu erteilen, Aufzeichnungen, Bücher, Geschäftspapiere und andere Urkunden zur Einsicht und Prüfung vorzulegen.

BEISPIEL: Verweigert aber bspw. ein plastischer Chirurg die Auskunft über Diagnose und Behandlungsmethode, und kann er so Zweifel an der medizinischen Indikation nicht beseitigen, ist insoweit die Umsatzsteuerbefreiung nach § 4 Nr. 14 UStG zu versagen. Diese Grundsätze sind analog auch auf andere Berufsgruppen i. S. des § 102 Abs. 1 AO übertragbar. So ist z. B. ein Augenarzt, welcher Augenlaseroperationen durchführt, verpflichtet, die medizinische Indikation (keine reine Schönheitsoperation) der Behandlung nachzuweisen, da ansonsten die o. g. Umsatzsteuerbefreiung nicht gewährt werden kann. Auch hier kann bei Bedenken seitens des Arztes eine entsprechende Schwärzung der Unterlagen erfolgen.

FEHLER: TEILWEISE GESCHWÄRZTES FAHRTENBUCH

In einem seit 20.3.2025 anhängigen Verfahren beschäftigt sich der BFH[3] mit der Rechtsfrage, ob ein Berufsgeheimnisträger (Rechtsanwalt) zum Nachweis des Verhältnisses von privaten Fahrten zu beruflichen Fahrten nach der Fahrtenbuchmethode ein teilweise geschwärztes Fahrtenbuch vorlegen darf und ob ein Steuerbescheid, der aus der Nichterfüllung des Verlangens, das Fahrtenbuch ohne jegliche Schwärzungen und mit Angabe der Namen und Adressen der besuchten Mandanten offenzulegen, durch Ansatz der privaten Fahrzeugnutzung nach der 1-%-Regelung belastende steuerliche Folgen zieht, nichtig ist.

Im Vorverfahren war das FG Hamburg[4] der Meinung, dass die in § 43a Abs. 2 BRAO normierte Verschwiegenheitspflicht eines Rechtsanwalts sich auch auf die Identität des Mandanten und die

1 BFH, Urteil v. 8.4.2008 - VIII R 61/06, BStBl 2009 II S. 579.

2 *Murrer* in Zugmaier/Nöcker, AO, § 102 Rz. 6, NWB UAAAH-31601.

3 BFH - VIII R 35/24 Verfahrensverlauf - Status: anhängig, NWB OAAAJ-87968.

4 FG Hamburg, Urteil v. 13.11.2024 - 3 K 111/21, NWB MAAAJ-85442.

Tatsache seiner Beratung erstrecke. Berufsgeheimnisträger könnten bei der Vorlage eines Fahrtenbuchs nach § 6 Abs. 1 Nr. 4 Satz 3 EStG Schwärzungen vornehmen, soweit diese Schwärzungen erforderlich sind, um die Identitäten von Mandanten zu schützen. Die Berechtigung, einzelne Eintragungen im Fahrtenbuch zu schwärzen, ändere nichts an der grundsätzlichen Beweislastverteilung; ggf. müsse der Berufsträger substantiiert und nachvollziehbar darlegen, weshalb Schwärzungen in dem erfolgten Umfang erforderlich waren und die berufliche Veranlassung der Fahrten durch ergänzende Angaben darlegen.

Der Ausgang des BFH-Verfahrens ist spannend, da er Auswirkungen auf andere Berufsgruppen (z. B. Hausarzt mit Hausbesuchen) haben könnte.

FEHLER: KEINE ANFERTIGUNG VON KONTROLLMITTEILUNGEN

Vor Fertigung einer Kontrollmitteilung im Rahmen einer Außenprüfung eines Berufsgeheimnisträgers i. S. des § 102 Abs. 1 AO ist der Stpfl. rechtzeitig darüber in Kenntnis zu setzen, um evtl. gerichtlichen Rechtsschutz zu erlangen.[1] Dies ist dem Umstand geschuldet, dass dem Stpfl. auch im Rahmen einer Außenprüfung rechtliches Gehör zu gewähren ist (§ 199 Abs. 2 AO). Dagegen haben von der Kontrollmitteilung betroffene Dritte keinen Anspruch auf eine Anhörung i. S. des § 91 AO vor Fertigung dieser Mitteilung, da es sich hierbei nicht um einen Verwaltungsakt handelt, so dass dritte Personen nicht über den Inhalt der bereits erstellten Kontrollmitteilung informiert werden müssen. Eine Ausnahme hiervon kann jedoch vorliegen, wenn die Auskunftsverweigerungsrechte der §§ 101 bis 103 AO verletzt worden sind. Da die Erstellung von Kontrollmitteilungen aufgrund der rein innerbehördlichen Handlung keinen Verwaltungsakt (fehlende unmittelbare Rechtswirkung nach außen) darstellt, kommt zur Erreichung eines Rechtsschutzes eine allgemeine Leistungsklage auf Unterlassen gem. § 40 Abs. 1 1. Alt. FGO in Betracht. Wurde eine solche nicht erhoben, darf die Kontrollmitteilung im Rahmen des Besteuerungsverfahrens gegen dritte Personen ausgewertet werden. Eine vorsorglich erhobene Leistungsklage, die das Finanzamt daran hindern soll, Kontrollmitteilungen im Vorfeld einer Außenprüfung zu erstellen, ist mangels Rechtsschutzbedürfnisses unzulässig.[2]

H. Festsetzungsverjährung

I. Festsetzungsverjährung bei der Antrags- und Pflichtveranlagung

Ein weiterer Klassiker in der Theorie, aber auch täglich Brot in der Praxis. Gerade zum Jahresende ist hierbei ein besonderes Augenmerk darauf zu legen, da die Verjährung im Regelfall mit Ablauf des 31.12. eintritt.

1 BFH, Urteil v. 8.4.2008 - VIII R 61/06, BStBl 2009 II S. 579.

2 *Murrer* in Zugmaier/Nöcker, AO, § 102 Rz. 7, NWB UAAAH-31601.

Abb. 8: Übersicht Festsetzungsfrist

Kurzübersicht

Zuerst: Einleitungssatz § 169 Abs. 1 Satz 1 AO, dann prüfen, ob Antrags- oder Pflichtveranlagung, denn: Unterschied nur beim Beginn!

Beginn → Dauer → Ende

Beginn

1. Antrag**sveranlagung**

§ 46 Abs. 2 Nr. 8 EStG, § 170 Abs. 1 AO, maßgeblich: Steuerentstehung

§§ 38 AO, 36 Abs. 1 EStG: **keine Anlaufhemmung**

AEAO zu § 170, Nr. 3

Bsp.: Fr. Maier (AN) gibt ESt 2015 in 2016 ab:

1. Einleitungssatz § 169 Abs. 1 Satz 1 AO
2. Beginn: § 170 Abs. 1 AO, keine Anlaufhemmung
3. Somit Steuerentstehung = m. A. d. 31.12.2015, §§ 38 AO, 36 Abs. 1 EStG
4. Dauer: vier Jahre § 169 Abs. 2 Satz 1 Nr. 2 AO
5. Ende: m. A. d. 31.12.2019 (ggf. § 108 Abs. 3 AO)

2. Pflicht**veranlagung**

- § 149 Abs. 1 **Satz 1** AO i. V. m. Einzelsteuergesetz
- Aufforderung § 149 Abs. 1 **Satz 2** AO

Anlaufhemmung § 170 Abs. 2 Nr.1 AO

- m. A. d. Kj, in dem wirksame Steuererklärung eingereicht wird.
- Spätestens drei J. nach Steuerentstehung § 38 AO i. V. m. Einzelsteuergesetzen
  → ESt 2015 in 2016 abgegeben:
  → Anlaufhemmung: Beginn m. A. 2016

Dauer

1. Regel: § 169 Abs. 2 Nr. 2 AO — 4 J.
2. **„Soweit“** § 169 Abs. 2 Satz 2 AO
   - Hinterziehung: 10 J.
   - Leichtfertig verkürzt: 5 J.

„Soweit“: **Teil**verjährung

- Nicht bei VdN, § 164 Abs. 4 Satz 2 AO
  - VdN verjährt immer nach 4 J.

Ende

Grundsatz: m. A. d. Kalenderjahres

§ 108 Abs. 3 AO prüfen, AEAO vor § 169, Nr. 3

Aber: IMMER **Ablauf**hemmung prüfen

1. Vorläufigkeit, § 171 Abs. 8 AO
   → Verlängert VdN **nicht**, § 164 Abs. 4 Satz 2 AO
2. Grundlagenbescheid § 171 Abs. 10 AO
   → Verlängert VdN **nicht**, § 164 Abs. 4 Satz 2 AO
3. Außenprüfung, § 171 Abs. 4 Satz 1 AO
   → Verlängert VdN, § 164 Abs. 4 Satz 2 AO

Merke:

- Keine Verkürzung der regulären Festsetzungsfrist, AEAO zu § 171 AO, Nr. 1
- Greift eine Ablaufhemmung, endet Frist meist unterjährig, z. B. mit Ablauf 14.7.

Eine Änderung des Verwaltungsakts XYZ ist nach § 169 Abs. 1 Satz 1 AO nur zulässig, wenn die **Festsetzungsfrist** noch nicht abgelaufen ist. Zudem muss eine **Korrekturvorschrift** greifen. Diesen Einleitungssatz kennen Sie sicherlich noch aus Ihrer theoretischen Prüfung. Hier handelt es sich um zwei umfangreiche Themen, welche auch wieder mit einigen Besonderheiten aufwarten.

FEHLER: KEINE UNTERSCHEIDUNG ZWISCHEN ANTRAGS- UND PFLICHT-VERANLAGUNG

Diese Unterscheidung beim Beginn der Festsetzungsverjährung ist immens wichtig, was nachfolgende Übersicht und das dazugehörige Beispiel verdeutlichen sollen, denn im Rahmen der Einkommensteuer gibt es i. d. R. nur bei der Pflicht-Veranlagung eine Anlaufhemmung (Ausnahme: § 170 Abs. 3 AO bei der Änderung einer Antragsveranlagung).

Tab. 6: Übersicht zur Anlaufhemmung	
Antragsveranlagung, § 170 Abs. 1 AO	Erklärungspflicht, § 170 Abs. 2 Satz 1 Nr. 1 AO
nach § 46 Abs. 2 Nr. 8 EStG	nach § 149 Abs. 1 Satz 1 AO i. V. m. Einzelsteuergesetz, z. B. für ESt: § 25 Abs. 3 EStG, § 56 EStDV und/oder gem. § 149 Abs. 1 Satz 2 AO = behördliche Aufforderung
Beginn: **keine** Anlaufhemmung mit Ablauf des Kalenderjahres, in dem die Steuer entstanden ist, § 38 AO i. V. m. § 36 Abs. 1 EStG	**Beginn:** Anlaufhemmung mit Ablauf des Kalenderjahres, in dem die Steuererklärung/Steueranmeldung wirksam eingereicht worden ist, spätestens mit Ablauf des dritten Kalenderjahres, das auf das Kalenderjahr folgt, in dem die Steuer entstanden ist, § 38 AO i. V. m. § 36 Abs. 1 EStG (§ 18 UStG für USt usw.)

BEISPIELE: Antrags-Veranlagung, § 170 Abs. 1 AO, § 46 Abs. 2 Nr. 8 EStG (**Keine** Anlaufhemmung)

1. Erklärung 2022 wird im Jahr 2023 abgegeben → Beginn mit Ablauf 2022, §§ 170 Abs. 1, 38 AO, § 36 Abs. 1 EStG (Steuerentstehung)
2. Erklärung 2022 wird im Jahr 2024 abgegeben → Beginn mit Ablauf 2022, §§ 170 Abs. 1, 38 AO, § 36 Abs. 1 EStG (Steuerentstehung)
3. Erklärung 2022 wird im Jahr 2025 abgegeben → Beginn mit Ablauf 2022 wie oben

Sie sehen also: Datum der Erklärungsabgabe hat keinerlei Auswirkungen auf den Fristbeginn = **keine** Anlaufhemmung.

BEISPIELE: Pflicht-Veranlagung, § 170 Abs. 2 Nr. 1 AO (**Anlaufhemmung**; i. V. m. Einzelsteuergesetz):

1. Erklärung 2021 wird im Jahr 2022 abgegeben → Beginn mit Ablauf 2022
2. Erklärung 2021 wird im Jahr 2023 abgegeben → Beginn mit Ablauf 2023
3. Erklärung 2021 wird im Jahr 2024 abgegeben → Beginn mit Ablauf 2024
4. Erklärung 2021 wird im Jahr 2025 abgegeben → Beginn mit Ablauf 2024, weil Steuerentstehung mit Ablauf des 31.12.2021 (§ 38 AO, § 36 Abs. 1 EStG), spätestens mit Ablauf des dritten Kalenderjahres nach der Steuerentstehung, § 170 Abs. 2 Nr. 1 AO

Hier sehen wir deutlich die Auswirkung der **Anlaufhemmung** sowie die Wirkung der Maximal-Frist (drei Jahre nach Steuerentstehung).

FEHLER: KEINE ANLAUFHEMMUNG BEI UNWIRKSAMER STEUERERKLÄRUNG

Maßgeblich für das Greifen einer Anlaufhemmung ist, dass der Stpfl. eine wirksame Steuererklärung einreicht, denn nur diese setzt den Beginn der Festsetzungsverjährung in Gang.

Pflicht-Veranlagung, § 170 Abs. 2 Nr. 1 AO (Anlaufhemmung):

1. Einkommensteuererklärung 2021 wird im Jahr 2022 abgegeben, Unterschrift fehlt, § 150 Abs. 3 AO -> Beginn mit Ablauf 2025 („Drei-Jahre Maximal-Frist")
2. Elektronische Erklärung 2023 im Jahr 2024 abgegeben, Authentifizierung fehlt. Im Januar 2025 wird komprimierte Erklärung samt Unterschrift eingereicht, § 150 Abs. 3 AO -> Beginn mit Ablauf 2025

BEISPIEL: Huber hat seine Einkommensteuererklärung 2024 am 25.4.2025 beim zuständigen Finanzamt Cham eingereicht. Darin hat er Einkünfte als angestellter Bürokaufmann sowie Einkünfte aus der Vermietung von drei Eigentumswohnungen in Nürnberg erklärt. Nebenbei betreibt er seit 2015 noch eine Bäckerei. Huber hat die Einkommensteuererklärung noch in Papierform abgegeben, jedoch in der Hektik vergessen, diese eigenhändig zu unterschreiben, was von der zuständigen Sachbearbeiterin Frau Stern im Finanzamt Cham aufgrund von Arbeitsüberlastung aber nicht bemerkt wurde.

LÖSUNG: Grundsätzlich beginnt die Festsetzungsverjährung gem. § 170 Abs. 1 AO mit Ablauf des Kalenderjahres, in dem der Einkommensteueranspruch nach § 38 AO, § 36 Abs. 1 EStG, entstanden ist, also mit Ablauf 2024.

Da aber nach § 149 Abs. 1 Satz 1 AO i. V. m. §§ 25 Abs. 3 EStG, § 56 EStDV die Verpflichtung bestand, für die Einkommensteuer 2024 eine Steuererklärung abzugeben, führte dies zur **Anlaufhemmung** gem. § 170 Abs. 2 Satz 1 Nr. 1 Alt. 1 AO. Demnach beginnt – abweichend von § 170 Abs. 1 AO – die Festsetzungsfrist mit Ablauf des Kalenderjahres, in dem eine **wirksame** Steuererklärung eingereicht wird. Da Huber die Einkommensteuererklärung 2024 am 25.4.2025 beim Finanzamt eingereicht hat, würde die Festsetzungsfrist folglich mit Ablauf des Jahres 2025 beginnen.

Zu beachten ist jedoch, dass die Einkommensteuererklärung im vorliegenden Fall **nicht eigenhändig** unterschrieben wurde, was einen Verstoß gegen § 150 Abs. 3 AO i. V. m. § 25 Abs. 3 Satz 1 EStG darstellt. Somit liegt keine ordnungsgemäße und wirksam eingereichte Einkommensteuererklärung vor. Die **unwirksam** eingereichte Einkommensteuererklärung bedingt daher weder eine Anlaufhemmung noch setzt sie den Beginn der Festsetzungsverjährung nach § 170 Abs. 2 Satz 1 Nr. 1 Alt. 1 AO in Gang. Hier würde also wiederum erst die Drei-Jahres-Maximalfrist wirken, wonach die Festsetzungsfrist erst mit Ablauf 2027 beginnen würde.

FEHLER: KEINE BEACHTUNG DER EINKUNFTSARTEN

LÖSUNG (FORTFÜHRUNG DES BEISPIELS): Weiterhin ist gem. § 25 Abs. 4 EStG die Erklärung i. S. des § 25 Abs. 3 EStG nach amtlich vorgeschriebenem Datensatz durch Datenfernübertragung zu übermitteln, wenn Einkünfte nach § 2 Abs. 1 Satz 1 Nr. 1 bis 3 EStG erzielt werden und es sich nicht um einen der Veranlagungsfälle gem. § 46 Abs. 2 Nr. 2 bis 8 EStG handelt.

Aufgrund des Betriebs der Bäckerei erzielt Huber Einkünfte aus Gewerbebetrieb und folglich Gewinneinkünfte, so dass die Einkommensteuererklärung gem. § 25 Abs. 4 Satz 1 EStG zwingend **elektronisch** einzureichen war.

Ein Antrag nach § 25 Abs. 4 Satz 2 EStG, aufgrund dessen die Finanzbehörde zur Vermeidung unbilliger Härten auf eine Übermittlung durch Datenfernübertragung verzichten kann, liegt nicht vor. Selbst wenn ein solcher Antrag vorliegen würde und vom Finanzamt genehmigt worden wäre, würde mangels eigenhändiger Unterschrift keine wirksame Steuererklärung vorliegen, § 150 Abs. 3 AO, § 25 Abs. 3 EStG.

Demnach beginnt die Festsetzungsfrist gem. § 170 Abs. 2 Satz 1 Nr. 1 Alt. 2 AO mit Ablauf des dritten Kalenderjahres, welches auf das Kalenderjahr folgt, in dem die Einkommensteuer entstanden ist. Nach § 38 AO i. V. m. § 36 Abs. 1 EStG ist die Einkommensteuer 2024 mit Ablauf des Jahres 2024 entstanden. Folglich beginnt die Festsetzungsfrist mit Ablauf des Jahres 2027.

FEHLER: TATSÄCHLICHER ZUGANG DES VERWALTUNGSAKTS NACH ABLAUF DER VERJÄHRUNG

Gerade zum Jahresende wird es nochmal stressig. Die letzten Bescheide müssen verschickt werden, da Verjährung droht. Aber welcher Zeitpunkt ist für die Einhaltung der Festsetzungsverjährung maßgeblich?

BEISPIEL EINKOMMENSTEUER 2019: Huber hat seine Einkommensteuererklärung 2019 zuverlässig und ordnungsgemäß bereits am 24.2.2020 beim zuständigen Finanzamt eingereicht.

Als Wohnort hatte er die Wohnung seiner Ex-Freundin in Landshut angegeben. Auch nach der Trennung hatten die beiden ein gutes Verhältnis, so dass von keiner Seite das Bedürfnis bestand, sich auch räumlich zu trennen.

Das zuständige Finanzamt erließ daraufhin im April 2020 einen wirksamen Einkommensteuerbescheid 2019 samt ordnungsgemäßer Rechtsbehelfsbelehrung. Die Einkommensteuer wurde darin auf 25.555 € festgesetzt.

Am 11.3.2022 ging beim zuständigen Wohnsitzfinanzamt des Huber eine Feststellungsmitteilung (Datum der Mitteilung sowie des Gewinnfeststellungsbescheids jeweils 8.3.2022) betreffend die XY-GbR ein, an der Huber seit Jahren beteiligt ist. Der Gewinnanteil des Huber wurde darin auf 5.000 € für 2019 festgestellt. Die für Huber zuständige Sachbearbeiterin wusste von der zweijährigen Auswertungsfrist für die Mitteilung und legte die Mitteilung erstmal auf Wiedervorlage.

Erst im Dezember 2024 fiel diese Mitteilung bei Aufräumarbeiten wieder auf. Um keine Fristen zu versäumen, wertete die Sachbearbeiterin diese Mitteilung noch zügig aus.

Der daraufhin versandte Einkommensteuer-Änderungsbescheid 2019 ging am 27.12.2024 mit einfachem Brief zur Post. Als Anschrift war die Wohnung der Ex-Freundin (Die Adresse war noch beim zuständigen Finanzamt hinterlegt) von Huber angegeben und enthielt eine ordnungsgemäße Rechtsbehelfsbelehrung. Als Adressat war Huber mit Vor- und Zunamen bezeichnet.

Als Korrekturvorschrift war im Bescheid § 175 Abs. 1 Satz 1 Nr. 1 AO angegeben. Die Einkommensteuer 2019 erhöhte sich damit auf 27.888 €.

Am 25.12.2024 war Huber aus der Wohnung seiner Ex-Freundin ausgezogen und hat sich am 27.12.2024 bei der zuständigen Meldebehörde umgemeldet. Eine entsprechende Information des zuständigen Finanzamts über den Umzug vergaß er jedoch.

Bereits am 28.12.2024 legte der Postbote den geänderten Einkommensteuerbescheid 2019 für Huber in den Briefkasten der Ex-Freundin. Diese legte ihn zur Seite und fuhr den Brief – noch immer verschlossen und ungeöffnet – persönlich zu Huber, der ihn am 11.1.2025 persönlich entgegen nahm.

Nachdem Huber den Brief mit dem darin befindlichen Einkommensteuerbescheid 2019 vom 27.12.2024 öffnete, legte er sofort Einspruch gegen diesen Bescheid ein, da er sich sicher war, dass eine Änderung aufgrund der mittlerweile eingetretenen Verjährung nicht mehr möglich sei. Der Bescheid müsse auf jeden Fall nichtig sein und daher wieder aufgehoben werden.

LÖSUNG:

► Wirksame Bekanntgabe des Einkommensteuer-Änderungsbescheids 2019:

Inhaltsadressat und Bekanntgabeadressat:

Inhaltsadressat ist Huber als Steuerschuldner nach § 43 AO i. V. m. § 36 Abs. 4 EStG. Er war mit seinem Vor- und Nachnamen eindeutig identifizierbar, §§ 119 Abs. 1, 157 Abs. 1 Satz 2 AO.

Huber war zudem eine voll geschäftsfähige natürliche Person und folglich auch steuerlich voll handlungsfähig nach § 79 Abs. 1 Nr. 1 AO. Huber war auch der richtige Bekanntgabeadressat nach § 122 Abs. 1 Satz 1 AO.

Anzeichen für andere inhaltliche Fehler nach §§ 119, 157 AO sind dem Sachverhalt nicht zu entnehmen.

Inhalts- und Bekanntgabeadressat war folglich jeweils Huber, so dass insoweit keine Gründe für eine Unwirksamkeit des angefochtenen Einkommensteuerbescheids 2019 sprechen.

Übermittlungsempfänger:

Problematisch ist jedoch, dass der geänderte Einkommensteuerbescheid an die Anschrift der Ex-Freundin von Huber übermittelt wurde. Im Zeitpunkt der Bekanntgabe dieses Bescheids hatte Huber in dieser Wohnung aufgrund seines Auszuges keinen Machtbereich mehr. Der Auszug am 25.12.2024 lag auf jeden Fall vor einer möglichen Bekanntgabe:

27.12.2024 + 3 Tage = 30.12.2024, § 122 Abs. 2 Nr. 1 AO (kein Fall des § 108 Abs. 3 AO). Der tatsächlich frühere Zugang am 28.12.2024 wäre zudem unbeachtlich, da es sich um eine Bekanntgabefiktion zugunsten des Stpfl. handelt.

Eine Bekanntgabe an die Anschrift der Ex-Freundin konnte keine wirksame Bekanntgabe gegenüber Huber bewirken.

Durch die tatsächliche Übergabe des Briefes von der Ex-Freundin an Huber am 11.1.2025 wurde dieser Bekanntgabemangel jedoch gem. § 8 VwZG analog geheilt, AEAO zu § 122, Nr. 4.4.4.

Anmerkung:

Obwohl es sich beim 11.1.2025 um einen Samstag handelt, greift hier § 108 Abs. 3 AO nicht, da es sich um keine Frist, sondern um einen Zeitpunkt/Termin handelt.

Der Bescheid wurde daher erst am 11.1.2025 nach § 122 Abs. 1 AO, § 124 Abs. 1 AO wirksam an Huber bekanntgegeben.

Daher ist weiterhin zu prüfen, ob der geänderte Einkommensteuerbescheid 2019 vom 27.12.2024 rechtswidrig ist. Es ist daher formelle und materielle Rechtswidrigkeit zu prüfen.

Formelle Fehler liegen laut Sachverhalt nicht vor.

Materielle Fehler liegen vor, soweit bereits Festsetzungsverjährung im Zeitpunkt der Bekanntgabe eingetreten ist, § 169 Abs. 1 Satz 1 AO, oder keine Korrekturvorschrift einschlägig war.

► Prüfung Festsetzungsverjährung:

Beginn: Grundsätzlich beginnt die Festsetzungsverjährung gem. § 170 Abs. 1 AO mit Ablauf des Kalenderjahres, in dem die Einkommensteuer 2019 entstanden ist, § 38 AO i. V. m. § 36 Abs. 1 EStG; vorliegend somit mit Ablauf 2019.

Nach § 149 Abs. 1 Satz 1 AO i. V. m. § 25 Abs. 3 EStG, § 56 EStDV war Huber aufgrund seiner Gewinneinkünfte jedoch verpflichtet, eine Einkommensteuererklärung 2019 einzureichen.

Diese Verpflichtung führt nach § 170 Abs. 2 Nr. 1 AO zur **Anlaufhemmung**. Die Festsetzungsfrist beginnt daher mit Ablauf des Jahres 2020 (Jahr der Einreichung der Einkommensteuererklärung 2019).

Dauer: Die Festsetzungsfrist dauert gem. § 169 Abs. 2 Satz 1 Nr. 2 AO vier Jahre. Anzeichen der verlängerten Frist nach § 169 Abs. 2 Satz 2 AO liegen offenbar nicht vor.

Ende: Die Festsetzungsverjährung endet daher mit Ablauf des Jahres 2024, §§ 108 Abs. 1 AO, 188 Abs. 2 BGB.

► Wahrung der Festsetzungsfrist:

Die Festsetzungsfrist ist nach § 169 Abs. 1 Satz 3 Nr. 1 AO nur gewahrt, wenn **vor Ablauf** der Festsetzungsfrist der Steuerbescheid der für die Steuerfestsetzung zuständige Finanzbehörde verlassen hat, was hier zweifelsfrei vorliegt (Aufgabe zur Post am 27.12.2024, Einwurf in Briefkasten am 28.12.2024).

Laut AEAO zu § 169, Nr. 1 ist die Festsetzungsfrist nach § 169 Abs. 1 Satz 3 Nr. 1 AO jedoch nur dann gewahrt, wenn der vor Ablauf der Frist zur Post gegebene „**Steuerbescheid**" dem Empfänger nach Fristablauf **tatsächlich** zugeht.[1]

Tatsächlicher Zugang war vorliegend der 11.1.2025. Dass der Bescheid somit erst **nach** Ablauf der Festsetzungsfrist wirksam bekanntgegeben wurde, ist für die Einhaltung der Festsetzungsverjährung unerheblich. Zwar konnte der geänderte Einkommensteuerbescheid 2019 zunächst durch Übermittlung an die Anschrift der Ex-Frau nicht wirksam gegenüber dem Stpfl. bekanntgegeben werden, allerdings kam es durch die tatsächliche Übergabe am 11.1.2025 – wenn auch erst nach Ablauf der Festsetzungsfrist – zur Heilung nach § 8 VwZG analog und folglich zur wirksamen Bekanntgabe an den richtigen Inhalts- und Bekanntgabeadressaten, sowie Empfänger, Huber.

Im Ergebnis wurde daher die Festsetzungsfrist gewahrt, so dass der Einkommensteuer-Änderungsbescheid 2019 rechtzeitig ergangen ist.

Folglich ist der angefochtene Bescheid weder nichtig noch rechtswidrig.

Hinweis:

Wichtig ist im vorliegenden Fall, dass **genau dieser Bescheid vom 27.12.2024** dem richtigen Empfänger tatsächlich zugeht. Hätte das Finanzamt bspw. den Bescheid vom 27.12.2024 aufgehoben und – nach Ablauf der Festsetzungsfrist im Jahr 2025 – **einen neuen, also „anderen"** Bescheid erlassen, wäre dieser aufgrund der eingetretenen Festsetzungsverjährung „nur" rechtswidrig, aber nicht nichtig (siehe AEAO zu § 347, Nr. 1).

§ 169 ABS. 1 SATZ 3 AO: STOLPERFALLEN ZUM JAHRESWECHSEL 2025/2026:

Die Frist ist gewahrt, wenn vor Ablauf der Festsetzungsfrist

1. [bis 31.12.2025:] der Steuerbescheid oder im Fall des § 122a AO die elektronische Benachrichtigung den Bereich der für die Steuerfestsetzung zuständigen Finanzbehörde verlassen hat.
2. [ab 1.1.2026:] der Steuerbescheid

   [ab 1.1.2026:] im Fall des *§ 122 Absatz 2, 2a oder Absatz 5* AO den Bereich der für die Steuerfestsetzung zuständigen Finanzbehörde verlassen hat.

   [ab 1.1.2026:] im Fall des *§ 122a* AO zum Abruf bereitgestellt worden ist.

1 Vgl. BFH, Beschluss v. 25.11.2002 - GrS 2/01, BStBl 2003 II S. 548.

Ab 2026 ist daher noch genauer zu differenzieren. Mal wieder eine weitere Verfahrens-„Vereinfachung".

FEHLER: KEINE PRÜFUNG VON ABLAUFHEMMUNGEN

Am Ende der Festsetzungsfrist können häufig Ablaufhemmungen greifen. Versäumen Sie es also nicht, diese zu prüfen, denn diese können die Frist erheblich verlängern. Reguläres Ende der Festsetzungsfrist ist grds. immer mit Ablauf des 31.12. Hier ist wiederum an § 108 Abs. 3 AO zu denken, da das Ende einer Frist vorliegt.

Hinweis vorab: Ablaufhemmungen i. S. des § 171 AO können das reguläre Ende der Festsetzungsfrist immer nur verlängern, niemals verkürzen (AEAO zu § 171, Nr. 1).

Ablaufhemmungen werden am besten zusammen mit Korrekturvorschrift (z. B. § 175 Abs. 1 Satz 1 Nr. 1 i. V. m. § 171 Abs. 10 AO = eigenständige Ablaufhemmung) geprüft.

Nachfolgend ein paar Beispiele häufiger und wichtiger Ablaufhemmungen:

FEHLER: KEINE PRÜFUNG DES § 181 ABS. 5 AO

Das Feststellungsverfahren für sich allein genommen kann schon sehr knifflig sein. Wenn dann noch eine Ablaufhemmung dazu kommt, wird es noch komplizierter. Kombiniert man dann aber auch noch Folgebescheide à la Einkommensteuerbescheide und die jeweiligen Verjährungsfristen dazu, dann wird's oft ganz schön undurchsichtig, denn:

Feststellungsbescheide i. S. des § 171 Abs. 10 AO sind nach § 182 Abs. 1 AO für Folgebescheide bindend. Wird also bspw. ein Feststellungsbescheid geändert, so muss häufig auch der Einkommensteuerbescheid als Folgebescheid geändert werden, wenn die Feststellungen im Einkommensteuerbescheid noch nicht angepasst sind. Was aber nun, wenn die Feststellungsfrist und/oder die Festsetzungsverjährung bereits abgelaufen ist?

Folgendes Beispiel soll die Problematik verdeutlichen und eine Lösung aufzeigen.

BEISPIEL: Seit 2018 sind Alpha (A) und Omega (O) an der AO-KG zu je 50 % beteiligt. Beide wohnen in Traunstein. Komplementär der KG ist A, die Geschäftsleitung befindet sich ebenso in Traunstein.

Die Feststellungserklärung für 2018 hat A Mitte Mai 2019 beim zuständigen Finanzamt Traunstein eingereicht. Der Feststellungsbescheid für 2018 ging aufgrund umfangreicher Ermittlungsarbeit des Finanzamts erst am 29.4.2021 mit einfachem Brief zur Post und enthielt keine Nebenbestimmungen. Die Bekanntgabe war ordnungsgemäß und mit allen nötigen Hinweisen (u. a. nach § 181 Abs. 5 Satz 2 AO, § 183 Abs. 1 Satz 5 AO) versehen.

A reichte seine Einkommensteuererklärung 2018 im Mai 2019 ein.

O reichte seine Einkommensteuererklärung 2018 dagegen erst im Februar 2021 ein. Grund dafür war eine langwierige Erkrankung.

Beide Einkommensteuerbescheide wurden ordnungsgemäß bekanntgegeben, enthielten eine zutreffende Rechtsbehelfsbelehrung, aber keine Nebenbestimmungen.

Frage:

War am 29.04.2025 bereits Feststellungsverjährung eingetreten? Dürfte zu diesem Stichtag noch ein geänderter Feststellungsbescheid erlassen werden? Wie lang läuft jeweils die Festsetzungsverjährung der Einkommensteuerbescheide für A und O?

LÖSUNG (FESTSTELLUNGSBESCHEID): Laut Sachverhalt ist die Bekanntgabe ordnungsgemäß erfolgt, so dass auf §§ 122, 124, 125, 183a AO nicht weiter einzugehen ist. Dass die Voraussetzungen einer gesonderten (§ 179 Abs. 1 AO) und einheitlichen (§ 179 Abs. 2 Satz 2 AO) Feststellung nach § 180 Abs. 1 Satz 1 Nr. 2a AO vorliegen, darf auch als gegeben angesehen werden.

1. Prüfung der Feststellungsverjährung:

Nach § 181 Abs. 1 Satz 1 AO gelten die Vorschriften über die Durchführung der Besteuerung sinngemäß. Insbesondere die Vorschriften zur Verjährung nach §§ 169 ff. AO sind also in diesem Fall heranzuziehen.

- **Beginn** der Verjährung: Die Erklärung wurde von A im Mai 2019 beim zuständigen Finanzamt eingereicht, so dass die Ablaufhemmung des § 170 Abs. 2 Nr. 1 i. V. m. § 181 Abs. 1 Satz 2 AO (Anlaufhemmung aufgrund Pflicht-Veranlagung) greift und die Frist mit Ablauf des Jahres 2019 beginnt.
- **Dauer**: Da aus dem Sachverhalt keine Anhaltspunkte für eine nach § 169 Abs. 2 Satz 2 AO verlängerte Frist ersichtlich sind, dauert die Festsetzungsverjährung vier Jahre nach § 169 Abs. 2 Satz 1 Nr. 2 AO.
- **Ende:** mit Ablauf des Jahres 2023

Somit wäre die Feststellungsfrist am Stichtag 29.4.2025 bereits abgelaufen. Ablaufhemmungen nach § 171 AO sind aus dem Sachverhalt nicht zu erkennen.

2. Prüfung § 181 Abs. 5 AO

Allerdings ist noch an die **Spezialvorschrift des § 181 Abs. 5 AO** zu denken:

Eine gesonderte Feststellung kann auch ***nach Ablauf*** *der für sie geltenden Feststellungsfrist insoweit erfolgen, als die gesonderte Feststellung für eine Steuerfestsetzung* [Folgesteuer = ESt] *von Bedeutung ist, für die die Festsetzungsfrist im Zeitpunkt der gesonderten Feststellung noch nicht abgelaufen ist; hierbei bleibt § 171 Abs. 10 außer Betracht* [§ 181 Abs. 5 AO greift also auch, wenn die Frist nach § 171 Abs. 10 AO schon abgelaufen sein sollte].

Zum Hintergrund dieser Norm siehe ausführlich *Steinberg* in Zugmaier/Nöcker, AO, § 181 Rz. 45 ff.

Was bedeutet das für diesen Fall? Eine gesonderte und einheitliche Feststellung ist nach § 181 Abs. 5 Satz 1 AO trotz Ablaufs der Feststellungsfrist grundsätzlich auch dann vorzunehmen, wenn bei einem Feststellungsbeteiligten (hier A oder O) die für den Folgebescheid maßgebliche **Festsetzungsfrist** abgelaufen ist.[1]

In diesem Fall muss jedoch im Feststellungsbescheid auf seine eingeschränkte Wirkung, dass die Feststellung nur für noch nicht festsetzungsverjährte Folgebescheide von Bedeutung ist, ausdrücklich hingewiesen werden (Wirkhinweis nach § 181 Abs. 5 Satz 2 AO); andernfalls ist der Feststellungsbescheid wirksam, aber rechtswidrig. Dieser Hinweis ist laut Sachverhalt gegeben.

- **A:** A hat seine Einkommensteuererklärung im Mai 2019 eingereicht.
  - **Beginn:** Aufgrund der Pflicht-Veranlagung nach § 170 Abs. 2 Nr. 1 AO i. V. m. §§ 25 Abs. 3 EStG, 56 EStDV greift hier die Anlaufhemmung. Die Frist beginnt daher mit Ablauf des Jahres 2019.

1 BFH, Urteil v. 27.8.1997 - XI R 72/96, BStBl 1997 II S. 750.

- **Dauer:** vier Jahre, § 169 Abs. 2 Satz 1 Nr. 2 AO (kein Anhaltspunkt für § 169 Abs. 2 Satz 2 AO)
- **Ende**: mit Ablauf 2023

► **O:** O hat seine Einkommensteuererklärung erst im Februar 2021 eingereicht.

- **Beginn:** mit Ablauf 2021
- **Ende**: mit Ablauf 2025

Ergebnis: Für **A** war damit am Stichtag (29.4.2025) bereits die Festsetzungsverjährung eingetreten, so dass § 181 Abs. 5 AO nicht mehr in Betracht kommt.

Für **O** war die Festsetzungsverjährung dagegen noch nicht abgelaufen, so dass insoweit am 29.4.2025 auch keine Feststellungsverjährung eingetreten war. Eine andere Auslegung des § 181 Abs. 5 AO würde dem Zweck widersprechen: Denn wäre nur bei einem Feststellungsbeteiligten (hier A) schon Festsetzungsverjährung eingetreten, wäre die einheitliche Feststellung komplett behindert; weder eine erstmalige Feststellung noch eine Änderung der Feststellung wären dann noch möglich. Gerade bei einer Vielzahl von Beteiligten würde diese Auslegung des § 181 Abs. 5 AO zu falschen und nicht gewollten Ergebnissen führen. § 171 Abs. 10 AO gilt insoweit also nicht, da diese Vorschrift von § 181 Abs. 5 AO überlagert wird.

LÖSUNG (EINKOMMENSTEUERBESCHEIDE): ► Zu prüfen ist nun auf Ebene der Einkommensteuerveranlagungen, ob zum Stichtag die jeweiligen Festsetzungsverjährungen abgelaufen sind.

Prüfung der Festsetzungsverjährung für A:

Da die reguläre Festsetzungsverjährung für die Einkommensteuer 2018 mit Ablauf des 31.12.2023 endet, sind etwaige Ablaufhemmungen zu prüfen.

Augenscheinlich könnte hier ein Fall des § 171 Abs. 10 Satz 1 AO vorliegen.

Demnach läuft die Festsetzungsverjährung für die Einkommensteuer, für die ein Feststellungsbescheid bindend ist, nicht vor Ablauf von zwei Jahren nach Bekanntgabe des Grundlagenbescheids ab.

In diesem Fall liegt aber kein Feststellungsbescheid vor, der für die Einkommensteuer des A nach § 182 Abs. 1 AO bindend ist, da der Feststellungsbescheid erst ergangen ist, nachdem die Festsetzungsverjährung der Einkommensteuer für **A** bereits abgelaufen (29.4.2025 nach 31.12.2023) war. Der Hinweis nach § 181 Abs. 5 Satz 2 AO lag laut Sachverhalt vor. Die Feststellungsverjährung war also bereits eingetreten, so dass ein Feststellungsbescheid auch keine Bindungswirkung mehr entfalten konnte.

Prüfung der Festsetzungsverjährung für O:

Für O endete die reguläre Festsetzungsverjährung dagegen erst mit Ablauf des 31.12.2025. Zu diesem Zeitpunkt war die Feststellungsverjährung des Grundlagenbescheids wegen § 181 Abs. 5 AO noch nicht abgelaufen, so dass dieser Grundlagenbescheid noch Bindungswirkung nach § 182 Abs. 1 AO entfalten kann.

Aber: Hier endet die Prüfung immer noch nicht, denn:

Laut Aufgabenstellung war zu prüfen, wie lange die Festsetzungsverjährung läuft. Bisher haben wir nur geklärt, dass grundsätzlich ein Fall des § 181 Abs. 5 Satz 1 AO vorliegt und der Feststellungsbescheid nur noch Wirkung für den Einkommensteuerbescheid des O besitzt. Da die reguläre Festsetzungsverjährung des **O** aber auch mit Ablauf des 31.12.2025 eingetreten wäre, ist eine – weitere – Ablaufhemmung anzusprechen:

Aufgrund der Bindungswirkung liegt ein Fall des **§ 171 Abs. 10 Satz 1 AO** vor.

Berechnung der Zwei-Jahres-Frist:

Aufgabe des Feststellungsbescheids zur Post war am 29.4.2021. Aufgrund der Drei-Tages-Fiktion gilt dieser Bescheid daher als bekanntgegeben am 2.5.2021 (Prüfung des § 108 Abs. 3 AO sparen wir uns hier, sonst wird's noch verzwickter). Die Zwei-Jahres-Frist endet daher mit Ablauf des 2.5.2023.

Na nu? Das ist **vor** Ablauf der regulären Verjährung!? Genau, daher: Keine Verlängerung der Festsetzungsverjährung, da die Ablaufhemmung die Verjährung immer nur verlängern, nie verkürzen darf.[1]

Es bleibt daher beim Ablauf 31.12.2025.

ABWANDLUNG: Angenommen, der Feststellungbescheid wird erst am 2.5.2024 bekanntgegeben?

Dann würde die Zwei-Jahres-Frist mit Ablauf des 2.5.2026 enden, so dass nun die Ablaufhemmung des § 171 Abs. 10 Satz 1 AO greift und sich insoweit die reguläre Festsetzungsverjährung auf den Ablauf des 2.5.2026 verlängert.

II. Festsetzungsverjährung bei der Außenprüfung

FEHLER: KEIN BEGINN DER PRÜFUNG

Wird vor Ablauf der Festsetzungsfrist mit einer Außenprüfung begonnen oder wird deren Beginn auf Antrag des Stpfl. hinausgeschoben, so läuft die Festsetzungsfrist für die Steuern, auf die sich die Außenprüfung erstreckt oder im Fall der Hinausschiebung der Außenprüfung erstrecken sollte, nicht ab, bevor die aufgrund der Außenprüfung zu erlassenden Steuerbescheide unanfechtbar geworden sind oder nach Bekanntgabe der Mitteilung nach § 202 Abs. 1 Satz 3 AO drei Monate verstrichen sind, § 171 Abs. 4 Satz 1 AO.

1. Grundfall: Beginn Außenprüfung

Vor Ablauf der Festsetzungsfrist muss mit einer Außenprüfung **begonnen** werden. Aber haben Sie sich auch schon mal gefragt, warum das so ist?

a) Warum gibt es § 171 Abs. 4 AO?

Stellen Sie sich vor: Ein Betriebsprüfer prüft über mehrere Jahre einen riesigen Konzern. Viele Besprechungen und Verhandlungen später ergibt sich ein Mehr- oder Minderergebnis in Millionenhöhe. Doch in einem solchen Fall könnte es sein, dass die reguläre Festsetzungsverjährung bereits abgelaufen ist, denn schließlich werden im Regelfall drei Jahre geprüft. Die jahrelange Arbeit soll also vergebens gewesen sein? Das kann

1 AEAO zu § 171, Nr. 1.

nicht sein, daher gibt es § 171 Abs. 4 AO. Da die Steuerbescheide in solchen Fällen i. d. R. auch noch unter Vorbehalt der Nachprüfung ergangen sind, sollen beide Seiten in Ruhe die Ergebnisse der Prüfung besprechen und auswerten können. Denn nach § 164 Abs. 4 Satz 2 AO wird zudem der Entfall des Vorbehalts der Nachprüfung durch § 171 Abs. 4 AO verhindert.

b) Was fällt unter den Begriff der „Außenprüfung"?

Beispiele:

- Betriebsprüfung
- Umsatzsteuersonderprüfung
- Lohnsteuersonderprüfung

Nicht darunter fallen:

- Umsatzsteuernachschau
- Steuerfahndung
- Betriebsnahe Veranlagung (Sachverhaltsaufklärung)

c) Wann genau beginnt die Außenprüfung?

Die Außenprüfung beginnt in dem Zeitpunkt, in dem der Außenprüfer **nach Bekanntgabe** der **Prüfungsanordnung konkrete Ermittlungshandlungen** vornimmt. Bei einer Datenträgerüberlassung beginnt die Außenprüfung spätestens mit der **Auswertung** der Daten. Die Handlungen brauchen für den Betroffenen nicht erkennbar zu sein; es genügt vielmehr, dass der Außenprüfer nach Bekanntgabe der Prüfungsanordnung mit dem Studium der den Steuerfall betreffenden Akten beginnt.[1]

Ein Aktenstudium, das vor dem in der Betriebsprüfungsanordnung genannten Termin des Beginns der Prüfung durchgeführt wird, gehört hingegen noch zu den Prüfungsvorbereitungen.[2]

Wird also vor Ort beim Stpfl. bzw. Berater geprüft, so genügen Ermittlungshandlungen wie Anforderungen von Belegen, Sichtung von Rechnungen usw.

HINWEIS:

Was ist aber nun, wenn der Prüfer zum Jahresende feststellt, dass in diesem Jahr noch vier seiner zu prüfenden Betriebe verjähren? Reicht dann die Bekanntgabe einer Prüfungsanordnung? Ganz klar: Nein. Auch hier müssen die o. g. Voraussetzungen erfüllt sein. Ein reines, kurzes „Hineinschnuppern" reicht für die Ablaufhemmung des § 171 Abs. 4 AO nicht aus.

1 BFH, Urteile v. 7.8.1980 - II R 119/77, BStBl 1981 II S. 409; v. 11.10.1983 - VIII R 11/82, BStBl 1984 II S. 125.

2 BFH, Urteil v. 8.7.2009 - XI R 64/07, BStBl 2010 II S. 4.

2. Ablaufhemmung bei der Außenprüfung

FEHLER: KEINE BEACHTUNG DER NEUEN MAXIMAL-FRIST

Schon wieder eine neue Maximal-Frist? Ja! Warum? Zur Beschleunigung der Außenprüfungen (siehe auch Kapitel O.). Aber der Reihe nach:

Bis 31.12.2024 galt die alte Fassung des § 171 Abs. 4 Satz 3 AO. Danach endete die Festsetzungsfrist spätestens, wenn seit Ablauf des Kalenderjahres, in dem die Schlussbesprechung stattgefunden hat, oder, wenn sie unterblieben ist, seit Ablauf des Kalenderjahres, in dem die letzten Ermittlungen im Rahmen der Außenprüfung stattgefunden haben, die in § 169 Abs. 2 AO genannten Fristen verstrichen sind.

In der Fassung ab 1.1.2025 endet nun die Ablaufhemmung nach Satz 1 spätestens fünf Jahre nach Ablauf des Kalenderjahres, in dem die Prüfungsanordnung bekanntgegeben wurde.

In beiden Fällen ist die Entstehung der Steueransprüche maßgeblich, d. h. die alte Fassung gilt z. B. für die ESt 2024, die neue Fassung ab der ESt 2025. Selbstverständlich muss die Prüfungsanordnung wirksam bekanntgegeben worden sein, §§ 122, 122a, 124 Abs. 1 AO; AEAO zu § 171, Nr. 3.2.7.

Auch die Sätze 4 ff. des Abs. 4 wurden neu gefasst. Wird bspw. auf Antrag des Stpfl. der Beginn der Außenprüfung verschoben oder die Außenprüfung unterbrochen, verlängert sich die Befristung der Ablaufhemmung für die von der Prüfungsanordnung umfassten Steuern um die Dauer des Hinausschiebens oder der Unterbrechung.

Die Neuregelungen des § 171 Abs. 4 AO sind für reguläre Außenprüfungen erstmals ab Kalenderjahr 2026 anwendbar, da die Jahressteuererklärungen für das Jahr 2025 frühestens im Kalenderjahr 2026 eingereicht werden können, so dass auch eine Prüfungsanordnung frühestens im Kalenderjahr 2026 wirksam bekannt gegeben werden kann. Die Neuregelungen gelten für gesonderte Feststellungen von Besteuerungsgrundlagen entsprechend.

BEISPIEL (FIKTIVE JAHRE): Die ESt-Erklärung für 2014 wird vom Gewerbetreibenden Hase am 23.6.2017 beim Finanzamt eingereicht. Die Bekanntgabe des ESt-Bescheids erfolgt am 23.6.2018. Das Finanzamt beginnt die Außenprüfung am 15.12.2021. Die Prüfungsanordnung wurde am 15.11.2021 wirksam bekanntgegeben. Die zeitaufwendige Prüfung endet erst am 20.3.2024 mit der Schlussbesprechung. Eine Änderung der Einkommensteuer erfolgt aber nicht.

Wann würde hier Festsetzungsverjährung eintreten?

LÖSUNG: Durch die Pflichtveranlagung beginnt die Festsetzungsverjährung nach § 170 Abs. 2 Satz 1 Nr. 1 AO mit Ablauf des 31.12.2017 (Einreichung Erklärung in 2017), dauert vier Jahre und endet regulär mit Ablauf des 31.12.2021. Allerdings wird noch vor Ablauf der Verjährung in 2021 mit einer Außenprüfung begonnen, so dass die Ablaufhemmung des § 171 Abs. 4 Satz 1 AO greift. Nach § 171 Abs. 4 Satz 3 AO a. F. würde die Frist mit Ablauf des Kalenderjahres ablaufen, in dem die Schlussbesprechung stattgefunden hat (2024), wenn die in § 169 Abs. 2 genannten Fristen (hier vier Jahre nach § 169 Abs. 2 Satz 1 Nr. 2 AO) verstrichen sind. Damit wäre nach der alten Fassung das Ende der Festsetzungsfrist mit Ablauf des 31.12.2028.

Hier schiebt nun die neue Fassung des Satz 3 einen Riegel vor, setzt eine neue Maximalfrist und lässt die Ablaufhemmung nach Satz 1 spätestens fünf Jahre nach Ablauf des Kalenderjahres enden, in dem die Prüfungsanordnung wirksam bekanntgegeben wurde.

Damit würde nach § 171 Abs. 4 Satz 3 AO n. F. die Ablaufhemmung bereits mit Ablauf des 31.12.2026 (31.12.2021 + fünf Jahre) enden (statt wie bisher erst mit Ablauf des 31.12.28). Es handelt sich daher um eine neue zeitliche Begrenzung zur Beschleunigung der Außenprüfung.

Meines Erachtens eine sinnvolle Neuerung, um die oftmals sehr langwierigen Außenprüfungen – gerade bei Großbetrieben und Konzernen – schneller zum Abschluss zu bringen.

FEHLER: KEINE ÜBERPRÜFUNG DER PRÜFUNGSANORDNUNG

Um die Ablaufhemmung des § 171 Abs. 4 AO in Gang zu setzen, benötigt es eine Prüfungsanordnung. Wichtig ist jedoch, dass diese auch wirksam ist. Leidet die Prüfungsanordnung daher z. B. an einem schwerwiegenden Fehler, der die Prüfungsanordnung nichtig macht, so löst diese Prüfungsanordnung die Ablaufhemmung eben nicht aus.

Gleiches gilt auch, wenn eine rechtmäßige Prüfungsanordnung später wieder zurückgenommen wird.

BEISPIEL: Ende der regulären Verjährung mit Ablauf 2024. Ursprünglich ergeht eine ordnungsgemäße Prüfungsanordnung im November 2024, welche im Januar 2025 jedoch wieder zurückgenommen wird. Folge: Fall ist verjährt, § 171 Abs. 4 AO kann nicht mehr greifen.

Häufig kommt es auch vor, dass eine Prüfungsanordnung erweitert wird, z. B., wenn zusätzlich zur Einkommensteuer auch noch die Umsatzsteuer geprüft werden soll.

Auch in diesem Fall ist es erforderlich, dass für diese Erweiterung noch **vor** Ablauf der Verjährung eine Prüfungsanordnung erlassen wird und dieser erweiterte Prüfungsgegenstand zumindest angeprüft worden ist. Die ursprüngliche Prüfungsanordnung wirkt sich also nicht auf die Erweiterung aus.

FEHLER: KEIN ANTRAG DES STPFL. AUF VERSCHIEBUNG DER AUSSENPRÜFUNG

Auf Antrag der Stpfl. soll der Beginn der Außenprüfung auf einen anderen Zeitpunkt verlegt werden, wenn dafür wichtige Gründe glaubhaft gemacht werden, § 197 Abs. 2 AO. Wichtige Gründe können z. B. eine schwerwiegende Erkrankung des Stpfl. oder seines steuerlichen Beraters sein. Auch für diesen Antrag hat der BFH eine Frist festgesetzt:

Bei einem vom Stpfl. gestellten Antrag auf zeitlich befristetes Hinausschieben des Beginns der Außenprüfung entfällt die Ablaufhemmung nach § 171 Abs. 4 Satz 1 2. Alt. AO rückwirkend, wenn die Finanzbehörde nicht vor Ablauf von zwei Jahren nach Eingang des Antrags mit der Prüfung beginnt.[1]

Stellt der Stpfl. während der Zwei-Jahres-Frist einen weiteren Verschiebungsantrag, beginnt die Zwei-Jahres-Frist erneut.[2]

Die Ablaufhemmung entfällt dagegen nicht, wenn der Antrag keine zeitlichen Vorgaben enthielt, mithin unbefristet bzw. zeitlich unbestimmt war (Antrag auf unbefristetes Hinausschieben), z. B., weil der Stpfl. beantragt hat, wegen einer noch andauernden Vor-Betriebsprüfung zunächst deren Abschluss abzuwarten. In diesen Fällen endet die Festsetzungsfrist mit Ablauf von zwei Jahren, nachdem der Hinderungsgrund beseitigt ist und die Finanzbehörde hiervon Kenntnis hat, sofern nicht zuvor mit der Prüfung begonnen wurde.[3]

1 BFH, Urteil v. 17.3.2010 - IV R 54/07, BStBl 2011 II S. 7.

2 BFH, Urteil v. 19.5.2016 - X R 14/15, BStBl 2017 II S. 97.

3 BFH, Urteil v. 1.2.2012 - I R 18/11, BStBl 2012 II S. 400.

Als Antrag auf Verschiebung gilt auch, wenn der Stpfl. die Prüfungsanordnung angefochten hat und deren Vollziehung ausgesetzt wurde.[1] Dies gilt unabhängig von der Dauer der Aussetzung der Vollziehung.

Achtung: Ein zulässiger Einspruch reicht also hier nicht aus, es muss zusätzlich auch AdV beantragt und gewährt worden sein!

FEHLER: KEINE PRÜFUNG DER UNTERBRECHUNG DER PRÜFUNG

Auch wenn die Voraussetzungen für den Eintritt der Ablaufhemmung nach § 171 Abs. 4 Satz 1 AO zunächst vorgelegen haben, entfällt diese rückwirkend wieder, wenn die Außenprüfung unmittelbar nach ihrem Beginn aus Gründen, die die Finanzverwaltung zu vertreten hat, länger als sechs Monate unterbrochen wird (§ 171 Abs. 4 Satz 2 AO).

Heißt im Umkehrschluss: Betrug die Unterbrechung unmittelbar nach Beginn weniger als sechs Monate oder betrug die Unterbrechung zwar mehr als sechs Monate, aber nicht unmittelbar nach Beginn, so greift die Ablaufhemmung nicht.

Was aber bedeutet „unmittelbar nach Beginn"?

Dies ist – wie so oft – nach den Umständen des Einzelfalls zu beurteilen.

- Unabhängig vom Zeitaufwand ist eine Unterbrechung unmittelbar nach Beginn der Prüfung anzunehmen, wenn der Prüfer über Vorbereitungshandlungen, allgemeine Informationen über die betrieblichen Verhältnisse, das Rechnungswesen und die Buchführung und/oder die Sichtung der Unterlagen des zu prüfenden Steuerfalls bzw. ein allgemeines Aktenstudium nicht hinausgekommen ist.
- Eine Außenprüfung ist nicht mehr unmittelbar nach Beginn unterbrochen, wenn die Prüfungshandlungen von Umfang und Zeitaufwand gemessen an dem gesamten Prüfungsstoff erhebliches Gewicht erreichen oder erste verwertbare Ergebnisse hervorgebracht haben.[2]
- Zudem muss die Unterbrechung auf Gründen basieren, die die Finanzverwaltung zu verantworten hat. Hierunter fallen z. B. Erkrankung des Prüfers, Personalmangel oder wenn der Prüfer für einen anderen, vermeintlich wichtigeren Fall abgezogen wird. Hier müsste gegebenenfalls für Ersatz gesorgt werden.

FEHLER: KEINE ÜBERWACHUNG DER AUSWERTUNGSFRIST

Auch für die Auswertung der Prüfungsergebnisse gelten bestimmte Fristen, die in § 171 Abs. 4 Satz 3 AO geregelt sind (Fassung bis 31.12.2024):

1 BFH, Urteile v. 25.1.1989 - X R 158/87, BStBl 1989 II S. 483, und v. 17.6.1998 - IX R 65/95, BStBl 1999 II S. 4.

2 BFH, Urteil v. 24.4.2003 - VII R 3/02, BStBl 2003 II S. 739.

Abb. 9: Ende der Festsetzungverjährung

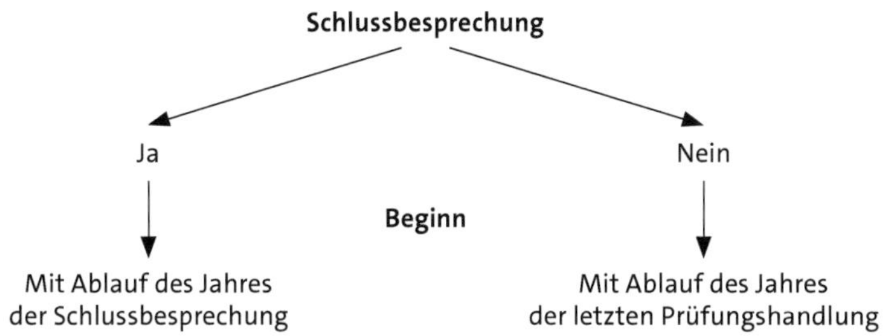

Die Dauer richtet sich dabei nach § 169 Abs. 2 AO. Die bloße Zusammenstellung des Prüfungsergebnisses im Prüfungsbericht stellt keine den Ablauf der Festsetzungsfrist hinausschiebende Ermittlungshandlung dar.[1]

Wichtig ist also auch hier, dass die Auswertungsfrist überwacht wird, denn ist diese abgelaufen, greift die Ablaufhemmung nicht mehr und die Festsetzungsverjährung ist eingetreten.

FEHLER: KEINE KOMBINATION VON § 171 ABS. 4 AO UND § 171 ABS. 10 AO

In diesem Fall werden zwei Ablaufhemmungen kombiniert.

BEISPIEL: Huber betreibt in Amberg eine Metzgerei (dort wohnt er auch) und ist an der XY-KG in Weiden als Komplementär beteiligt.

Die Einkommensteuererklärung 2019 hat Huber im Mai 2020 beim zuständigen Finanzamt abgegeben. Im Juli 2020 wurde der Einkommensteuerbescheid 2019 ordnungsgemäß an ihn bekannt gegeben.

Am 12.6.2020 wurde ein geänderter Feststellungsbescheid 2019 betreffend die XY-KG an die Gesellschafter ordnungsgemäß bekannt gegeben. Die Feststellungsmitteilung für Huber ging am 13.6.2020 beim Finanzamt Amberg ein. Der zuständige Bearbeiter war erst seit Kurzem in der Veranlagungsstelle und wusste erstmal nichts mit dieser Mitteilung anzufangen.

Im August 2021 wurde eine wirksame Prüfungsanordnung an Huber bekanntgegeben. Es sollte die Einkommensteuer 2017 bis 2019 geprüft werden. Die Prüfung begann im September 2021. Diese Prüfung konnte aufgrund mehrerer Umstände erst im Januar 2025 abgeschlossen werden. Die Schlussbesprechung fand Ende Januar 2025 statt.

Es ergaben sich diverse Feststellungen. Der geänderte Einkommensteuerbescheid 2019 ging am 18.2.2025 mit einfachem Brief zur Post, enthielt eine ordnungsgemäße Rechtsbehelfsbelehrung und war auch ansonsten wirksam bekanntgegeben.

Aufgrund eines Bearbeiterwechsels wurde festgestellt, dass die Feststellungsmitteilung immer noch nicht ausgewertet worden war. Im Februar 2025 möchte die neu zuständige Bearbeiterin diesen Missstand schnellstmöglich aus der Welt schaffen.

Frage:

Ist dies im Februar 2025 überhaupt noch möglich?

1 BFH, Urteil v. 8.7.2009 - XI R 64/07, BStBl 2010 II S. 4.

LÖSUNG: Anmerkung vorab: § 108 Abs. 3 AO wurde in Jahren vor 2025 aus Vereinfachungsgründen außer Acht gelassen.

Nach § 175 Abs. 1 Satz 1 Nr. 1 AO ist eine Änderung des Einkommensteuerbescheids als Folgebescheid möglich, wenn dieser Grundlagenbescheid nach § 182 Abs. 1 AO für den Einkommensteuerbescheid bindend ist und die Festsetzungsfrist für den Einkommensteuerbescheid noch nicht abgelaufen ist.

- **Berechnung der Festsetzungsverjährung:**
  - **Beginn:** Aufgrund der Abgabepflicht beginnt die Festsetzungsverjährung im Jahr der Erklärungsabgabe beim Finanzamt, §§ 170 Abs. Nr. 1, 149 Abs. 2 Satz 1 AO, § 25 Abs. 3 EStG, § 56 EStDV, § 108 Abs. 1 AO, § 187 Abs. 1 BGB, also mit Ablauf 2020.
  - **Dauer:** Sie dauert vier Jahre, § 169 Abs. 2 Satz 1 Nr. 2 AO.
  - **Ende:** Sie endet mit Ablauf des 31.12.2024, § 188 Abs. 2 BGB.
- Die reguläre Verjährungsfrist ist also im Februar 2025 bereits abgelaufen.

Aufgrund der Außenprüfung und des Grundlagenbescheids ist jedoch an die Ablaufhemmungen des § 171 AO zu denken.

- **§ 171 Abs. 10 Satz 1 AO:**

Der geänderte Feststellungsbescheid vom 12.6.2020 gilt als bekanntgegeben am 15.6.2020, § 122 Abs. 2 Nr. 1 AO. Die zweijährige Anpassungsfrist ist daher bereits mit Ablauf des 15.6.2022 abgelaufen. Auch diese Ablaufhemmung hilft im Februar 2025 also nicht mehr weiter.

- **§ 171 Abs. 10 Satz 4 AO**

Da eine Außenprüfung stattgefunden hat, ist in diesem Fall noch an diese Vorschrift zu denken. Denn danach gilt:

Die Festsetzungsfrist für einen Folgebescheid läuft nach § 171 Abs. 10 Satz 4 AO nicht ab, solange der Ablauf der Festsetzungsfrist des von der Bindungswirkung **nicht** erfassten Teils der Steuer aufgrund einer Außenprüfung nach § 171 Abs. 4 AO gehemmt ist. Diese Regelung ermöglicht es, die Anpassung des Folgebescheids an einen Grundlagenbescheid (§ 175 Abs. 1 Satz 1 Nr. 1 AO) und die Auswertung der Ergebnisse der Außenprüfung zusammenzufassen.[1]

Der Ablauf nach § 171 Abs. 4 Satz 1 AO ist so lange gehemmt, bis die aufgrund der Außenprüfung zu erlassenden Steuerbescheide unanfechtbar geworden sind. Die Einspruchsfrist endet in diesem Fall mit Ablauf des 24.2.2025 (18.2.2025 + 4 Tage = 22.2.2025 = Samstag, daher Verschiebung auf 24.2.2025, § 108 Abs. 3 AO). Bis dahin kann also der Feststellungsbescheid noch ausgewertet werden.

Durch § 171 Abs. 10 Satz 4 AO kann damit noch der Einkommensteuerbescheid nach § 175 Abs. 1 Satz 1 Nr. 1 AO geändert und der richtige Gewinnanteil des Hubers angesetzt werden.

Aber Moment: Man könnte doch nun auf die Idee kommen, dass der Gewinnanteil des Hubers an der XY-KG im Rahmen der Betriebsprüfung mitgeprüft worden ist?

Dann würde doch § 171 Abs. 10 Satz 4 AO gerade nicht greifen. Hier schiebt jedoch § 194 Abs. 1 Satz 3 AO einen Riegel vor. Denn § 194 Abs. 1 Satz 3 AO erlaubt die Prüfung der Verhältnisse der Gesellschafter ohne gesonderte Prüfungsanordnung nur insoweit, als sie mit der Personengesellschaft **zusammenhängen** und für die Feststellungsbescheide von Bedeutung sind. Dies ist hier gerade nicht der Fall.

1 AEAO zu § 171, Nr. 6.6.

I. Korrekturvorschriften

Ein Bescheid kann grundsätzlich entweder im Einspruchsverfahren oder in Korrekturvorschriften geändert werden.

I. Anwendbarkeit von Korrekturvorschriften

FEHLER: KEINE ANWENDUNG VON KORREKTURVORSCHRIFTEN BEI EINSPRUCHSVERFAHREN

Leider immer noch ein großes Problem in der Praxis. Denn hartnäckig hält sich das Gerücht, dass während eines laufenden Einspruchsverfahrens die Anwendung von Korrekturvorschriften ausgeschlossen ist. Dabei ermöglicht § 132 AO genau dies:

Die Vorschriften über Rücknahme, Widerruf, Aufhebung und Änderung von Verwaltungsakten gelten auch während eines Einspruchsverfahrens und während eines finanzgerichtlichen Verfahrens.

Gerade folgendes **Beispiel** ist dabei höchstproblematisch:

BEISPIEL: Stpfl. legt Einspruch gegen den Einkommensteuerbescheid ein. Das Einspruchsverfahren zieht sich in die Länge, es wurde bereits von der Rechtsbehelfsstelle übernommen. Dort ruht nun das Verfahren aufgrund eines anhängigen BFH-Verfahrens. Der Stpfl. ist noch an einigen Personengesellschaften beteiligt. Die entsprechenden Feststellungsbescheide liegen mittlerweile seit mehr als zwei Jahren vor. So schön, so gut. Alles kein Problem, solange das Einspruchsverfahren noch nicht abgeschlossen ist. Denn dann greift die Ablaufhemmung des § 171 Abs. 3a AO:

Wird ein Steuerbescheid mit einem Einspruch oder einer Klage angefochten, so läuft die Festsetzungsfrist nicht ab, bevor über den Rechtsbehelf ***unanfechtbar*** *entschieden ist.*

Und unanfechtbar bedeutet, dass keine zulässige Klage bzw. Antrag auf schlichte Änderung nach § 172 Abs. 1 Sätze 2 und 3 AO gegen eine etwaige Einspruchsentscheidung eingelegt/gestellt worden ist.

Wenn nun aber die Klagefrist abgelaufen ist und diese Feststellungsbescheide vorher nicht ausgewertet worden sind, dann hat nun entweder der Stpfl. oder das Finanzamt Pech gehabt:

- Das Finanzamt, sofern ein (höherer) Gewinn festgestellt wurde als bisher veranlagt.
- Der Stpfl., sofern ein (niedriger) Gewinn oder Verlust festgestellt wurde, als bisher veranlagt.

Aber warum?

- Weil dann die Ablaufhemmung des § 171 Abs. 10 AO nicht mehr greift (zwei Jahre sind längst abgelaufen).
- Und weil auch sonst keine Korrekturvorschrift mehr greift. Daher sollte diese Problematik immer im Hinterkopf behalten werden.

Abb. 10: Übersicht zur Änderung von Verwaltungsakten

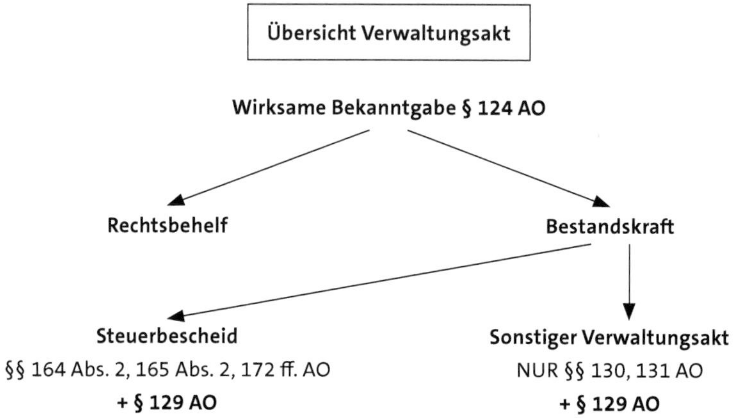

Tab. 7: „Einordnung" von Verwaltungsakten

	Steuerbescheide/Gleichgestellt		Sonstiger Verwaltungsakt
	Steuerbescheid		Fristverlängerung
	Vorauszahlungsbescheid		Stundung
	Steueranmeldung		AdV
	Feststellungsbescheid		Haftungsbescheid/Duldungsbescheid
	Steuermessbescheid		Verspätungszuschlag
	Zinsbescheid		Auskunftsersuchen
	Änderungsbescheide der hier genannten Verwaltungsakte		Zwangsgeldandrohung/Festsetzung
	Freistellungs-/Ablehnungsbescheide § 155 Abs. 1 Satz 3 AO bzw. Vergütungsbescheide nach § 155 Abs. 5 AO (z. B. § 13 des 5. Vermögensbildungsgesetzes = Arbeitnehmer-Sparzulage, § 8 Abs. 1 WoPG, § 31 Satz 3 EStG).		Anrechnungsverfügung

FEHLER: ANWENDUNG DER §§ 130, 131 AO BEI STEUERBESCHEIDEN

Wie aus o. g. Übersicht ersichtlich, greifen die §§ 130, 131 AO nur bei sonstigen Verwaltungsakten, niemals aber für Steuerbescheide oder gleichgestellte Verwaltungsakte. Leider passieren in der Praxis immer wieder Fehler und es werden bspw. Anträge auf schlichte Änderungen bei Zwangsgeldfestsetzungen oder Anträge auf Änderungen einer Stundung nach § 164 Abs. 2 AO gestellt, da diese ja unter dem Vorbehalt der Nachprüfung stünden. Dabei stellt § 172 Abs. 1 Satz 1 Nr. 2 Buchst. d Halbsatz 2 AO klar, dass §§ 130, 131 AO hier nicht gelten.

Eine Übersicht über sonstige Verwaltungsakte beinhaltet der AEAO vor §§ 130, 131 AO, falls man sich z. B. mal nicht mehr sicher sein sollte, ob ein Haftungsbescheid ein dem Steuerbescheid gleichgestellter oder doch ein sonstiger Verwaltungsakt ist. Darüber hinaus unterteilt dieser AEAO auch noch in begünstigende und nicht begünstigende Verwaltungsakte.

FEHLER: KEINE UNTERSCHEIDUNG DER FEHLERARTEN

In der Theorie war immer zu unterscheiden, ob ein materieller oder formeller Fehler vorliegt. Aber auch in der Praxis können hierbei einige zeitraubende Fehler vermieden werden.

Abb. 11: Kurzübersicht formelle und materielle Fehler

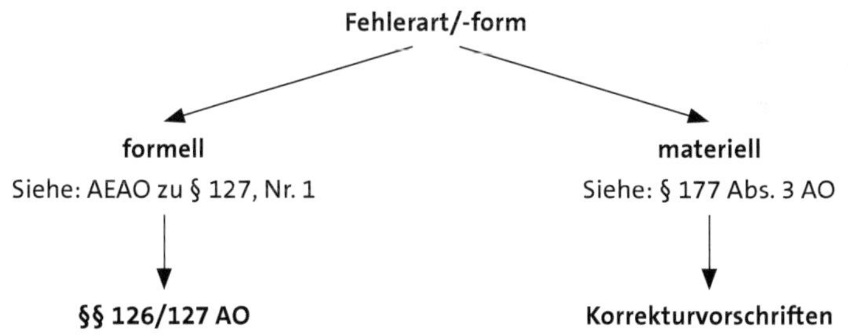

Wie in der Abb. gut zu erkennen, kann man sich in einigen Fällen die Prüfung von Korrekturvorschriften sparen. Denn: Formelle Fehler spielen in der Praxis nahezu keinerlei Rolle! Sie können entweder relativ einfach nach § 126 AO geheilt werden oder sind nach § 127 AO unbeachtlich. Siehe folgende Tabelle.

Tab. 8: Unterschied formelle und materielle Fehler	
Formell	**Materiell**
Verfahren, Form, Zuständigkeit z. B. ► Anhörung unterlassen (§ 91 AO) ► Begründung unterlassen (§ 121 AO) **Achtung:** **§ 126 AO:** Bei solchen Fehlern ist zu prüfen, ob diese bereits geheilt worden sind nach § 126 AO (z. B. Anhörung nachgeholt). Denn dann liegt kein formeller Fehler mehr vor. Verwaltungsakt ist in einem solchen Fall nicht (mehr) rechtswidrig und Einspruch damit unbegründet. Ist der Fehler dagegen noch **nicht** geheilt: Verwaltungsakt rechtswidrig, Rechtsbehelf begründet. **§ 127 AO:** „Falsches" Finanzamt hat Bescheid erlassen. Wenn das „richtige" Finanzamt zu genau dem gleichen Ergebnis gekommen wäre, ist dieser Fehler unbeachtlich nach § 127 AO. **Achtung:** Betrifft nur **örtliche** Zuständigkeit.	§ 177 Abs. 3 AO: Verwaltungsakt inhaltlich falsch z. B. ► Ermessensfehler (§ 5 AO), ► Zwangsgeld/Verspätungszuschlag zu hoch/niedrig ► Betriebsausgaben/Betriebseinnahmen/Sonderausgaben/außergewöhnliche Belastungen etc. zu Unrecht nicht anerkannt. Also Verstoß gegen Einzelsteuergesetze Verwaltungsakt wurde geändert, obwohl bereits Festsetzungsverjährung eingetreten ist und/oder keine Korrekturvorschrift greift. Hier ist also zum einen die Festsetzungsverjährung genau zu prüfen: ► Handelt es sich um eine Antrags- oder Pflicht-Veranlagung? ► Greifen Ablaufhemmungen? ► Liegt eine leichtfertige Steuerverkürzung oder Steuerhinterziehung vor? Zum anderen muss geprüft werden, ob eine Korrekturvorschrift einschlägig war. Insbesondere können sich hier spezielle Ab- und Anlaufhemmungen ergeben, z. B. § 175 Abs. 1 Satz 2 AO.

BEISPIEL: Das Finanzamt „vergisst" die nach § 91 AO erforderliche Anhörung oder die nach § 121 AO abzugebende Begründung. Nun könnte man erbost anrufen und sich beschweren oder gar Einspruch einlegen. Natürlich ist das ärgerlich. Aber: Solche Verfahrensfehler (= formelle Fehler) können bis zum Abschluss der Tatsacheninstanz eines finanzgerichtlichen Verfahrens nachgeholt werden, § 126 Abs. 2 AO. Sobald der Finanzbeamte also die unterlassene Anhörung am Telefon nachholt, ist dieser formelle Fehler geheilt.

Noch einfacher wäre es z. B. bei einer Unbeachtlichkeit nach § 127 AO:

BEISPIEL: Das Finanzamt Schweinfurt erlässt einen Einkommensteuerbescheid für das Jahr 2024, obwohl örtlich zuständig das Finanzamt Dachau wäre. Beide Finanzämter kommen nach Abschluss der Veranlagung zu einer festzusetzenden Einkommensteuer i. H. v. 5.000 €. Formeller Fehler unbeachtlich. Thema erledigt.

Achtung: § 127 AO greift nur in Fällen der örtlichen Zuständigkeit, nicht z. B. bei einer sachlichen Unzuständigkeit. Erlässt z. B. das Einwohnermeldeamt einen Umsatzsteuerbescheid, wäre dieser nichtig und der Fehler keinesfalls unbeachtlich.

Die Unbeachtlichkeit des § 127 AO gilt weiterhin nur bei gesetzesgebundenen Verwaltungsakten, nicht jedoch für Ermessensentscheidungen.[1] Wenn diese mit einem Verfahrens- oder Formfehler behaftet sind, der nicht geheilt werden kann (§ 126 AO), müssen sie aufgehoben und – nach erneuter Ausübung des Ermessens – nochmals erlassen werden, falls der Beteiligte rechtzeitig einen Rechtsbehelf eingelegt hat. Dies gilt nur dann nicht, wenn der mit dem Rechtsbehelf gerügte Fehler die Entscheidung durch die zuständige Finanzbehörde unter keinen Umständen beeinflusst haben kann.[2]

Bevor die einzelnen Korrekturvorschriften geprüft werden, ist zunächst die Wirksamkeit des Verwaltungsakts zu prüfen:

- Ist der Verwaltungsakt nichtig nach § 125 AO, so ist er unwirksam nach § 124 Abs. 3 AO. Dann ist der Verwaltungsakt weder heilbar noch korrigierbar, da er „quasi“ nicht existiert.
- Handelt es sich dagegen lediglich um einen „nur“ rechtswidrigen Verwaltungsakt, so ist dieser heilbar oder korrigierbar.

Gehen wir nun die einzelnen Korrekturvorschriften der Reihe nach durch und starten mit den Nebenbestimmungen i. S. des § 120 AO. Siehe hierzu AEAO zu § 120, Nr. 1.

FEHLER: EINSPRUCH GEGEN DEN VORBEHALT DER NACHPRÜFUNG UND DIE VORLÄUFIGKEIT

Sowohl beim Vorbehalt der Nachprüfung als auch beim Vorläufigkeitsvermerk handelt es sich um unselbständige Nebenbestimmungen im Steuerbescheid nach § 120 Abs. 1 AO. Dies hat zur Folge, dass diese Nebenbestimmungen nicht selbstständig mit einem Einspruch angefochten werden können.

Ein Einspruch dagegen wäre also mangels Statthaftigkeit als unzulässig zu verwerfen.

Wie kann man sich aber dann dagegen „wehren“?

Ganz einfach: Man legt Einspruch gegen die Steuerfestsetzung ein und begründet diesen damit, dass diese Nebenbestimmungen rechtswidrig seien. Dies ist aufgrund der Gesamtfallaufrollung im Einspruchsverfahren nach § 367 Abs. 2 AO problemlos möglich.

Möchte man, dass die Steuerfestsetzung unter dem Vorbehalt der Nachprüfung ergeht und wurde dieser Antrag abgelehnt, so ist gegen die Ablehnung der Einspruch statthaft.

Achtung: Einen Anspruch darauf, dass der Verwaltungsakt nicht unter Vorbehalt der Nachprüfung ergeht oder eben gerade doch (vielleicht, weil man den Fall selbst gern offenhalten möchte), hat der Stpfl. nicht![3]

1 BFH, Urteile v. 20.6.1990 - I R 157/87, BStBl 1992 II S. 43; v. 18.5.1994 - I R 21/93, BStBl 1994 II S. 697, und v. 15.10.1998 - V R 77/97, BFH/NV 1999 S. 585, NWB IAAAA-63709.

2 BFH, Urteil v. 18.7.1985 - VI R 41/81, BStBl 1986 II S. 169.

3 *Seer* in Tipke/Kruse, § 164 AO Rz. 17; FG Köln, Urteil v. 16.7.2020 - 13 K 2376/19, NWB UAAAH-64290, rkr.

II. Vorbehalt der Nachprüfung nach § 164 AO

FEHLER: KEINE UNTERSCHEIDUNG ZWISCHEN BEHÖRDLICHEM UND GESETZLICHEM VORBEHALT

Abb. 12: Vorbehalt der Nachprüfung

Vorbehalt

behördlich	**gesetzlich**
§ 164 Abs. 1 Satz 1 AO	z. B. § 164 Abs. 1 Satz 2 AO
Ermessen, § 5 AO	ESt-Vorauszahlungen

Tatsächlich ist diese Unterscheidung sowohl in der Theorie als auch in der Praxis bedeutend.

Wird eine Steuerfestsetzung mit einem behördlich angeordneten Vorbehalt der Nachprüfung geändert, so ist in dem neuen Steuerbescheid zu vermerken, ob dieser weiterhin unter Vorbehalt der Nachprüfung steht oder ob der Vorbehalt aufgehoben wird. Fehlt ein derartiger Vermerk, bleibt der Nachprüfungsvorbehalt bestehen.[1] Dies bedeutet im Umkehrschluss: Wird eine Steuerfestsetzung mit einem gesetzlich vorgeschriebenen Vorbehalt geändert, wie z. B. bei einer Einkommensteuervorauszahlung, so bleibt der Vorbehalt der Nachprüfung bestehen – auch wenn dieser im geänderten Vorauszahlungsbescheid nicht ausdrücklich aufgenommen wurde.

Vor allem bei Steueranmeldungen kommt es dabei häufig zu Fehlern.

BEISPIEL: STEUERANMELDUNG ▶ Steht eine Steueranmeldung einer Steuerfestsetzung unter Nachprüfungsvorbehalt gleich (z. B. Umsatzsteuererklärung, § 168 AO) und erlässt die Finanzbehörde später **erstmals** einen Umsatzsteuerbescheid ohne eine Aussage zum Nachprüfungsvorbehalt, so entfällt dieser.[2]

Da es sich in diesem Fall um einen behördlichen Vorbehalt der Nachprüfung handelt, muss das Finanzamt explizit den Vermerk aufnehmen. Ansonsten ergeht der Umsatzsteuerbescheid ohne Vorbehaltsvermerk.

Wird eine Steuerfestsetzung mit einem behördlich angeordneten Vorbehalt der Nachprüfung **geändert**, so ist in dem neuen Steuerbescheid zu vermerken, ob dieser weiterhin unter Vorbehalt der Nachprüfung steht oder ob der Vorbehalt aufgehoben wird. Fehlt ein derartiger Vermerk, bleibt der Nachprüfungsvorbehalt bestehen.[3]

FEHLER: VORBEHALT DER NACHPRÜFUNG NACH AUßENPRÜFUNG

Gemäß § 164 Abs. 3 Satz 3 AO ist nach einer Außenprüfung der Vorbehalt aufzuheben, wenn sich Änderungen gegenüber der Steuerfestsetzung unter Vorbehalt der Nachprüfung nicht ergeben. Das bedeutet aber nun im Umkehrschluss, dass der Vorbehalt der Nachprüfung nach einer Außenprüfung nicht aufzuheben ist, wenn sich Änderungen ergeben, oder? Könnte man im ers-

1 BFH, Urteil v. 14.9.1993 - VIII R 9/93, BStBl 1995 II S. 2.

2 BFH, Urteil v. 2.12.1999 - V R 19/99, BStBl 2000 II S. 284.

3 BFH, Urteil v. 14.9.1993 - VIII R 9/93, BStBl 1995 II S. 2

ten Moment denken, jedoch würde dies dem Rechtsgedanken des § 164 Abs. 1 AO widersprechen, wonach Steuern unter Vorbehalt der Nachprüfung festgesetzt werden können, solange der Steuerfall nicht abschließend geprüft ist. Im Fall einer Außenprüfung sollte ein Steuerfall i. d. R. jedoch vollumfänglich geprüft sein. Gleichwohl wäre die Aufhebung des Nachprüfungsvorbehalts auch ohne abschließende Prüfung des Steuerfalles zulässig[1] und bedarf regelmäßig keiner Begründung.[2]

Welche Folgen zieht es sich aber nun nach sich, wenn nach Abschluss der Außenprüfung gar keine Aufhebung des Vorbehalts erfolgt ist, gleichwohl ob sich Änderungen ergeben haben oder nicht? Dann liegt eine rechtswidrige Nebenbestimmung vor, da § 164 Abs. 3 Satz 3 AO eine Ist-Vorschrift ist. Trotz Rechtswidrigkeit gilt diese weiter (Rechtsgedanke des § 124 Abs. 2 AO) mit der Folge, dass der Bescheid weiterhin nach § 164 Abs. 2 AO vollumfänglich geändert werden darf.

Achtung: Die Änderungssperre des § 173 Abs. 2 AO gilt in diesem Fall nicht!

III. Vorläufigkeitsvermerk (§ 165 AO)

Abb. 13: Vorläufigkeit gem. § 165 AO

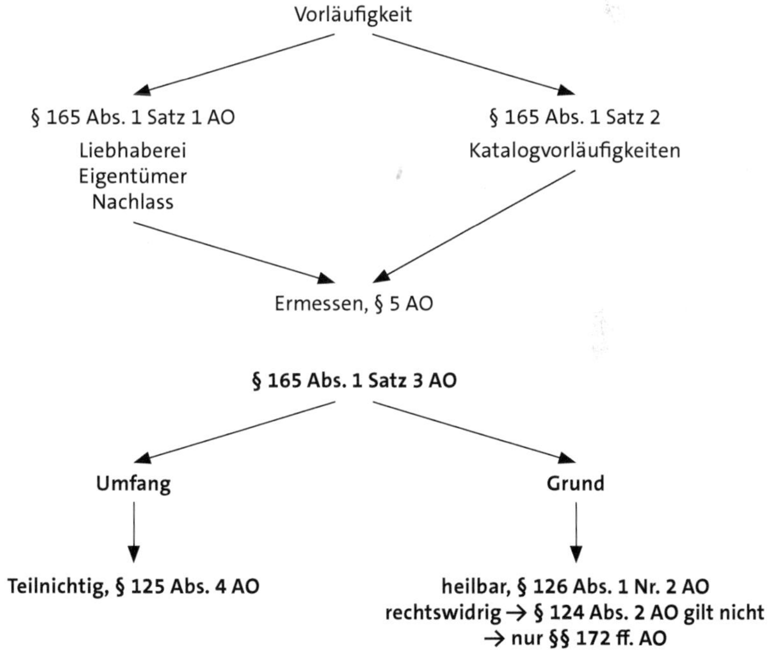

1 BFH, Urteil v. 28.5.1998 - V R 100/96, BStBl 1998 II S. 502.

2 BFH, Urteil v. 10.7.1996 - I R 5/96, BStBl 1997 II S. 5.

FEHLER: UNGENAUER VORLÄUFIGKEITSVERMERK

Die Vorläufigkeit bezieht sich immer nur auf bestimmte, nicht aufklärbare Tatsachen, so dass nach § 165 Abs. 1 Satz 3 AO Grund und Umfang der Vorläufigkeit genau bestimmt sein müssen (im Gegensatz zum Vorbehalt = ohne Begründung). Nur insoweit besteht dann auch eine Änderungsmöglichkeit nach § 165 Abs. 2 AO. Hier muss genau unterschieden werden.

Umfang:

- Ein Vorläufigkeitsvermerk, der **keinerlei Angaben über den Umfang** der Vorläufigkeit enthält und bei dem dieser für den Stpfl. auch weder aufgrund seines dem Erlass des Bescheids vorausgehenden Verhaltens noch aufgrund des Inhalts seiner Steuererklärung oder des Bescheids erkennbar ist, ist unwirksam. Dies gilt sogar dann, wenn Gegenstand des Bescheids nur eine einzige Einkunftsart ist.[1]
- Nun ist aber doch ein unwirksamer Steuerbescheid doch auch nichtig, oder? In diesem Fall liegt ein Fall der sog. Teil-Nichtigkeit vor. Wie oben erwähnt, ist der Vorläufigkeitsvermerk ein unselbstständiger Teil der Steuerfestsetzung, so dass auch nur dieser unselbständige Teil der Nebenbestimmung unwirksam ist. Die „restliche" Steuerfestsetzung bleibt wirksam (§ 125 Abs. 4 AO). Der Vorläufigkeitsvermerk entfaltet daher keinerlei Wirkung, so dass der komplette Steuerbescheid endgültig ist.
- Ist der Vorläufigkeitsvermerk dagegen nur rechtswidrig im Bescheid aufgenommen worden, dann darf insoweit auch nicht nach § 165 Abs. 2 AO geändert werden.[2] Änderungen nach §§ 129, 172 ff. AO bleiben davon unberührt. Laut BFH dürfen aus dem rechtswidrigen Vorläufigkeitsvermerk jedoch keine Folgerungen gezogen werden. Nach Ansicht des BFH gilt hier § 124 Abs. 2 AO nicht, aus dem zu schließen wäre, dass auch eine rechtswidrige Regelung Wirkungen erzeugt. Es soll der Anwendungsbereich der Ausnahmevorschrift nicht über ihren gesetzlichen Rahmen hinaus zu Unrecht erweitert werden können.

Grund:

- Fehlt die Aufnahme des laut § 165 Abs. 1 Satz 3 AO erforderlichen Grundes im Steuerbescheid, so liegt ein Begründungsmangel nach § 121 AO vor. Dieser rein formelle Fehler macht zwar den Bescheid rechtswidrig aber nicht nichtig, so dass dieser Fehler nach § 126 Abs. 1 Nr. 2 AO heilbar ist.

FEHLER: VORLÄUFIGKEITSVERMERK IM ÄNDERUNGSBESCHEID

Sie erinnern sich noch an den Vorbehaltsvermerk im Änderungsbescheid, welcher grundsätzlich bestehen bleibt, sofern keine Aussage dazu getroffen wird? Wenn der Vorbehaltsvermerk bestehen bleibt, so müsste das doch auch für den Vorläufigkeitsvermerk gelten, oder?

Die Abgabenordnung hat hier wieder einige Besonderheiten parat: Wird eine vorläufige Steuerfestsetzung geändert, so ist in dem neuen Steuerbescheid zu vermerken, ob und inwieweit dieser weiterhin vorläufig ist oder für endgültig erklärt wird. Ein ursprünglich angeordneter Vorläufigkeitsvermerk bleibt auch dann wirksam, wenn er in einem nachfolgenden Änderungsbescheid nicht ausdrücklich wiederholt wird.[3] Enthält aber der Änderungsbescheid einen Vorläufigkeitsver-

1 BStBl 2009 II S. 2.

2 BFH, Urteil v. 8.7.1998 - I B 111/97, BStBl 1998 II S. 702.

3 BFH, Urteil v. 9.9.1988 - III R 191/84, BStBl 1989 II S. 9.

merk, wird durch diesen der Umfang der Vorläufigkeit neu bestimmt.[1] Dies gilt auch, wenn ein sowohl auf § 165 Abs. 1 Satz 1 AO als auch auf § 165 Abs. 1 Satz 2 AO gestützter Vorläufigkeitsvermerk im Änderungsbescheid durch einen allein auf § 165 Abs. 1 Satz 2 AO gestützten Vorläufigkeitsvermerk ersetzt wird.[2]

BEISPIEL: Der ursprüngliche Einkommensteuerbescheid ist vorläufig hinsichtlich der Vermietungsobjekte 1 und 2 in München, da die Einkünfteerzielungsabsicht nicht abschließend geklärt werden kann. In der Folge wird der Bescheid geändert.

VARIANTE 1: Ein Vorläufigkeitsvermerk im Änderungsbescheid fehlt komplett.

In diesem Fall bleibt der ursprünglich angeordnete Vorläufigkeitsvermerk bestehen.

VARIANTE 2: Im Änderungsbescheid ist vermerkt, dass die Einkommensteuer weiterhin vorläufig hinsichtlich des Vermietungsobjekts 1 in München ist. Zu Objekt 2 fehlt eine Aussage diesbezüglich.

Durch die Aufnahme des Vorläufigkeitsvermerks wird nun der Umfang der Vorläufigkeit neu bestimmt, so dass der Einkommensteuerbescheid nur noch vorläufig hinsichtlich des Objekts 1 ist. Bezüglich des Vermietungsobjekts 2 ist der Bescheid nun jedoch endgültig und kann insoweit nicht mehr nach § 165 Abs. 2 AO geändert werden.

FEHLER: EINSPRUCH GEGEN KATALOGVORLÄUFIGKEIT

Wird mit dem Einspruch ausschließlich die angebliche Verfassungswidrigkeit einer Rechtsnorm gerügt, fehlt das Rechtsschutzbedürfnis, wenn die Finanzbehörde den angefochtenen Verwaltungsakt spätestens im Einspruchsverfahren hinsichtlich des strittigen Punktes für vorläufig erklärt hat.[3]

BEISPIEL: Stpfl. Haase legt Einspruch gegen seinen Einkommensteuerbescheid 2024 ein und rügt ausschließlich Höhe des Grundfreibetrags nach § 32a Abs. 1 Satz 2 EStG.

Der angefochtene Bescheid enthält folgende Begründung:

Diese Steuerfestsetzung ist gem. § 165 Abs. 1 Satz 2 Nr. 3 AO vorläufig im Hinblick auf die Verfassungsmäßigkeit und verfassungskonforme Auslegung folgender Norm:

Höhe des Grundfreibetrags nach § 32a Abs. 1 Satz 2 EStG[4]

Es fehlt hier am Rechtschutzbedürfnis, denn der Rechtschutz des Stpfl. kann durch den Vorläufigkeitsvermerk viel einfacher erreicht werden als durch ein langwieriges Rechtsbehelfsverfahren.

1 BFH, Urteile v. 19.10.1999 - IX R 23/98, BStBl 2000 II S. 282, und v. 16.6.2020 - VIII R 12/17, BStBl 2020 II S. 702.

2 BFH, Urteil v. 14.7.2015 - VIII R 21/13, BStBl 2016 II S. 371.

3 BFH, Beschlüsse v. 10.11.1993 - X B 83/93, BStBl 1994 II S. 119, und v. 22.3.1996 - III B 173/95, BStBl 1996 II S. 506.

4 BMF, Schreiben v. 10.3.2025, BStBl 2025 I S. 656.

IV. Offenbare Unrichtigkeiten gem. § 129 AO

Tab. 9: Gegenüberstellung von § 129 AO und § 173a AO

	§ 129 AO		§ 173a AO
	Alle Verwaltungsakte		**Nur** Steuerbescheide/gleichgestellte Verwaltungsakte
	Schreib-/Rechenfehler		Schreib-/Rechenfehler
	Ähnliche offenbare Unrichtigkeit		-
	Nicht Rechtsirrtum/Tatsachenwürdigung		Nicht Rechtsirrtum/Tatsachenwürdigung
	Offenbar und erkennbar		Eindeutig, aber **nicht** erkennbar
	Fehler des **Finanzamts** **(Ausnahme:** Übernahmefehler**)**		Fehler des **Stpfl.**
	Erlass des Verwaltungsakts **vor** 1.1.2017; AEAO zu § 129, Nr. 4 Abs. 2		Erlass des Steuerbescheids **nach** dem 31.12.2016; AEAO zu § 173a, Nr. 2
	Ablaufhemmung § 171 Abs. 2 **Satz 1** AO		Ablaufhemmung § 171 Abs. 2 **Satz 2** AO

FEHLER: KEIN FEHLER DES FINANZAMTS

Grundsätzlich muss ein Fehler bei Erlass des Verwaltungsakts vorliegen, d. h., das Finanzamt muss bei Erlass des Verwaltungsakts den Fehler begangen haben. Hiervon gibt es jedoch zwei Ausnahmen: AEAO zu § 129, Nr. 4

► **Übernahmefehler**

Der Fehler passiert dem Stpfl., das Finanzamt übernimmt diesen Fehler des Stpfl. allerdings als eigenen, obwohl dieser Fehler für das Finanzamt erkennbar war.

BEISPIEL: In der Gewinnermittlung ist ein Gewinn i. H. v. 25.000 € ausgewiesen, in der Anlage S hat der Stpfl. aber 52.000 € eingetragen. Diesen Fehler übernimmt der Finanzbeamte und trägt 52.000 € ein. Das Finanzamt macht also den Zahlendreher des Stpfl. zu seinem eigenen Fehler.

Aus der Gewinnermittlung hätte das Finanzamt leicht den richtigen Gewinn erkennen können; der Fehler war also offenbar. Ein Rechtsirrtum kann hier ausgeschlossen werden, so dass es sich um eine offenbare Unrichtigkeit bei Erlass des Verwaltungsakts handelt.

► **Steueranmeldungen**

Gleiches gilt im Falle von Steueranmeldungen, da hier der Fehler auch dem Stpfl. passiert ist und dieser seine Steuer selbst berechnet, § 150 Abs. 1 Satz 3 AO.

► **Besonderheit: Umsatzsteuererklärung**

Übersieht das Finanzamt bei der Einkommensteuerveranlagung, dass der Stpfl. in seiner vorgelegten Gewinnermittlung, die bei der Umsatzsteuererklärung für denselben Veranlagungszeitraum erklärten und erklärungsgemäß berücksichtigten Umsatzsteuerzahlungen in Gänze nicht als Betriebsausgabe erfasst hat, liegt insoweit eine von Amts wegen zu berichtigende offenbare Unrichtigkeit nach § 129 AO vor, auch wenn in diesem Fall noch Ermittlungen zur Höhe des tatsächlich zu berücksichtigenden Betrags erforderlich sind.[1]

Eine offenbare Unrichtigkeit liegt dagegen nicht vor, wenn der Stpfl. nicht sämtliche Umsatzsteuer-Vorauszahlungen bei den Betriebsausgaben außer Acht gelassen, sondern im Rahmen seiner Steuererklärung einen Gesamtbetrag eingesetzt hat, der nicht von vornherein unrealistisch war.[2]

FEHLER: KEINE AUSWERTUNG EINES GRUNDLAGENBESCHEIDS NACH § 129 AO

Nun könnte man meinen: Für solche Fälle gibt es doch die Spezialvorschrift des § 175 Abs. 1 Satz 1 Nr. 1 AO, warum soll ich mir da also auch noch Gedanken um § 129 AO machen? Eine Korrekturnorm reicht doch wohl?

Wegen der Festsetzungsverjährung! Problematisch wird das Ganze nämlich, wenn die reguläre Festsetzungsverjährung abgelaufen ist. Dann sind die Ablaufhemmungen des § 171 Abs. 2 und Abs. 10 AO zu prüfen.

BEISPIEL: Einkommensteuerbescheid 2019: Die reguläre Festsetzungsverjährung trat mit Ablauf des **31.12.2024 ein**. Die Bekanntgabe des Bescheids über die gesonderte Feststellung 2019 war am 21.12.2022. Im geänderten Einkommensteuerbescheid 2019 vom 15.7.2024 (Bekanntgabetag) ist die Feststellungsmitteilung aufgrund Arbeitsüberlastung **versehentlich** noch nicht angesetzt.

LÖSUNG: Grundsätzlich greift **§ 171 Abs. 10 Satz 1 AO**: Soweit für die Festsetzung einer Steuer ein Feststellungsbescheid, ein Steuermessbescheid oder ein anderer Verwaltungsakt bindend ist (Grundlagenbescheid), endet die Festsetzungsfrist nicht vor Ablauf von **zwei Jahren nach Bekanntgabe des Grundlagenbescheids.** Die zweijährige Ablaufhemmung des § 171 Abs. 10 Satz 1 AO endet mit Ablauf des 23.12.2024 und verlängert daher die reguläre Festsetzungsfrist nicht.

Auch **§ 181 Abs. 5 AO** läuft ins Leere.

Zu prüfen ist jedoch noch die spezielle Ablaufhemmung des **§ 171 Abs. 2 Satz 1 AO**, da es sich im geänderten Einkommensteuerbescheid bei der nicht ausgewerteten Feststellungsmitteilung um eine ähnliche offenbare Unrichtigkeit nach § 129 AO handelt (siehe AEAO zu § 129, Nr. 1 sowie AEAO zu § 175, Nr. 1.2 2. Tiret, wenn die Finanzbehörde die Auswertung des Grundlagenbescheids **nicht bewusst** unterlassen hat). Es liegt hier also wieder ein **rein mechanischer** Fehler vor.

Nach **§ 171 Abs. 2 Satz 1 AO** gilt: Ist beim Erlass eines Steuerbescheids eine offenbare Unrichtigkeit unterlaufen, so endet die Festsetzungsfrist insoweit nicht vor Ablauf **eines Jahres nach Bekanntgabe dieses Steuerbescheids**.

Somit endet die Festsetzungsverjährung aufgrund der Ablaufhemmung des § 171 Abs. 2 Satz 1 AO mit Ablauf des 15.7.2025, also zu einem Zeitpunkt, zu dem die Ablaufhemmung des § 171 Abs. 10 Satz 1 AO längst abgelaufen ist.

1 BFH, Urteil v. 27.8.2013 - VIII R 9/11, BStBl 2014 II S. 439.

2 BFH, Urteile v. 3.5.2017 - X R 4/16, BFH/NV 2017 S. 1415, NWB UAAAG-56530 und v. 17.5.2017 - X R 45/16, BFH/NV 2018 S. 10, NWB DAAAG-61377.

V. Antrag auf schlichte Änderung gem. § 172 AO

Abb. 14: Die Änderungsvorschrift des § 172 AO im Überblick

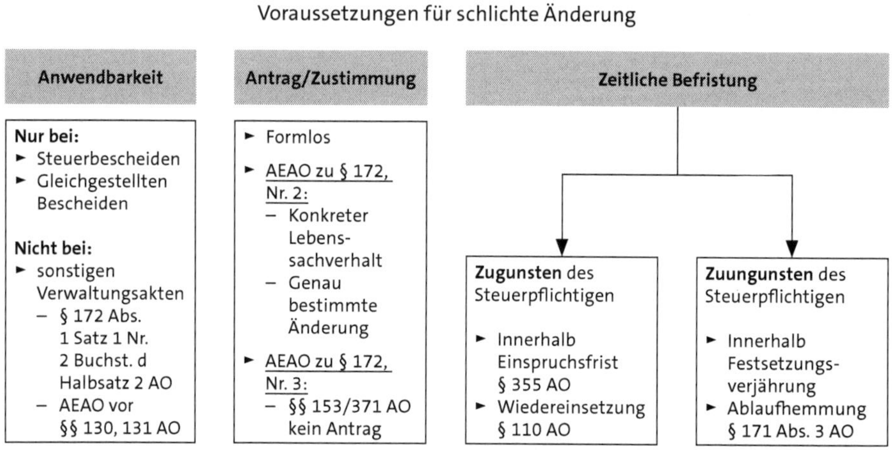

FEHLER: NACHMELDUNG VON EINKÜNFTEN/SELBSTANZEIGE BEDINGT ÄNDERUNG NACH § 172 AO.

Die Anzeige eines Stpfl. nach § 153 AO stellt noch keine Zustimmung zu einer Änderung nach § 172 Abs. 1 Satz 1 Nr. 2 Buchst. a AO dar; Gleiches gilt in analoger Anwendung für die Selbstanzeige nach § 371 AO (AEAO zu § 172, Nr. 3).

Gegebenenfalls kommt aber eine Änderung nach § 173 Abs. 1 Nr. 1 AO in der Steuerfestsetzung zu seinen Ungunsten in Betracht. Im Falle einer Steuerhinterziehung ist auch § 172 Abs. 1 Satz 1 Nr. 2 Buchst. c AO (Arglist) denkbar.

FEHLER: KEINE ANWENDUNG DES § 172 ABS. 1 SATZ 2 UND 3 AO

Nach Ergehen einer Einspruchsentscheidung ist nur noch der kostenpflichtige Klageweg möglich? Weit gefehlt! § 172 Abs. 1 Satz 2 und Satz 3 AO lassen einen Antrag auf schlichte Änderung auch nach Erlass einer Einspruchsentscheidung bzw. im Klageverfahren zu. Damit lassen sich oftmals hohe Kosten vermeiden.

Paradebeispiel dürfte hier die Nachreichung der Steuererklärung nach erfolgter Schätzung sein. Gerade bei solchen Konstellationen hätte im Klageverfahren der Kläger die Kosten zu tragen, da er die Steuererklärung früher hätte einreichen können.

Die Anforderungen an die Konkretisierung des Antrags auf „schlichte" Änderung i. S. des § 172 Abs. 1 Satz 1 Nr. 2 Buchst. a AO sind dabei nicht strenger als die Anforderungen an die Konkretisierung des Gegenstands des Klagebegehrens i. S. des § 65 Abs. 1 FGO.[1]

Hintergrund dieser Vorschrift ist, die Finanzgerichtsbarkeit zu entlasten.[2] An die erforderliche Konkretisierung des Antrags auf „schlichte Änderung" sind keine strengeren Anforderungen zu

1 BFH, Beschluss v. 22.5.2019 - XI R 17/18, BStBl 2019 II S. 647.

2 BT-Drucks 14/1514 S. 47.

stellen als an die Bezeichnung des Gegenstands des Klagebegehrens in Schätzungsfällen; denn dieser Zweck würde verfehlt werden, wenn diese Anträge als zulässige Klagen ausgelegt werden müssten, um den Rechtsschutz zu gewähren. Die vom Finanzamt im Ergebnis für solche Fälle befürwortete Verlagerung der Überprüfung von Schätzungsbescheiden auf das gerichtliche Verfahren wollte der Gesetzgeber mit der Vorschrift gerade verhindern.

Die Vorlage vollständiger Steuererklärungen sei daher in Schätzungsfällen für einen hinreichend konkreten Änderungsantrag nach § 172 Abs. 1 Satz 1 Nr. 2 Buchst. a AO nicht erforderlich.

Wichtig: Natürlich müssen auch hier die restlichen Voraussetzungen des § 172 Abs. 1 Satz 1 Nr. 2a AO erfüllt sein, d. h., die einmonatige Klagefrist muss eingehalten werden und das Finanzamt müsste der Erklärung folgen. Erklärungen und Beweismittel, die nach § 364b Abs. 2 AO in der Einspruchsentscheidung nicht berücksichtigt wurden, dürfen hierbei nicht berücksichtigt werden (§ 172 Abs. 1 Satz 3 Halbsatz 2 AO).

FEHLER: § 172 ABS. 1 SATZ 1 NR. 2 BUCHST. C AO BEI LEICHTFERTIGER STEUERVERKÜRZUNG

§ 172 Abs. 1 Satz 1 Nr. 2c AO lässt die Änderung eines Steuerbescheids zu, soweit er durch unlautere Mittel, wie arglistige Täuschung, Drohung oder Bestechung erwirkt worden ist.

Dabei wird die arglistige Täuschung in der Praxis der häufigste Fall sein. Unter arglistiger Täuschung i. S. des § 172 Abs. 1 Satz 1 Nr. 2 Buchst. c AO ist dabei die bewusste und vorsätzliche Irreführung zu verstehen, wie jedes vorsätzliche Verschweigen oder Vortäuschen von Tatsachen, durch das die Willensbildung der Behörde unzulässig beeinflusst wird. Für Arglist reicht bereits das Bewusstsein aus, wahrheitswidrige Angaben zu machen. Nicht erforderlich ist dagegen die Absicht, damit das Finanzamt zu einer Entscheidung zu veranlassen.[1]

Da eine vorsätzliche Tat Voraussetzung für die Änderung ist, kann diese auch nur bei einer Steuerhinterziehung nach § 370 AO einschlägig sein, niemals jedoch bei einer leichtfertigen Steuerverkürzung nach § 378 AO, da dessen Absatz 1 von „Leichtfertigkeit", also maximal grober Fahrlässigkeit, nicht aber von Vorsatz spricht.

VI. Neue Tatsache nach § 173 AO

Prüfungsschema § 173 AO

1. Gilt nur für **Steuerbescheide** oder gleichgestellte Bescheide, nicht für sonstige Verwaltungsakte

2. **Tatsache** oder **Beweismittel**:

   – Auskunft/Urkunden/Unterlagen/Akten (§ 92 AO), AEAO zu § 173, Nr. 1:
   Nicht für Grundlagenbescheide; hier greift § 175 Abs. 1 Satz 1 Nr. 1 AO

   – Schätzungsgrundlagen, Höhe Betriebseinnahmen, Ausgaben, Spenden usw.

   – Keine Tatsachen: AEAO zu 173, Nr. 1.1.1 und 1.1.2: Schätzung an sich, Rechtsprechung

1 Vgl. BFH, Urteil v. 8.7.2015 - VI R 51/14, BStBl 2017 II S. 13.

3. **Nachträglich** bekannt (nach Abschluss der Willensbildung), aber vorher bereits existent:
   - Freigabe der Daten/Abschluss Willensbildung, AEAO zu § 173, Nr. 2.
   - Einzelheiten siehe AEAO zu § 173, Nr. 2.3 bis 2.3.6
4. **Rechtserheblich:** AEAO zu § 173, Nr. 3
5. Steuerliche Auswirkung:
   - **Höhere** Steuer: Kein Ermittlungsfehler seitens des Finanzamts (AEAO zu § 173, Nr. 4)
   - **Niedrigere** Steuer: Kein grobes Verschulden (AEAO zu § 173, Nr. 5) des Stpfl.

   Aber: Unbeachtlich, wenn Zusammenhang mit Nr. 1 (AEAO zu § 173, Nr. 6)
6. Grundsätzlich: Saldierungs**verbot** Einnahmen (§ 173 Abs. 1 Nr. 1 AO) und Ausgaben (§ 173 Abs. 1 Nr. 2 AO) **getrennt**
   - Ausnahme: Saldierungs**gebot**, wenn Einkunftsart komplett neu!
   - § 15 EStG oder Einkunftsquelle (z. B. Stpfl. meldet weitere Kapitaleinkünfte nach) = **eine** Tatsache, Änderung § 173 Abs. 1 Nr. 1 AO. Keine Trennung Einnahmen und Ausgaben.
7. Keine Änderungssperre nach § 173 Abs. 2 AO: Steuerhinterziehung
8. Rechtsfolge: Punktuelle Änderung („soweit“)

1. Allgemeines zu § 173 AO

- Für den Tatsachenstoff trägt der Stpfl.
  - Wegen seiner Mitwirkungspflicht die Verantwortung
  - Durchbrechung der Bestandskraft, „soweit“

Abb. 15: Die Änderungsvorschrift des § 173 AO im Überblick

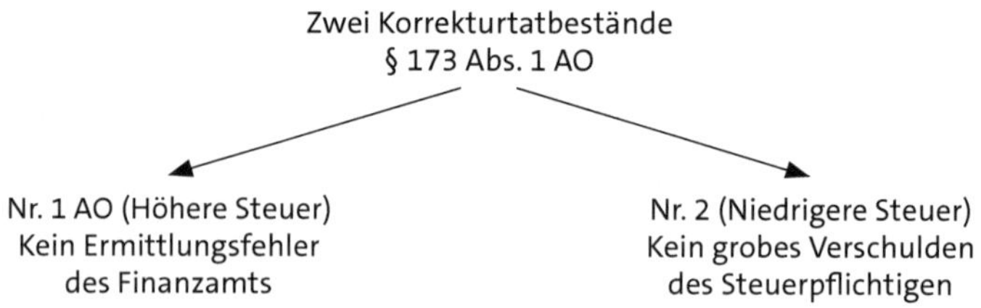

- Gebundene Entscheidung – kein Ermessen

2. Gemeinsame Voraussetzungen von § 173 Abs. 1 Nr. 1 und § 173 Abs. 1 Nr. 2 AO

- Tatsache und Beweismittel (Vgl. AEAO zu § 173, Nr. 1)
- **Tatsache:**
  - Tatsache ist alles, was Bestandteil eines steuerlich erheblichen Lebenssachverhalts sein kann, d. h. alle Besteuerungsgrundlagen.
  - Auch **innere** Tatsachen sind erfasst, vgl. AEAO zu § 173, Nr. 1.1 (Liebhaberei), die aber nur anhand **äußerer** Merkmale (Hilfstatsachen) festgestellt werden können.
  - Auch Beurteilung von vorgreiflichen zivilrechtlichen Rechtsverhältnissen
  - **Nicht**
    - Rechtsansichten
    - Schlussfolgerungen
    - Steuerliche Wahlrechte
    - Entscheidungen BVerfG
    - Steuerliche Wertungen
  - **Beispiele:**
    - Familienstand
    - Verträge
    - Zuflusszeitpunkt
    - Einnahmen/Ausgaben
    - Absicht, Einkünfte/Gewinne zu erzielen (innere Tatsachen)
    - Zivilrechtl. Urteil über eine Eigentumsfrage (vorgreifliches Rechtsverhältnis)
- **Beweismittel**
  - Beweismittel ist jede Erkenntnis, die zur Aufklärung eines steuerlich erheblichen Sachverhalts dient, d. h. geeignet ist, das Vorliegen oder Nichtvorliegen von Tatsachen zu beweisen (vgl. § 92 AO) vgl. AEAO zu § 173, Nr. 1.2.
- **Nachträgliches Bekanntwerden (vgl. AEAO zu § 173, Nr. 2)**
  - Nachträgliches Bekanntwerden beim zuständigen Amtsträger maßgebend.
    Das ist der nach dem Geschäftsverteilungsplan zuständige Beamte, dessen Sachgebietsleiter und der Amtsleiter.
  - **Nicht** Betriebsprüfer, Steuerfahnder

- **Nicht** irgendeine Stelle innerhalb des Amts
- **Bekanntwerden**
  Tatsache muss **bei** Erlass des zu ändernden Bescheids bereits objektiv vorhanden gewesen sein.
  Nach Erlass des Steuerbescheids entstandene Tatsachen führen ggf. zu einer Änderung nach § 175 Abs. 1 Satz 1 Nr. 2 AO, vgl. AEAO zu § 173, Nr. 1.3 und 2.
  Achtung: § 173 und § 175 Abs. 1 Satz 1 Nr. 2 AO schließen sich daher grundsätzlich gegenseitig aus!
- **Maßgebender Zeitpunkt**
  Abschluss der Willensbildung, d. h. der Zeitpunkt der letzten **materiell-rechtlichen** Kontrolle/Freigabe der Daten
- **Umfang**
  Bekannt ist, was sich zum Zeitpunkt der abschließenden Prüfung/Bearbeitung in den Akten befindet. Die tatsächliche Kenntnisnahme des einzelnen Beamten ist nicht maßgeblich.
- Zuständigkeitswechsel ohne Bedeutung
- Kellerakten
  Bei archivierten Akten kommt es darauf an, ob für die Hinzuziehung solcher Akten eine besondere Veranlassung bestand.[1]
- **Beweislast**
  Nr. 1: Finanzamt trägt objektive Beweislast[2] für das nachträgliche Bekanntwerden.
  Nr. 2: Stpfl. trägt objektive Beweislast insbesondere dafür, dass kein grobes Verschulden vorliegt.

► **Rechtserheblichkeit (vgl. AEAO zu § 173, Nr. 3)**

- Rechtserheblichkeit ist gegeben, wenn das Finanzamt bei rechtzeitiger Kenntnis der Tatsache oder des Beweismittels bei der ursprünglichen Veranlagung mit an Sicherheit grenzender Wahrscheinlichkeit zu einer höheren Steuer/niedrigeren Steuer gelangt wäre.
- § 173 AO ist nicht anwendbar, wenn das Finanzamt auch bei Kenntnisnahme **nicht** zu einer **anderen** Steuerfestsetzung gekommen wäre.

---

1 BFH, Urteil v. 11.2.1998 - I R 82/97, BStBl 1998 II S. 552.

2 BFH, Urteil v. 19.5.1998 - I R 140/97, BStBl 1998 II S. 599; BFH, Beschluss v. 22.11.2006 - II B 6/06, BFH/NV 2007 S. 395, NWB CAAAC-35640; *Loose* in Tipke/Kruse, AO/FGO, § 173 AO Rz. 53; *Rüsken* in Klein, AO, § 173 Rz. 76; AEAO § 173, Nr. 2.5.

3. § 173 Abs. 1 Nr. 1 AO – Änderung zu Ungunsten des Stpfl. – höhere Steuer

a) Abgrenzung zu § 173 Abs. 1 Nr. 2 AO

- Vergleich mit bisheriger Steuerfestsetzung, dabei ist auf die **festzusetzende** Steuer abzustellen, Steueranrechnungsbeträge sind unbeachtlich
- Für jede Steuerart getrennt
- Für jede Tatsache/jedes Beweismittel getrennt zu beurteilen, es findet keine Saldierung statt

b) Ermittlungsfehler des Finanzamts (vgl. AEAO zu § 173, Nr. 4)

- Hat Stpfl. seine Mitwirkungspflicht nicht erfüllt, so ist i. d. R. – auch bei Verletzung der Ermittlungspflicht – eine Änderung gem. § 173 Abs. 1 Nr. 1 AO möglich
- **Ausnahme:** Verstoß des Finanzamts überwiegt deutlich
- Stpfl. trägt objektive Beweislast für das Vorliegen eines Ermittlungsfehlers (vgl. AEAO zu § 173, Nr. 4.1.2)

4. § 173 Abs. 1 Nr. 2 AO – Änderung zu Gunsten des Stpfl. – niedrigere Steuer

a) Grobes Verschulden (vgl. AEAO zu § 173, Nr. 5)

- ► Grobes Verschulden liegt vor, wenn den Stpfl. am nachträglichen Bekanntwerden der Tatsache oder des Beweismittels Vorsatz oder grobe Fahrlässigkeit treffen.
- ► Grob fahrlässig handelt, wer die für die Erstellung der Steuererklärung erforderliche Sorgfalt in besonders ungewöhnlichem Maße und nicht entschuldbarer Weise verletzt. Es gilt der subjektive Sorgfaltsbegriff. Vorsatz ist das bewusste und gewollte Handeln.
- ► Beispiel siehe AEAO zu § 173, Nr. 5
- ► Die objektive Beweislast dafür, dass kein grobes Verschulden vorliegt, trägt der Stpfl.
- ► Zurechnung von grobem Verschulden
  - Zusammenveranlagung, AEAO zu § 173, Nr. 5.2
  - Bevollmächtigte, AEAO zu § 173, Nr. 5.3

  - Steuerlicher Berater und dessen Organisationsverschulden, AEAO zu § 173, Nr. 5.4
  - Gesetzlicher Vertreter: Zurechnung wie eigenes Verschulden
  - § 152 Abs. 1 Satz 2 und Abs. 3 AO analog

b) Unbeachtlichkeit des groben Verschuldens des Stpfl. (vgl. AEAO zu § 173, Nr. 6)

- Auf ein Verschulden des Stpfl. kommt es nicht an, wenn die steuersenkenden Tatsachen in mittelbarem oder unmittelbarem sachlichem Zusammenhang mit steuererhöhenden Maßnahmen stehen.
- Der sachliche Zusammenhang liegt vor, wenn der steuererhöhende Vorgang nicht ohne den anderen Vorgang denkbar ist, d. h., wenn die Tatsachen zueinander kausal sind.
- **Beachte:** Ist der Änderungsbescheid nach § 173 Abs. 1 Nr. 1 AO bereits formell bestandskräftig, so kann trotz sachlichen Zusammenhangs keine Änderung mehr zugunsten des Stpfl. nach § 173 Abs. 1 Nr. 2 Satz 2 AO durchgeführt werden. In diesem Fall findet eine uneingeschränkte Berücksichtigung der steuermindernden Tatsachen statt. Daher kann dieser Umstand insgesamt zu einer niedrigeren Steuerfestsetzung führen trotz vorliegenden groben Verschuldens.

5. Änderungssperre gem. § 173 Abs. 2 AO (vgl. AEAO zu § 173, Nr. 8)

- Änderung zu Gunsten sowie zu Ungunsten des Stpfl. nach Außenprüfung (§§ 193 ff. AO) nicht mehr möglich, **sog. erhöhte Bestandskraft**
- Umfang der Außenprüfung beachten
  Prüfungsanordnung maßgebend, nicht tatsächliche Durchführung
- **Aber:** Änderung zu Ungunsten zulässig bei
  Steuerhinterziehung oder leichtfertiger Steuerverkürzung
- Änderungssperre greift in allen Fällen, auch wenn die Prüfungen ergebnislose Prüfungen sind, § 202 Abs. 1 und 3 AO
- Änderung nach anderen Vorschriften zulässig.
  Auch nach § 164 Abs. 2 AO, trotz Verstoß gegen § 164 Abs. 3 AO

6. Besonderheiten und Probleme

a) Verschweigen einer Einkunftsart, (AEAO zu § 173, Nr. 6.2)

Nachträglich bekannt gewordene Tatsachen sind nicht erklärte Einkünfte einer ganzen Einkunftsart

- Grundsätzlich bilden Einnahmen und Ausgaben jeweils gesonderte Tatsachen; gilt auch für USt und Vorsteuer
- **Aber**: Bei Verschweigen einer **ganzen** Einkunftsart gilt:
  - Höhe dieser Einkünfte ist maßgebende Tatsache
  - Keine Aufspaltung in steuererhöhende Einnahmen und steuermindernde Tatsachen

b) Änderung von Schätzungen, vgl. AEAO zu § 173, Nr. 7

c) § 173 AO in Feststellungsfällen, vgl. AEAO zu § 173, Nr. 10, insbesondere dortige Beispiele

FEHLER: KEINE INHALTLICHE ÜBERPRÜFUNG DES STEUERBESCHEIDS NACH § 129 BZW. § 175 ABS. 1 SATZ 1 NR. 1 AO

Wie die Überschrift der Vorschrift schon sagt, ist eine Voraussetzung, dass es sich um eine neue Tatsache handelt. Neu bzw. nachträglich bedeutet in diesem Zusammenhang: Die Willensbildung über die Steuerfestsetzung ist abgeschlossen worden (Abzeichnung der Verfügung/Freigabe der Daten), AEAO zu § 173, Nr. 2.1.

Wird ein Steuerbescheid geändert und sind dabei bestimmte Tatsachen nicht berücksichtigt worden, sind diese Tatsachen bei einer beabsichtigten, späteren Änderung nach § 173 AO nicht (mehr) neu, wenn nach § 88 AO Anlass bestand, sie bereits bei Erlass des Änderungsbescheids zu berücksichtigen.

Ist das Finanzamt hingegen im Rahmen der Änderung eines Steuerbescheids zur (umfassenden) Berücksichtigung aller bis dahin bekanntgewordenen Tatsachen nicht verpflichtet, bleibt eine Änderung nach § 173 AO möglich. Davon ist insbesondere bei der Änderung eines Steuerbescheids nach § 175 Abs. 1 Satz 1 Nr. 1 AO und in Fällen des § 165 Abs. 1 Satz 2 Nr. 3 AO auszugehen.[1]

Gleiches gilt meiner Meinung nach auch für § 129 AO, da hier ein rein mechanisches Versehen vorliegen muss. Rechtliche Würdigungen bzw. Überlegungen schließen dagegen den § 129 AO und in der Folge auch neue Tatsachen nach § 173 AO aus.

Hintergrund ist, dass in diesen Fällen der Bescheid „ohne weitere inhaltliche Prüfung" geändert wird. Besser vorstellen kann man sich das, in dem man davon ausgeht, dass der zuständige Bearbeiter z. B. stumpf und ohne sich weitere Gedanken zu machen, den Grundlagenbescheid auswertet oder die offenbare Unrichtigkeit rein mechanisch/stupide berichtigt.

Wird jedoch der Bescheid geändert und dabei eine inhaltliche, also materielle Überprüfung vorgenommen, wie bspw. bei einer Änderung nach § 164 Abs. 2 AO, so ist für die Nachträglichkeit dann auf den Zeitpunkt der abschließenden Zeichnung/Abschluss der Willensbildung des Änderungsbescheids abzustellen.

BEISPIEL: Ursprünglicher Einkommensteuerbescheid 2024 vom 3.3.2025 wird am 28.4.2025 geändert nach § 175 Abs. 1 Satz 1 Nr. 1 AO (Auswertung einer Feststellungsmitteilung), dann wird insoweit keine inhaltliche/materiell-rechtliche Überprüfung des kompletten Bescheids vorgenommen, sondern lediglich die Feststellungen im Grundlagenbescheid ohne weitere Ermittlungen (aufgrund der Bindungswirkung des § 182 Abs. 1 AO) vorgenommen.

1 BFH, Beschluss v. 18.12.2014 - VI R 21/13, BStBl 2017 II S. 4.

Maßgeblicher Zeitpunkt für das nachträgliche Bekanntwerden bleibt dann der Bescheid vom **3.3.2025.**

Wird der ursprüngliche Bescheid dagegen nach § 164 Abs. 2 AO geändert, so wird hier auch eine inhaltliche Überprüfung vorgenommen, so dass Zeitpunkt für das nachträgliche Bekanntwerden nun der geänderte Bescheid vom 28.4.2025 wird.

FEHLER: KEINE UNTERSCHEIDUNG ZWISCHEN SALDIERUNGSVERBOT UND -GEBOT

Grundsätzlich gilt ein Saldierungsverbot von steuererhöhenden Tatsachen nach § 173 Abs. 1 Nr. 1 AO und steuermindernden Tatsachen nach § 173 Abs. 1 Nr. 2 AO.

Natürlich gibt es hiervon auch wieder Ausnahmen – wie fast immer im Steuerrecht: Es greift das sog. Saldierungsgebot, wenn eine Einkunftsart komplett neu bekannt wird.

BEISPIEL 1: Stpfl. meldet aus bereits bekannter Einkunftsquelle, z. B. bei Vermietungsobjekt in Landshut, weitere Einnahmen und Ausgaben nach. In diesem Fall greift das Saldierungsverbot, so dass zwei Änderungen nach Nr. 1 **und** Nr. 2 zu erfolgen haben.

Meldet der Stpfl. dagegen ein bisher dem Finanzamt noch nicht bekanntes Vermietungsobjekt in München nach, so liegt hier nur eine einzige neue Tatsache vor, so dass eine Änderung nach Nr. 1 **oder** nach Nr. 2 zu erfolgen hat, also ein Saldierungsgebot.

BEISPIEL 2: Das Finanzamt stellt bei der Sachverhaltsaufklärung fest, dass die geltend gemachten Betriebsausgaben i. H. v. 50.000 € ein im Jahr 2024 neu angeschafftes Wirtschaftsgut mit einer Nutzungsdauer von fünf Jahren betreffen. Dies war aus der bisher eingereichten Erklärung nicht ersichtlich. Im unanfechtbaren Einkommensteuerbescheid wurden die 50.000 € bislang in voller Höhe abgezogen.

Richtig wäre jedoch eine Verteilung auf die Nutzungsdauer. Daher erfolgt nun ein nachträglicher Bilanzansatz zum 31.12.2024 i. H. v. 40.000 €:

Anschaffungskosten: 50.000 € abzüglich AfA 10.000 €.

Welche Korrekturnorm greift nun?

Durch die Reduzierung der Betriebsausgaben um 40.000 € bzw. Erhöhung des Betriebsvermögens erhöht sich auch der Gewinn entsprechend um 40.000 €, so dass eine einzige Änderung nach § 173 Abs. 1 Nr. 1 AO vorliegt. Eine Aufspaltung bzw. Änderung bzgl. der AfA nach § 173 Abs. 1 Nr. 2 AO darf nicht erfolgen.

Warum aber ist es überhaupt so wichtig, hier zu unterscheiden? Zum einen wegen der Unbeachtlichkeit des groben Verschuldens nach § 173 Abs. 1 Nr. 2 Satz 2 AO.

BEISPIEL 3: Liegen zwei Änderungen nach § 173 Abs. 1 Nr. 1 AO (+5.000 €) und nach § 173 Abs. 1 Nr. 2 AO (-7.000 €) vor, so ist hier ein etwaig grobes Verschulden nach § 173 Abs. 1 Nr. 2 Satz 2 AO unbeachtlich, so dass sich (insgesamt) eine Steuerminderung von 2.000 € ergibt. Aber. Moment! Die steuermindernden Tatsachen dürfen doch nicht in voller Höhe, sondern nur bis maximal 5.000 € berücksichtigt werden, oder? Das kann doch nicht richtig sein? Doch, kann es.[1] Hintergrund ist der Grundsatz, dass Steuern in materiell-rechtlich richtiger Höhe festzusetzen sind.

1 BFH, Urteil v. 2.8.1983 - VIII R 190/80, BStBl 1984 II S. 4.

Würde aber das Saldierungsgebot greifen, so wäre nur eine einzige Änderung nach § 173 Abs. 1 Nr. 2 AO vorliegend, so dass hier kein Fall des § 173 Abs. 1 Nr. 2 Satz 2 AO vorliegen kann, da es ja auch keinen Fall der Nr. 1 gibt. In diesem Fall wird regelmäßig eine Änderung aufgrund groben Verschuldens ausgeschlossen sein.

Zum anderen aufgrund der Berücksichtigung materieller Fehler nach § 177 Abs. 3 AO, da für die Mitberichtigung der Änderungsrahmen von § 177 Abs. 1 und Abs. 2 AO von entscheidender Bedeutung ist. Siehe hierzu nachfolgendes Beispiel.

FEHLER: KEINE BERÜCKSICHTIGUNG DES SALDIERUNGSGEBOTS IM RAHMEN DES § 177 AO

Da es sich hierbei um ein sehr komplexes Themengebiet handelt, erfolgt die Erklärung der Problematik anhand eines Beispiels.

BEISPIEL: Mitberichtigung bei Änderung zulasten und zugunsten des Stpfl. nach § 177 Abs. 1 und Abs. 2 AO

Kann ein Steuerbescheid sowohl zulasten als auch zugunsten des Stpfl. geändert werden, so dürfen die sich aus der Anwendung der Änderungsvorschriften ergebenden Grenzen nicht über- bzw. unterschritten werden.

Festgesetzte Steuer	30.500 €
§ 173 Abs. 1 Nr. 1 AO	5.000 €
§ 173 Abs. 1 Nr. 2 AO	./. 3.000 €
materieller Fehler	+ 1.000 €
Steuer eigentlich	**33.500 €**
Aber:	
Obergrenze	35.500 €
Untergrenze	27.500 €

Die 33.500 € liegen im Rahmen, so dass die neue Steuer auf 33.500 € festgesetzt wird.

Hier wird auch die große Bedeutung sichtbar, dass § 173 Abs. 1 Nr. 1 AO **und** § 173 Abs. 1 Nr. 2 AO grundsätzlich **zwei selbständige** Korrekturvorschriften sind.

Würde man bei den steuererhöhenden neuen Tatsachen i. S. des § 173 Abs. 1 Nr. 1 AO und bei den steuermindernden Tatsachen i. S. des § 173 Abs. 1 Nr. 2 AO eine **Saldierung** und nur eine Änderung i. H. v. 2.000 € (5.000 € /. 3.000 €) nach § 173 Abs. 1 Nr. 1 AO vornehmen, würde die neue Steuer fälschlicherweise auf **32.500 €** (statt **33.500 €**) lauten (§ 177 Abs. 1 AO).

VII. Grundlagenbescheide (§ 175 Abs. 1 Satz 1 Nr. 1 AO)

FEHLER: KEINE PRÜFUNG DES § 171 ABS. 10 AO NACH ABLAUF REGULÄRER FESTSETZUNGSVERJÄHRUNG

Oftmals kommt es vor, dass Feststellungsmitteilungen im Finanzamt gesammelt und geballt ausgewertet werden (vor allem, wenn ein Stpfl. z. B. an Hunderten von Grundstücksgemeinschaften beteiligt ist). Dann kann es durchaus vorkommen, dass die reguläre Festsetzungsverjährung bereits abgelaufen ist, aber noch eine Vielzahl von nicht ausgewerteten Feststellungsmitteilungen vorliegt (Sie ahnen es vielleicht: Ich durfte diesen Fall erleben, als ich frisch nach dem Studium einen „aufgeräumten" Bezirk übernehmen durfte).

Leider hält sich noch hartnäckig der Irrglaube, dass in einem solchen Fall eine Auswertung dieser Mitteilungen nicht mehr möglich sei, was leider (oder zum Glück) falsch ist!

Siehe hierzu § 171 Abs. 10 Satz 1 AO:

„Soweit für die Festsetzung einer Steuer ein Feststellungsbescheid, ein Steuermessbescheid oder ein anderer Verwaltungsakt bindend ist (Grundlagenbescheid), endet die Festsetzungsfrist nicht vor Ablauf von zwei Jahren nach Bekanntgabe des Grundlagenbescheids."

Keine Voraussetzung ist also, dass die reguläre Festsetzungsverjährung im Zeitpunkt der Auswertung der Mitteilung noch läuft.

Ich vermute, dass dies u. a. an der Formulierung des § 171 Abs. 4 AO liegt:

„Wird vor Ablauf der Festsetzungsfrist mit einer Außenprüfung begonnen ..."

Beim § 171 Abs. 4 AO darf also die Festsetzungsfrist noch nicht abgelaufen sein, bevor mit einer Außenprüfung begonnen wird.

Diese Formulierung findet sich im § 171 Abs. 10 Satz 1 AO aber nicht, da der Sinn dieser Ablaufhemmung gerade ist, dass Feststellungsmitteilungen auch noch nach Ablauf der regulären Verjährung ausgewertet werden dürfen, da ein Stpfl. oftmals an vielen Gesellschaften beteiligt ist.

BEISPIEL: Ablauf reguläre Verjährung der Einkommensteuer 2019 mit Ablauf 2024.

Am 3.1.2025 wird ein Feststellungsbescheid bekanntgegeben, also zu einem Zeitpunkt, zu dem die reguläre Festsetzungsfrist bereits abgelaufen ist. In diesem Fall greift die Ablaufhemmung des § 171 Abs. 10 Satz 1 AO bis zum Ablauf des 3.1.2027. Ohne diese Ablaufhemmung würde es in der Praxis viele aufgebrachte Stpfl. geben, wenn in den entsprechenden Mitteilungen Verluste festgestellt worden sind.

Achtung: Würde dagegen am 3.1.2025 eine Außenprüfung beginnen, hätte dies keinen Einfluss mehr auf die Verjährung, denn die Prüfung hat erst nach Ablauf der regulären Verjährung begonnen. Die Ablaufhemmung des § 171 Abs. 4 AO greift also gerade nicht mehr.

FEHLER: KEINE PRÜFUNG DES § 129 AO

Grundlagenbescheide kann man nur nach § 175 auswerten? Nein: Ein mechanisches Versehen wird ferner angenommen, wenn der Sachbearbeiter es versehentlich unterlassen hat, die für die Veranlagung eines Jahres vorliegenden Unterlagen auszuwerten, die ihm vom Stpfl. unterjährig übersandt wurden.[1] Gleiches gilt für das Übersehen einer für den Veranlagungszeitraum einschlägigen Kontrollmitteilung, eines relevanten Grundlagenbescheids (vgl. dazu auch AEAO zu § 175, Nr. 1.2) oder von Punkten eines Betriebsprüfungsberichts bzw. dessen widersprüchliche oder gar unterlassene Auswertung.[2]

Beachten Sie hier das Wort „versehentlich": Hat der Bearbeiter dies absichtlich unterlassen, liegt insoweit kein rein mechanisches Versehen mehr vor, so dass § 129 AO ausgeschlossen ist.

FEHLER: KEINE ERNEUTE ÄNDERUNG NACH FALSCHER AUSWERTUNG EINER FESTSTELLUNGSMITTEILUNG

In der Hektik des Alltages oder aufgrund der Vielzahl von Beteiligungen und Feststellungsmitteilungen kann es durchaus häufiger vorkommen, dass die festgestellten Werte im Einkommensteuerbescheid fehlerhaft angesetzt worden sind.

1 BFH, Urteil v. 27.5.2009 - X R 47/08, BStBl 2009 II S. 946.

2 BFH, Urteil v. 27.11.2003 - V R 52/02, BFH/NV 2004 S. 605.

Was also tun, wenn die Feststellungsmitteilung zwar ausgewertet wurde, die Beträge aber nicht stimmen, so dass z. B. statt einem festgestellten Gewinn i. H. v. 5.000 € plötzlich 50.000 € angesetzt wurden?

Die Anpassung des Folgebescheids an einen Grundlagenbescheid steht nicht im Ermessen der Finanzbehörde.[1] Der vom Grundlagenbescheid ausgehenden Bindungswirkung (§ 182 Abs. 1 AO) ist durch Änderung des Folgebescheids nach § 175 Abs. 1 Satz 1 Nr. 1 AO Rechnung zu tragen, wenn der Folgebescheid die mit dem Grundlagenbescheid getroffene Feststellung nicht oder nicht zutreffend berücksichtigt. Eine Anpassung des Folgebescheids an den Grundlagenbescheid nach § 175 Abs. 1 Satz 1 Nr. 1 AO ist auch dann vorzunehmen, wenn der Grundlagenbescheid bei Erlass des Folgebescheids bereits vorlag, die im Grundlagenbescheid getroffenen Feststellungen aber fehlerhaft berücksichtigt worden sind.[2]

Vereinfacht ausgedrückt: Die Anpassung des Folgebescheids an den Grundlagenbescheid hat (kein Ermessen) so lange zu erfolgen, bis die Werte richtig angesetzt worden sind. Hierbei ist aber selbstverständlich die Verjährung zu beachten.

Daher mein Lösungsvorschlag: Einspruch gegen den fehlerhaften Einkommensteuerbescheid einlegen und ggf. Aussetzung der Vollziehung beantragen. Durch den Einspruch greift dann die Ablaufhemmung des § 171 Abs. 3a AO.

VIII. Rückwirkendes Ereignis (§ 175 Abs. 1 Satz 1 Nr. 2 AO)

FEHLER: KEINE WEITEREN KORREKTURVORSCHRIFTEN EINSCHLÄGIG

AEAO zu § 175, Nr. 2.4 enthält Beispiele für rückwirkende Ereignisse, z. B. kann bei Ehegatten/Lebenspartnern nach „§§ 26 bis 26b EStG beim Wechsel der Veranlagungsart ein rückwirkendes Ereignis vorliegen (siehe nachfolgendes Beispiel).

BEISPIEL: Sepp und Susi Süß sind verheiratet und lebten bis 18.5.2025 gemeinsam in ihrer Wohnung in Straubing. Für 2024 gaben sie Anfang April 2025 ihre gemeinsame Einkommensteuererklärung online über Elster ab und beantragten beide die Zusammenveranlagung.

Am 28.4.2025 gab das zuständige Finanzamt Straubing den Einkommensteuerbescheid 2024 ohne Nebenbestimmungen mit einfachem Brief an die gemeinsame Anschrift zur Post.

Am 22.5.2025 ging im Finanzamt Straubing ein Schriftsatz der Ehefrau mit folgendem Text ein:

„Sehr geehrte Damen und Herren,

ich erhebe Einspruch gegen den Einkommensteuerbescheid 2024 und beantrage die Einzelveranlagung.

Grund:

Ich will mich scheiden lassen. Mein Noch-Mann hat zwar Fehler in der Erklärung gemacht, jedoch will ich explizit nur für mich – und nicht auch noch für ihn – Einspruch einlegen. Nicht, dass ich zum Schluss noch mehr Probleme mit ihm bekomme!

1 BFH, Urteil v. 10.6.1999 - IV R 25/98, BStBl II S. 545.

2 BFH, Urteile v. 14.4.1988 - IV R 219/85, BStBl 1988 II S. 711; v. 4.9.1996 - XI R 50/96, BStBl 1997 II S. 261; und v. 10.6.1999 - IV R 25/98, BStBl 1999 II S. 545.

Wir streiten nur noch ... daher habe ich mich entschlossen, aus der gemeinsamen Wohnung auszuziehen, was ich am 18.5.2025 auch gemacht habe.

Susi Süß"

Das zuständige Finanzamt Straubing überprüfte daraufhin zunächst die Bekanntgabe des Bescheids über die Zusammenveranlagung und konnte keine Mängel erkennen.

Um den Sachverhalt aufzuklären, schickte der zuständige Bearbeiter des Finanzamts Straubing einen Brief an den Ehemann. Daraufhin ging am 17.6.2025 nachfolgendes Antwortschreiben von Sepp Süß beim Finanzamt ein:

„*Hallo,*

auf keinen Fall stimme ich einer Einzelveranlagung zu! Meine Frau betrügt mich und jetzt will sie mich auch noch finanziell fertig machen. Außerdem hat sie doch der Zusammenveranlagung zugestimmt. Das ist doch hier kein Wunschkonzert! Der Bescheid ist sowieso nicht mehr änderbar."

Das Einspruchsverfahren der Ehefrau ist bereits beendet, das Finanzamt hat eine rechtmäßige Einzelveranlagung für die Ehefrau durchgeführt.

Da die Einspruchsfrist für den Ehemann offensichtlich abgelaufen ist und die Ehefrau explizit nur für sich Einspruch eingelegt hat, kommt für den Ehemann aufgrund der eingetretenen Unanfechtbarkeit eine Änderung nur noch aufgrund von **Korrekturvorschriften** in Betracht. Zudem darf keine Festsetzungsverjährung eingetreten sein. Letzteres ist offensichtlich nicht der Fall (§§ 169 ff. AO), da es sich um das Jahr 2024 handelt.

Die Ehefrau beantragte innerhalb der Rechtsbehelfsfrist die Einzelveranlagung. Nach § 26 Abs. 2 Satz 1, Satz 4 EStG kann sie dies wirksam beantragen (H 26 „Wahl der Veranlagungsart" EStH). Das Rechtsbehelfsverfahren der Ehefrau ist bereits abgeschlossen.

Damit ist auch für den Ehemann zwingend eine **Einzelveranlagung** durchzuführen.

Allerdings hat der Ehemann einen wirksamen und aufgrund der abgelaufenen Rechtsbehelfsfrist **bestandskräftigen** Bescheid über die Zusammenveranlagung erhalten.

Somit muss eine **Korrekturvorschrift** einschlägig sein, um den Zusammenveranlagungsbescheid ändern zu können.

Für den Ehemann liegt ein **rückwirkendes Ereignis** nach § 175 Abs. 1 Satz 1 Nr. 2 AO vor (siehe Beispiele in AEAO zu § 175, Nr. 2.4), da die Ehefrau Einzelveranlagung beantragt hat und diese Einzelveranlagung bereits durchgeführt worden ist.

Jedoch entfalten die bestandskräftig gewordenen Besteuerungsgrundlagen im Bescheid über die Zusammenveranlagung **Bindungswirkung**, so dass eine **weitere** Änderung nur insoweit in Betracht kommt, als dass eine **zusätzliche** (andere) Korrekturnorm einschlägig ist (siehe H 26 „Wahl der Veranlagungsart" EStH[1]), denn § 175 Abs. 1 Satz 1 Nr. 2 AO für **sich allein** ermöglicht keine Berichtigung materieller Fehler (§ 177 Abs. 3 AO). Diese Vorschrift ermöglicht lediglich die Aufhebung des Zusammenveranlagungsbescheids und die Durchführung der Einzelveranlagung, aber keine vollumfängliche Korrektur. Für darüber hinaus gehende Änderungen (weitere Verminderung der Einkommensteuer) müssen andere Korrekturvorschriften einschlägig sein, z. B. § 173 AO.

1 BFH, Urteil v. 3.3.2005 - III R 22/02, BStBl 2005 II S. 690.

FEHLER: KEINE PRÜFUNG DER SPEZIELLEN ANLAUFHEMMUNG IN § 175 ABS. 1 SATZ 2 AO

Für die Änderung nach § 175 Abs. 1 Satz 1 Nr. 2 AO aufgrund des Eintritts eines steuerlich rückwirkenden Ereignisses gilt die besondere Anlaufhemmung nach § 175 Abs. 1 Satz 2 AO. Demnach beginnt die Festsetzungsfrist mit Ablauf des Kalenderjahres, in dem das rückwirkende Ereignis eintritt.

Anmerkung: Leider hält sich immer noch hartnäckig der Irrglaube, dass es sich hierbei um eine AB-Laufhemmung handelt. Tatsächlich liegt hier aber eine AN-Laufhemmung vor („beginnt").

BEISPIEL: Bei einer Pflicht-Veranlagung gilt die Anlaufhemmung des § 170 Abs. 2 Nr. 1 AO, also z. B. beginnt die Frist mit Ablauf des Kalenderjahres zu laufen, in dem die Steuererklärung eingereicht wird. Bspw. wird die Einkommensteuer 2023 im Jahr 2024 eingereicht, so beginnt nun die Frist mit Ablauf des 31.12.2024 zu laufen.

Tritt jedoch im Jahr 2026 ein rückwirkendes Ereignis (für 2023) ein, so beginnt also abweichend von § 170 Abs. 2 Nr. 1 AO die Frist erst mit Ablauf des 31.12.2026 zu laufen. Ein deutlicher Unterschied, da sich die Festsetzungsverjährung um zwei Jahre nach hinten verschiebt.

J. Voraussetzungen der Vollstreckung

Noch unbeliebter als eine Außenprüfung ist wohl das Erscheinen eines Vollziehungsbeamten bzw. das Tätigwerden der Vollstreckung. Noch unangenehmer dürfte nur noch das Auftauchen der Steuerfahndung (vielleicht sogar unter Polizeischutz) sein, aber dazu später mehr (Kapitel K.).

FEHLER: KEINE PRÜFUNG DER VORAUSSETZUNGEN FÜR DEN BEGINN DER VOLLSTRECKUNG

Daher sollte immer geprüft werden, ob die Voraussetzungen für den Beginn einer Vollstreckung überhaupt vorliegen. Diese sind geregelt in § 254 AO, Abschnitt 19 VollstrA:

1. Wirksamer und vollstreckungsfähiger Verwaltungsakt, also z. B. keine AdV gewährt, § 118, § 218 Abs. 1, § 249 Abs. 1 AO
2. Fälligkeit der Leistung nach § 220 Abs. 1 AO i. V. m. Einzelsteuergesetzen, z. B. § 36 Abs. 4 EStG
3. Vorliegen eines Leistungsgebots (eigenständiger Verwaltungsakt, § 118 AO), § 254 Abs. 1 Satz 1 AO, Abschnitt 19 Abs. 1 Satz 1 VollstrA

   Beachte: Kein Leistungsgebot nötig bei

   - Steueranmeldungen, § 254 Abs. 1 Satz 4 AO, Abschnitt 19 Abs. 1 Satz 4 VollstrA
   - und nach § 254 Abs. 2 AO, Abschnitt 19 Abs. 2 VollstrA
   - Säumniszuschlägen, wenn sie zusammen mit der Steuer beigetrieben werden,
   - Zinsen, wenn sie zusammen mit der Steuer beigetrieben werden, und
   - Vollstreckungskosten, wenn mit Hauptanspruch beigetrieben.

4. Ablauf der Vollstreckungsschonfrist, sofern auch ein Leistungsgebot erforderlich: eine Woche nach Leistungsgebot, § 254 Abs. 1 Satz 1 AO, Abschnitt 19 Abs. 1 Satz 1 VollstrA

5. Reine Sollvorschrift: Mahnung § 259 AO, Abschnitt 19 Abs. 3 VollstrA, d. h. Vollstreckung auch ohne vorherige Mahnung zulässig. Es handelt sich hierbei um keinen Verwaltungsakt, so dass ein Einspruch gegen die Mahnung nicht statthaft wäre.

   Warum verschickt das Finanzamt dann in der Praxis trotzdem i. d. R. vorab noch Mahnungen? Mit diesem gut gemeinten „Service" erhofft sich die Finanzbehörde, dass die rückständigen Steuern vielleicht doch noch bezahlt werden, um ein langwieriges und aufwendiges Vollstreckungsverfahren vermeiden zu können.

FEHLER: PRÜFUNG DER EIGENTUMSVERHÄLTNISSE DURCH VOLLZIEHUNGSBEAMTE

Grundsätzlich pfändet der Vollziehungsbeamte bewegliche Sachen, § 285 Abs. 1 AO.

In der Praxis kommt es hierbei immer wieder zu Schwierigkeiten, wenn z. B. eine fremde, dritte Person behauptet, dass bspw. körperliche Gegenstände ihr und nicht dem Vollstreckungsschuldner gehören. Dabei gilt im Vollstreckungsrecht der Grundsatz des Gewahrsams, § 286 AO. Gewahrsam bedeutet tatsächliche Gewalt über eine Sache zu haben. Gewahrsam ist also vom Eigentum zu unterscheiden, denn der Vollziehungsbeamte entscheidet im Rahmen der Pfändung im ersten Schritt nicht, wer das Eigentum einer Sache hat, Abschnitt 43 Abs. 1 VollzA, außer, es ist offensichtlich, dass Sachen nicht dem Vollstreckungsschuldner gehören wie z. B. Filmkopien bei einem Lichtspielhausbesitzer, Abschnitt 43 Abs. 5 Satz 2 VollzA.

Hintergrund der Norm? Müsste der Vollziehungsbeamte bei jeder Vollstreckungsmaßnahme erst prüfen, in wessen Eigentum der Gegenstand steht, würde er ziemlich sicher jedes Mal mit leeren Händen wieder gehen. Das Abstellen auf den Gewahrsam dient daher der Verfahrenserleichterung und -beschleunigung. Natürlich stehen Dritten aber Einwendungsmöglichkeiten offen, dazu später mehr.

FEHLER: EINWENDUNGEN GEGEN HÖHE DER STEUER BEI DURCHSUCHUNG

Im Rahmen einer Pfändung durch Vollziehungsbeamte kommt es oft auch dazu, dass der Vollstreckungsschuldner die Pfändung vor Ort (z. B. in der eigenen Wohnung) dadurch verhindern will, dass er sich gegen die Höhe der rückständigen Steuer richtet.

Die Einwendungen, dass die rückständige Steuer doch viel zu hoch sei, hindern den Vollziehungsbeamten jedoch nicht an der Durchführung der Vollstreckung. Denn gem. § 256 AO haben Einwendungen gegen den zu vollstreckenden Verwaltungsakt (z. B. ESt-Bescheid) außerhalb des Vollstreckungsverfahrens im Rechtsbehelfsverfahren zu erfolgen. Folglich kann der Fortgang der Vollstreckung durch diese Einwendungen vorerst nicht gestoppt werden.

FEHLER: PFÄNDUNG UNPFÄNDBARER SACHEN

- Im ersten Schritt ist also lediglich zu prüfen, ob sich der Gegenstand im Gewahrsam des Vollstreckungsschuldners befindet oder nicht.
- Erst im nächsten Schritt ist dann zu prüfen, ob es sich vielleicht um unpfändbare, bewegliche Sachen nach § 295 AO i. V. m. § 811 ZPO handelt. Paradebeispiel wäre hier ein beruflich genutzter PC.

Um diesen Themenbereich abzuschließen, nun folgendes zusammenfassendes Beispiel.

BEISPIEL: Emily Fröhlich ist seit vielen Jahren glücklich mit Fritz Fröhlich verheiratet. Der Ehemann betreibt eine Bäckerei in Deggendorf. Er hat die Umsatzsteuervoranmeldung für März 2025 in zutreffender Höhe und auch rechtzeitig beim zuständigen Finanzamt abgegeben. Jedoch hat dieser die daraus resultierende Umsatzsteuervorauszahlung i. H. v. 5.000 € noch nicht beglichen.

Im Mai 2025 besucht daher der zuständige Vollziehungsbeamte Valdemar Osters die von den Eheleuten gemeinsam bewohnte Wohnung in Deggendorf. Im Gepäck hat er einen nicht zu beanstandenden Vollstreckungsauftrag, mit welchem die rückständige Umsatzsteuer für März 2025 beigetrieben werden soll.

Obwohl der Ehemann nicht zu Hause ist und es sich um Rückstände von ihm handelt, gewährt die anwesende Ehefrau dem Vollzugsbeamten Zutritt zur gemeinsam bewohnten Wohnung. Der Vollziehungsbeamte zeigt der Ehefrau den gültigen Vollstreckungsauftrag und bittet um Zahlung der Rückstände i. H. v. 5.000 €. Da die Ehefrau aufgrund des Besuchs ganz außer sich ist – zumal auch gar nicht so viel Geld im Hause ist – kann und will sie den Rückstand nicht begleichen.

Der Vollziehungsbeamte schaut sich daher in der Wohnung um und beabsichtigt, einige Gegenstände zu pfänden:

- Darunter befindet sich u. a. ein schönes Paar Ohrringe, welches in einer Schmuckkassette im Schlafzimmer liegt. Die Ehefrau macht unmissverständlich darauf aufmerksam, dass die Ohrringe ihr Eigentum seien.
- Im Nachtkästchen des Ehemanns liegt zudem noch das Sparbuch des Ehemanns (so etwas soll es tatsächlich noch geben).
- Der Vollziehungsbeamte will im Wohnzimmer auch noch einen hochwertigen Golfschläger pfänden. Auch dagegen wehrt sich die Ehefrau und teilt ihm mit, dass dieser Golfschläger unter Eigentumsvorbehalt des Gustav Golf – Inhabers eines Golfgeschäftes – stehe.
- Auf dem Schreibtisch im Wohnzimmer steht ferner ein Laptop, welcher laut Angaben der Ehefrau von ihrem Mann zur Erstellung von Angeboten, Rechnungen etc. für seine Bäckerei verwendet und daher dringend benötigt werde. Weitere Laptops oder PCs befinden sich nicht in der Wohnung.

Weiter machte die Ehefrau den Vollziehungsbeamten im Rahmen des Besuches darauf aufmerksam, dass die Steuer i. H. v. 5.000 € doch bestimmt viel zu hoch sei.

Ist die Pfändung der genannten Gegenstände rechtmäßig?

LÖSUNG:

1. **Allgemeine Vollstreckungsvoraussetzungen**

   Eine Vollstreckung ist nur zulässig, wenn die **allgemeinen** und **besonderen** Vollstreckungsvoraussetzungen vorliegen. Vorrangig sind die allgemeinen Voraussetzungen zu prüfen (§§ 249, 254 AO).

   Es liegt ein wirksamer und vollstreckungsfähiger **Verwaltungsakt** (§§ 118, 124 Abs. 1, 218 Abs. 1, 249 Abs. 1 AO) vor. Bei der Umsatzsteuervoranmeldung März 2025 handelt es sich um eine Steueranmeldung, da der Stpfl. die Steuer selbst zu berechnen hat (§ 150 Abs. 1 Satz 3 AO, § 18 Abs. 1 UStG).

   Anzeichen für eine Nichtigkeit (§ 125 AO) und somit Unwirksamkeit (§ 124 Abs. 3 AO) des Verwaltungsakts ergeben sich aus dem Sachverhalt nicht.

   Da es sich um eine Zahllast handelt, steht die Voranmeldung einer Steuerfestsetzung unter Vorbehalt der Nachprüfung mit Eingang beim Finanzamt gleich (§ 168 Satz 1 AO). Der Verwaltungsakt ist auf eine Geldleistung gerichtet.

   Laut Sachverhalt wurde **keine** Aussetzung der Vollziehung nach § 361 AO beantragt. Auch weitere Hinderungsgründe nach § 251 Abs. 1 AO sind nicht ersichtlich. Folglich ist dieser Verwaltungsakt vollstreckbar.

Weitere Voraussetzung ist, dass der zu vollstreckende Anspruch **fällig** (§ 254 Abs. 1 Satz 1 AO) ist.

Die Fälligkeit ergibt sich vorliegend aus § 220 Abs. 1 AO i. V. m. § 18 Abs. 1 Satz 4 UStG. Demnach war die Umsatzsteuervoranmeldung März 2025 mit Ablauf des 10.4.2025 fällig (hier evtl. § 108 Abs. 3 AO).

Zwar muss grundsätzlich ein **Leistungsgebot** nach § 254 Abs. 1 Satz 1 AO vorliegen. Da es sich jedoch um eine **Steueranmeldung** handelt, ist ein solches nach § 254 Abs. 1 Satz 4 AO nicht nötig. Folglich ist auch die in § 254 Abs. 1 Satz 1 AO geforderte **Vollstreckungsschonfrist** von einer Woche unbeachtlich.

Für § 257 AO, nach dem die Vollstreckung einzustellen oder zu beschränken ist, bietet der Sachverhalt keinerlei Anhaltspunkte.

Eine **Mahnung** i. S. des § 259 AO ist keine zwingende Vollstreckungsvoraussetzung, Abschnitt 19 Abs. 3 VollstrA.

Im Ergebnis lagen daher im Mai 2025 die **allgemeinen** Vollstreckungsvoraussetzungen vor.

2. **Besondere Vollstreckungsvoraussetzungen und Rechtmäßigkeit der Pfändungsmaßnahmen**

   Zu prüfen sind weiterhin die **besonderen** Vollstreckungsvoraussetzungen und die Rechtmäßigkeit der Pfändungsmaßnahmen des Vollziehungsbeamten für die einzelnen Gegenstände.

   Zunächst ist laut Sachverhalt davon auszugehen, dass die Ehefrau mit dem Betreten und der Durchsuchung der Wohnung einverstanden ist (§ 287 Abs. 4 Satz 1 AO).

   a) **Ohrringe in Schmuckkassette:** Da es sich zweifelsfrei um eine bewegliche Sache gem. § 285 Abs. 1 AO handelt, ist für die Pfändung der Vollziehungsbeamte zuständig. Die Vollstreckung in bewegliche Sachen erfolgt durch Pfändung, § 281 Abs. 1 AO.

      Die Pfändung der Ohrringe müsste dabei durch Anbringung von Pfandsiegeln nach § 286 Abs. 2 AO erfolgen.

      Weitere Voraussetzung für eine Pfändung durch Wegnahme ist, dass die Ohrringe sich im Gewahrsam des Vollstreckungsschuldners befinden (Ehegatten, §§ 286 Abs. 1, 263 AO, § 739 Abs. 1 ZPO), was hier der Fall ist.

      Jedoch sind diese Ohrringe offenbar ausschließlich zum persönlichen Gebrauch der Ehefrau bestimmt, zumal diese auch zum Ausdruck bringt, dass sie ihr gehörten. Es handelt sich daher um sog. evidentes Dritteigentum, da wegen der Doppelvermutung des § 263 AO i. V. m. § 739 Abs. 1 ZPO, § 1362 Abs. 2 BGB angenommen werden kann, dass die Ohrringe im Eigentum der Ehefrau sind.

      Folge: Im Ergebnis würde eine Pfändung gegen diese Vermutung und damit gegen geltendes Recht verstoßen und wäre also rechtswidrig. Trotzdem wäre sie jedoch zunächst wirksam.

      Einwendungsmöglichkeit: Da die Ehefrau die Eigentümerin dieses Gegenstandes ist, wäre die Möglichkeit des Drittwiderspruchs nach § 262 AO gegeben, da die Vollstreckung ein die Veräußerung hinderndes Recht darstellt. Die Ohrringe sind vorliegend ihr Eigentum.

      Sollte die Finanzbehörde diesem Widerspruch nicht stattgeben, könnte die Ehefrau auch Drittwiderspruchsklage nach § 771 ZPO vor einem ordentlichen Gericht erheben.

Zuständig hierfür wäre nicht das Finanzgericht, sondern das zuständige Amtsgericht (§ 262 Abs. 1 Satz 1, Abs. 3 Satz 1 AO).

Da es sich bei der Pfändung um einen Verwaltungsakt i. S. des § 118 AO handelt, könnte die Ehefrau zusätzlich den Einspruch als statthaften Rechtsbehelf wählen (§ 347 Abs. 1 Satz 1 Nr. 1, Abs. 2 AO).

b) **Golfschläger:** Weil es sich auch hier zweifelsfrei um eine bewegliche Sache gem. § 285 Abs. 1 AO handelt, ist für die Pfändung wiederum der Vollziehungsbeamte zuständig.

   Der Schläger gehört offensichtlich nicht zum Haushalt i. S. des § 811 Abs. 1 Nr. 1 Buchst. a ZPO.

   Weiterhin ist dieser augenscheinlich auch nicht zur Fortsetzung der Erwerbstätigkeit erforderlich (keine Anhaltspunkte laut Sachverhalt), so dass dieser auch nicht unpfändbar nach § 295 AO, § 811 Abs. 1 Nr. 1 Buchst. b ZPO ist.

   Zwar weist die Ehefrau darauf hin, dass der Schläger unter Eigentumsvorbehalt stehe. Jedoch hindert dies den Vollziehungsbeamten nicht an der Durchführung der Pfändungsmaßnahme.

   Denn aufgrund der Doppelvermutung des § 263 AO i. V. m. § 739 Abs. 1 ZPO, § 1362 Abs. 1 Satz 1 BGB befindet sich der Schläger im Alleingewahrsam des Vollstreckungsschuldners (§ 286 Abs. 1 AO):

   Im Ergebnis wäre eine Pfändung durch Anbringung des Pfandsiegels nach § 286 Abs. 2 AO rechtmäßig.

   Einwendungsmöglichkeit: Da der Golfschläger offenbar unter Eigentumsvorbehalt steht, wäre dem Eigentümer wiederum die Möglichkeit des Drittwiderspruchs bzw. einer Drittwiderspruchsklage nach § 262 AO bzw. § 771 ZPO eröffnet, da die Vollstreckung ein die Veräußerung hinderndes Recht darstellt.

c) **Laptop:** Da es sich um einen beweglichen Gegenstand handelt, wäre eine Pfändung grundsätzlich durch Anbringung eines Pfandsiegels möglich (§ 286 Abs. 2 AO).

   Der Laptop wird jedoch unstrittig für seine berufliche Tätigkeit genutzt und ist daher zwingend zur Aufrechterhaltung der Tätigkeit nötig. Folglich ist der Laptop nach § 295 AO i. V. m. § 811 Abs. 1 Nr. 1 Buchst. b ZPO unpfändbar. Eine etwaige Pfändung wäre rechtswidrig und auch anfechtbar.

d) **Sparbuch:** Beim Sparbuch finden die Vorschriften über die Zwangsvollstreckung in bewegliche körperliche Sachen keine Anwendung.

   Beim Sparbuch handelt es sich nicht um ein echtes Wertpapier gem. § 286 AO.

   Es ist nicht Träger der Guthabenforderung. Es kommt lediglich eine Hilfspfändung in Betracht: Insoweit kann im Rahmen der Pfändung der Sparforderung das Sparbuch mitgepfändet werden (Abschnitt 32 Abs. 4 VollzA). Eine Pfändung durch den Vollziehungsbeamten ist daher ausgeschlossen. Somit wäre eine Forderungspfändung durch den Vollstreckungsinnendienst nach §§ 309 ff. AO möglich (Pfändung einer Geldforderung).

K. Steuerhinterziehung

Hoffen wir nicht, dass es mal so weit kommt. Aber wenn, dann gibt es auch hier einige Fehler, die es zu vermeiden gilt. Zuerst sollte einem bewusst sein, ob man wirklich eine Steuerhinterziehung begangen hat, oder es sich doch „nur“ um eine Ordnungswidrigkeit handelt. Zur Abgrenzung folgt eine kurze Gegenüberstellung.

I. Allgemeines/Übersicht

Tab. 10: Übersicht Steuerstraftaten/Steuerordnungswidrigkeiten

Steuerstraftaten (§ 369 AO)	Steuerordnungswidrigkeiten (§ 377 AO)
Krimineller Verstoß gegen Steuerstrafrechtsnormen Geldstrafe/Freiheitsstrafe durch ordentliche Gerichte (Amtsgericht, Landgericht etc.)	Verstoß gegen Verwaltungsrecht Bußgeld von Buß- und Strafsachenstelle des Finanzamts Bußgeldbescheid
Steuerhinterziehung (§ 370 AO)	Leichtfertige Steuerverkürzung (§ 378 AO)
Bannbruch (§ 372 AO)	Steuergefährdung (§ 379 AO)
Schmuggel (§ 373 AO)	Gefährdung der Abzugssteuern (§ 380 AO)
Steuerhehlerei (§ 374 AO)	Verbrauchssteuergefährdung (§ 381 AO)
Wertzeichenfälschung	Gefährdung von Einfuhr/Ausfuhrabgaben (§ 382 AO)

Achtung: Wenn **mehrere** Personen involviert sind, ist zu unterscheiden zwischen den verschiedenen Begrifflichkeiten, z. B.

- Täter
- Beihilfe
- Anstifter

FEHLER: KEINE BEACHTUNG DER TEILVERJÄHRUNG

Die reguläre Festsetzungsfrist beträgt vier Jahre. § 169 Abs. 2 Satz 2 AO besagt:

- Soweit Hinterziehung zehn Jahre,
- Soweit leichtfertige Verkürzung fünf Jahre.

Wichtig: „Soweit“ bedeutet: Teilverjährung: Nur der hinterzogene Teil verlängert sich auf zehn Jahre. Der restliche Teil verjährt nach vier Jahren.

Die Prüfung der Steuerhinterziehung bzw. einer leichtfertigen Verkürzung gestaltet sich oft schwierig. Als Erleichterung soll folgendes Schema dienen.

II. Prüfungsschema: Steuerhinterziehung/Leichtfertige Verkürzung

Steuerhinterziehung § 370 AO <-> Leichtfertige Steuerverkürzung § 378 AO
Vorab „gemeinsame" Prüfung des objektiven Tatbestands.
Ab dem subjektiven Tatbestand muss getrennt werden.

A. Objektiver Tatbestand (gilt für beides!)

1. Tathandlung

- § 370 Abs. **1 Nr. 1** AO: Unrichtige/unvollständige Angaben von steuererheblichen Tatsachen in Steuererklärung = positives Tun
  Nr. 1 = „**Aktiv**"
- § 370 Abs. **1 Nr. 2** AO: Pflichtwidrig in Unkenntnis gelassen bedeutet, dass der Stpfl. keine Tatsachen erklärt, z. B.
  – Keine Abgaben von Steuererklärung/Steueranmeldung
  – Keine Abgabe einer Berichtigungserklärung nach § 153 AO
  Nr. 2 = „**Passiv**"

2. Taterfolg (muss eintreten, da Erfolgsdelikt)

- Siehe § 370 Abs. 4 i. V. m. § 370 Abs. 1 AO am Ende:
  „... Steuern verkürzt oder nicht gerechtfertigte Steuervorteile erlangt"
- Also entweder **Steuerverkürzung**, § 370 Abs. 4 Satz 1 AO
  Achtung: Saldierungsverbot § 370 Abs. 4 Satz 3 AO prüfen!
  oder
- Erlangung **nicht gerechtfertigter Steuervorteile**, § 370 Abs. 4 Satz 2,3 AO
- Steuervorteil zugunsten des Handelnden/anderer Person
- Steuervorteil kann auch sein: Erschleichung Erlass/Stundung/Vollstreckungsaufschub/Aufhebung einer Pfändung.
- Steueranspruch zu niedrig/zu spät/überhaupt nicht festgesetzt.
- Erfolgsdelikt = Steuervorteil muss erlangt sein,
  wenn nicht: Täter im Versuchsstadium,
  aber: Auch Versuch ist strafbar, § 370 Abs. 2 AO, § 23 StGB.
  Z. B.: Stpfl. verschweigt Einkünfte aus Kapitalvermögen aus Liechtenstein. Finanzamt bekommt aber interne Kontrollmitteilung und setzt diese ausländischen Einkünfte „trotzdem" an = Versuch.

3. Kausalität/Ursächlichkeit

Taterfolg muss auf Tathandlung basieren (ursächlich!).

B. Subjektiver Tatbestand

Hinterziehung	Leichtfertige Steuerverkürzung
§ 369 Abs. 2 AO i. V. m. § 15 StGB: **Vorsatz**	Leichtfertig bedeutet „nur" subjektive grobe Fahrlässigkeit, kein Vorsatz:
Direkter Vorsatz: Mit Wissen und Wollen handeln = Absicht, d. h., er will die Steuerhinterziehung/Steuern sparen. **oder:** **Eventualvorsatz:** Er nimmt Steuerhinterziehung billigend in Kauf, d. h., er hält eine Steuerhinterziehung für möglich.	Stpfl. lässt Sorgfalt außer Acht, zu der er nach seinen persönlichen Fähigkeiten/Kenntnissen verpflichtet ist, obwohl er wissen müsste, dass er dadurch eine Steuerverkürzung verursacht. Die besonderen Umstände des Einzelfalles sind zu berücksichtigen.
Selbstanzeige möglich: § 371 AO	Selbstanzeige möglich: § 378 Abs. 3 AO

C. Rechtswidrigkeit + Schuld (in beiden Fällen zu prüfen)

Rechtswidrig: Es liegen keine Rechtfertigungsgründe/Erlaubnistatbestand, wie z. B. Notwehr/Notstand, vor (beides in diesem Bereich nicht vorstellbar).

Schuld: Es liegen keine Schuldausschlussgründe vor, wie z. B. Schuldunfähigkeit eines Kindes, wegen seelischer Störung usw., §§ 19 ff. StGB.
→ Keine Verantwortlichkeit

D. Strafbefreiende Selbstanzeige, § 371 AO

Auch bei leichtfertiger Steuerverkürzung möglich, siehe oben „B." bzw. § 378 Abs. 3 AO.
Achtung: Weder die Berichtigungsanzeige nach § 153 AO noch die Selbstanzeige nach § 371 AO stellen Anträge auf schlichte Änderung nach § 172 Abs. 1 Satz 1 Nr. 2 Buchst. a AO dar.
→ AEAO zu § 172, Nr. 3.

E. Selbstanzeige, § 371 AO

1. § 371 **Abs. 1** AO: Selbstanzeige
   - wirkt nur für den, der sie erstattet.
   - kann auch durch Dritte erfolgen, z. B. durch Steuerberater, aber auf ausdrückliche Veranlassung des Täters/Teilnehmers.

   Diese Anzeige (Materiallieferung) muss
   - wahr sein,
   - vollständig sein (alle unverjährten Steuerstraftaten, mind. innerhalb der letzten zehn Kalenderjahre),
   - durch eigenes Verhalten des Täters/Teilnehmers/Beauftragten erfolgen,
   - dem Finanzamt ermöglichen, ohne aufwendige Ermittlung den Sachverhalt zutreffend festzustellen.
2. § 371 **Abs. 2a AO:** Besonderheiten bei USt-Verwaltungsakt/Lohnsteueranmeldung
3. § 371 **Abs. 3 AO:** Fristgerechte Entrichtung der hinterzogenen Steuern und Zinsen
   - Fristgerecht? Ermessen des Finanzamts, § 5 AO. Regelmäßig ein Monat
   - Nachzahlungspflicht nur für Begünstigten
4. § 371 **Abs. 2 AO**: Sperrgründe, d. h. Straffreiheit tritt nicht ein, wenn
   - **Nr. 1a:** Bekanntgabe wirksamer Prüfungsanordnung, § 196 AO
     Sperrt auch Zeiträume, die in der Prüfungsanordnung nicht genannt sind.
     Auch bei „nur" rechtswidriger Prüfungsanordnung
     Nicht bei: Interner Anordnung einer Prüfung und bei nichtiger Prüfungsanordnung
     Wird die Prüfungsanordnung zurückgenommen -> Recht zur Selbstanzeige lebt wieder auf
   - **Nr. 1b:** Bekanntgabe Einleitung Straf-/Bußgeldverfahren (dann wäre die Anzeige sinnlos)
   - **Nr. 1c:** Erscheinen der Amtsträger zur steuerlichen Prüfung/Außenprüfung

     = Absicht, steuerliche Prüfung zu beginnen. Prüfungsanordnung hier nicht nötig. USt-Nachschau z. B. ausreichend.
     Nach Abschluss der Prüfung -> Recht zur Selbstanzeige lebt wieder auf.
   - **Nr. 1d:** Ermittlung Steuerstraftat-/Ordnungswidrigkeit
   - **Nr. 1e:** Nachschau (USt/Lohnsteuer)

- **Nr. 2:** Steuerstraftat bereits entdeckt + Täter wusste dies/musste damit rechnen:

  Finanzamt musste bestimmte Tat kennen bzw. entdeckt haben, z. B. überprüft es die Steuererklärung und merkt, dass Angaben unvollständig sind/ Einnahmequellen fehlen und

  Täter muss mit Kenntnis rechnen
- **Nr. 3:** Verkürzte Steuer/nicht gerechtfertigter Steuervorteil je Tat > 25.000 €

  Achtung: Absehen von Strafverfolgung nach § 398a Abs. 1 AO, wenn hinterzogene Steuer und Hinterziehungszinsen nach § 235 AO und anzurechnende Zinsen nach § 233a i. V. m. § 235 Abs. 4 AO bezahlt werden nach § 398a Abs. 2 Nr. 1 AO und er einen Geldbetrag zusätzlich zahlt, § 398a Abs. 1 Nr. 2 AO.

  a) 10 % der hinterzogenen Steuer (Hinterziehungsbetrag bis 100.000 €)

  b) 15 % der hinterzogenen Steuer (Hinterziehungsbetrag > 100.000 € aber < 1 Mio. €)

  c) 20 % der hinterzogenen Steuer (Hinterziehungsbetrag > 1 Mio. €)
- **Nr. 4:** besonders schwerer Fall nach § 370 Abs. 3 Satz 2 Nr. 2 bis 6 AO (§ 398a AO gilt auch hier entsprechend), laut BGH bei großem Ausmaß = größer 50.000 €.[1]

Folge der wirksamen Selbstanzeige:

- Selbstanzeigender bleibt straffrei.
- Tat und Schuld bleiben jedoch bestehen → Steuerhinterziehung bleibt nach wie vor.
- Verlängerte Frist nach § 169 Abs. 2 Satz 2 AO bleibt bestehen.
- Änderungsmöglichkeit nach § 172 Abs. 1 Satz 1 Nr. 2c AO bleibt bestehen

F. Täter/Teilnahme

- Nur eine Person?

  Sämtliche Voraussetzungen bis hierher müssen vorliegen:
- Liegen alle Voraussetzungen vor? → strafbar
- Liegen nicht alle Voraussetzungen vor? → nicht strafbar
- Schwierig wird es, wenn mehrere Personen involviert sind (und das ist leider oft der Fall), dann sind §§ 25 bis 27 StGB zu prüfen.

1 BGH, Urteil v. 27.10.2015 - 1 StR 373/15, BFH/NV 2016 S. 719 Nr. 4, NWB VAAAF-66163.

1. **Täter, § 25 StGB**
   - § 25 Abs. 1 StGB: unmittelbarer Täter: Alle Voraussetzungen von § 370 AO werden vom Täter persönlich/selbst erfüllt.
   - § 25 Abs. 1 StGB: mittelbarer Täter: Tat durch anderen
   - § 25 Abs. 2 StGB: Mittäter: mehrere begehen die Tat gemeinschaftlich
2. **Anstiftung, § 26 StGB**
   - Anstifter ist, wer vorsätzlich anderen (= Haupttäter) zu dessen vorsätzlich begangener rechtswidriger Tag anstiftet.
   - Anstifter wird wie (Haupt-)Täter bestraft.
3. **Beihilfe, § 27 StGB**
   - Gehilfe ist, wer vorsätzlich einen anderen (= Haupttäter) zu dessen vorsätzlich begangener rechtswidriger Tat Hilfe leistet. Dies kann durch eigene Tat oder Rat (mach doch ...) erfolgen.

Für 2. und 3. gilt: Fälle der §§ 26 und 27 StGB können nur vorliegen, wenn überhaupt ein (Haupt-)Täter nach § 25 StGB vorhanden ist, denn ansonsten kann auch keine Anstiftung/Beihilfe zur Tat erfolgen.

III. Prüfungsschema: Mittäterschaft/Teilnahme

1. Prüfen Sie zuerst, wer (Haupt-)Täter ist. Denn: Ohne Tat keine Beihilfe. Siehe oben.
2. Prüfen Sie die Teilnahme an der Tat.
   a) Liegt eine Mittäterschaft vor, so werden die einzelnen Taten der Mittäter auch den anderen Mittätern zugerechnet.
   b) Liegen bei einer Person alle Voraussetzungen für eine Täterschaft vor (§ 370 AO prüfen), so müssen Sie bei dieser Person die Teilnahme nicht mehr prüfen (entweder Täter oder Teilnehmer).
   c) Liegt Anstiftung nach § 26 StGB vor, muss Beihilfe gem. § 27 StGB nicht mehr geprüft werden (Keine Negativabgrenzung mehr nötig).

IV. Steuerrechtliche Konsequenzen

1. Auswirkung auf Festsetzungsfrist, § 169 Abs. 2 Satz 2 AO

Die Festsetzungsfrist verlängert sich von regulär vier Jahren auf:

- zehn Jahre bei Steuerhinterziehung nach § 370 AO
- fünf Jahre bei leichtfertiger Steuerverkürzung nach § 378 AO

- nur „soweit“
- Liegen keine Anhaltspunkte vor, kurz einen Satz schreiben (Negativabgrenzung)
- Ablaufhemmungen beachten: § 171 Abs. 5, 7, 9 AO
- Besonderheit bei Gesamtschuldnern, vor allem zusammenveranlagten Ehegatten/Lebenspartnern: Verlängerte Frist gilt auch für (unschuldigen) Ehepartner, § 169 Abs. 2 Satz 3 AO

2. Haftung nach § 71 AO
   - Täter haftet nach § 71 AO
   - Haftungsbescheid, § 191 AO; Ermessen, § 5 AO
   - Festsetzungsfrist für Haftungsbescheid: zehn Jahre/fünf Jahre, § 191 Abs. 3 Satz 2 AO
3. Hinterziehungszinsen §§ 235 ff. AO
   - §§ 238, 239 AO
4. Korrekturvorschriften
   - Kein Fall des § 172 Abs. 1 Satz 1 Nr. 2 Buchst. a AO (und § 153 AO, siehe oben, AEAO zu § 172, Nr. 3)
   - Aber § 172 Abs. 1 Satz 1 Nr. 2 Buchst. c AO greift bei Steuerhinterziehung (arglistige Täuschung)
     - Aber **nicht** bei nur leichtfertiger Steuerverkürzung (Negativabgrenzung!)
   - § 173 Abs. 1 Nr. 1 AO greift i. d. R. Hier prüfen, ob auch ein Fall der Nr. 2 vorliegt!
   - Durchbrechung der Änderungssperre, § 173 Abs. 2 AO
   - Wenn Vorbehalt der Nachprüfung gem. § 164 Abs. 1 AO besteht: § 164 Abs. 2 AO, solange nicht aufgehoben, § 164 Abs. 3 AO. Entfall aber spätestens mit regulärer, vierjähriger Frist. **Keine** Verlängerung nach § 169 Abs. 2 Satz 2 AO → § 164 Abs. 4 Satz 2 AO beachten: § 169 Abs. 2 Satz 2 AO gilt beim Vorbehalt der Nachprüfung nicht.
   - sonstiger Verwaltungsakt: § 130 Abs. 2 Nr. 2 bis 4 AO prüfen. Nr. 1 nicht, da es hier um sachliche Zuständigkeit geht.

FEHLER: DURCH SELBSTANZEIGE VERHINDERE ICH KORREKTURMÖGLICHKEIT.

5. Selbstanzeige § 371 AO
   - Wie oben dargestellt prüfen.

- **Problem**: Stpfl. beschwert sich, weil durch seine Selbstanzeige keine Korrektur mehr möglich ist und er durch seine Zahlungen bestraft genug sei. Stimmt so nicht:
  - Korrekturvorschriften, Haftung, Verlängerung der Fristen etc. gelten genau wie ohne Selbstanzeige.
  - Einzige Wirkung für Stpfl.: Strafbefreiung = Strafrecht = StGB. Hat also keine Auswirkung auf Steuerrecht.

FEHLER: KAUSALITÄT, HÖHE, ZEITPUNKT DER STEUERHINTERZIEHUNG BEI GESONDERT UND EINHEITL. FESTSTELLUNG

Die gesonderte und einheitliche Feststellung und eine Steuerhinterziehung je für sich allein genommen bringen oft schon erhebliche Probleme mit sich. Werden diese beiden Themen jedoch kombiniert, ergeben sich noch ganz andere Stolperfallen. Dies soll an folgendem Beispiel erklärt werden:

BEISPIEL: Sepp und Renate sind jeweils zu 50 % an einer OHG beteiligt. Für diese ist unstreitig eine gesonderte und einheitliche Feststellung nach § 179 Abs. 1, Abs. 2 Satz 2, § 180 Abs. 1 Satz 1 Nr. 2 Buchst. a AO nötig. Nun begeht Sepp Steuerhinterziehung, indem er Einnahmen vorsätzlich nicht erklärt. Das Finanzamt kommt dem Sepp auf die Schliche und ändert den Gewinnfeststellungsbescheid mit Datum 17.4.2025 nach § 173 Abs. 1 Nr. 1 AO (§ 172 Abs. 1 Satz 1 Nr. 2 Buchst. c AO wäre auch denkbar, da arglistige Täuschung). Der festzustellende Gewinn der OHG erhöht sich dadurch um 30.000 €. Renate macht sich dagegen keiner Steuerhinterziehung strafbar.

Aufgrund des geänderten Gewinnfeststellungsbescheids werden nun auch die Einkommensteuerfestsetzungen des Sepp und der Renate nach § 175 Abs. 1 Satz 1 Nr. 1 AO geändert:

Sepp: Einkommensteuerbescheid vom 16.5.2025; Gewinnanteil erhöht sich um 15.000 €; Steuer erhöht sich um 5.000 €.

Renate: Einkommensteuerbescheid vom 30.5.2025; Gewinnanteil erhöht sich um 15.000 €; Steuer erhöht sich um 5.000 €.

Fragen: Wann und in welcher Höhe wurde Steuerhinterziehung begangen? Wie sieht es mit der Kausalität aus?

LÖSUNG: **Kausalität:** Dies bedeutet, dass die Tathandlung für den Taterfolg kausal war. § 370 Abs. 4 AO spricht von Verkürzung einer „Steuer". Im Feststellungsbescheid wird aber keine Steuer festgesetzt, sondern es werden „nur" Besteuerungsgrundlagen festgestellt. Allerdings ist der Feststellungsbescheid ein nach § 182 Abs. 1 AO bindender Grundlagenbescheid i. S. des § 171 Abs. 10 AO, so dass der zu niedrig festgestellte Gewinn aufgrund dieser Bindungswirkung auch ursächlich für die zu niedrig festgesetzten Einkommensteuerfestsetzungen war.

Höhe, § 370 Abs. 4 AO: Maßgeblich ist nicht die Erhöhung des Gewinnanteils von jeweils 15.000 €, sondern je die Erhöhung der Einkommensteuer, somit also jeweils die 5.000 €.

Zeitpunkt: Jetzt wird's knifflig! Wir haben nun geklärt, dass für die Höhe der hinterzogenen Steuern die Einkommensteuererhöhungen maßgeblich sind.

Nun könnte man denken, dass für den Zeitpunkt der Hinterziehung die Bekanntgabe der Einkommensteuerbescheide maßgeblich ist. Ganz so einfach ist das aber leider nicht:

Nach dem Beschluss des BGH[1] liegt bei einer gesonderten und einheitlichen Gewinnfeststellung ein nicht gerechtfertigter Steuervorteil vor, da der Feststellungsbescheid Bindungswirkung für den Folgebescheid (ESt) entfaltet, § 182 Abs. 1 AO. Durch diese Bindungswirkung ist der Einkommensteueranspruch bereits bei wirksamer Bekanntgabe des Feststellungsbescheids konkret gefährdet.[2]

Somit ist bereits mit Bekanntgabe des Feststellungsbescheids am 22.4.2025 (§ 108 Abs. 3 AO greift) vollendete Steuerhinterziehung durch Vorliegen eines Erfolges nach § 370 Abs. 4 Satz 2 AO eingetreten.

Und damit noch nicht genug: Werden nun die beiden geänderten Einkommensteuerbescheide erlassen, so tritt mit deren Bekanntgabe ein weiterer Taterfolg ein.[3]

FEHLER: NUR WER STEUERN HINTERZIEHT, MUSS AUCH HINTERZIEHUNGSZINSEN ZAHLEN.

Spinnen wir das Beispiel nun noch etwas weiter: Wer müsste in diesem Fall Hinterziehungszinsen nach § 235 AO zahlen? Doch nur Sepp oder? Denn nur er hat Steuern hinterzogen! Renate ist unschuldig. Leider nicht. Ziemlich unfair könnte man meinen.

Nach § 235 Abs. 1 Satz 2 AO sind Sepp und Renate Schuldner der Hinterziehungszinsen, da insoweit die Einkommensteuer zum jeweiligen Vorteil hinterzogen wurde.

Steuerlicher Vorteil[4] bedeutet, dass sowohl Sepp als auch Renate erst verspätet den jeweiligen ESt-Betrag i. H. v. jeweils 5.000 € gezahlt haben.[5]

Auch, wenn Renate nicht selbst Steuern hinterzogen hat, so hat sie auch von der Hinterziehung insoweit profitiert, als dass diese die Einkommensteuer erst später in materiell-rechtlich zutreffender Höhe zahlen musste.[6]

Es ist daher unerheblich, ob Renate an der Steuerhinterziehung beteiligt war oder nicht, AEAO zu § 235, Nr. 3.1. Durch die Vorschrift soll ausschließlich der steuerliche Vorteil des Steuerschuldners abgeschöpft werden. Der steuerliche Vorteil liegt darin, dass die geschuldete Steuer erst verspätet gezahlt wird.

FEHLER: ZUSTÄNDIGKEIT BEZÜGLICH DER ZINSFESTSETZUNG

Da wir nun geklärt haben, dass sowohl Sepp als auch Renate jeweils Hinterziehungszinsen zahlen müssen, stellt sich abschließend die Frage, welches Finanzamt nun für die Festsetzung dergleichen zuständig ist.

Problem: Das Wohnsitzfinanzamt weiß nicht, wann der Zeitpunkt der Hinterziehung war. Das Feststellungsfinanzamt weiß dagegen nicht, wie hoch die festgesetzte Einkommensteuer ist.

Die Lösung bietet § 239 Abs. 3 Nr. 2 AO: Sind Steuern zum Vorteil der Gesellschafter einer Personengesellschaft hinterzogen worden, hat das Betriebsfinanzamt die Berechnungsgrundlagen der Hinterziehungszinsen gesondert und einheitlich festzustellen, AEAO zu § 235, Nr. 6.1.

1 BGH, Beschluss v. 10.12.2008 - 1 StR 322/08, BFH/NV 2009 S. 535, NWB GAAAD-02212.

2 *Steinberg* in Zugmaier/Nöcker, AO, § 370 Rz. 155.

3 BGH, Beschluss v. 10.12.2008 - 1 StR 322/08, BFH/NV 2009 S. 535, NWB GAAAD-02212.

4 BFH, Urteil v. 5.11.1993 - VI R 16/93, BStBl 1994 II S. 557.

5 BFH, Urteil v. 27.9.1991 - VI R 159/89, BStBl 1992 II S. 163.

6 BFH, Urteil v. 11.5.1982 - VII R 97/81, BStBl 1982 II S. 689.

Aufgrund dieser Feststellung können die jeweiligen Wohnsitzfinanzämter die individuellen Hinterziehungsbeträge berechnen, die sich aufgrund verschiedener Zinsläufe (die Einkommensteuerbescheide werden regelmäßig an verschiedenen Tagen bekanntgegeben) ergeben.

L. Haftung

In der Praxis gibt es hierfür spezielle Stellen im Finanzamt. Nicht ohne Grund, da es sich um ein sehr spezielles und komplexes Thema handelt. Oder haben Sie das Thema „Haftung" in Klausuren gerne behandelt?

I. Haftungsschuldner oder Steuerschuldner

FEHLER: KEINE GENAUE UNTERSCHEIDUNG DER BEGRIFFLICHKEITEN

Zuerst sollten wir den Unterschied zwischen Haftung und dem Begriff Steuerschuldner klären. Der Steuerschuldner schuldet seine eigene Steuer, haften kann man jedoch nur für eine fremde Steuerschuld.

Der zivilrechtliche und der steuerrechtliche Haftungsbegriff sind teilweise von unterschiedlicher Bedeutung. Im Steuerrecht wird begrifflich zwischen Steuerschuld und Haftung unterschieden. Haften i. S. des Steuerrechts bedeutet das Einstehen müssen für eine fremde Steuerschuld, also die Steuerschuld eines anderen.

Ein Erbe haftet also nicht für die Steuerschuld eines verstorbenen Stpfl., sondern vielmehr handelt es sich wegen der Gesamtrechtsnachfolge nach § 45 AO um seine eigenen Steuerschulden. Er „schlüpft" also in die Rolle des Verstorbenen und kann folglich nicht für die Steuern des Verstorbenen haften, denn dann würde er quasi für sich selbst haften.

Daher ist der Haftungsschuldner zwar der Stpfl. nach § 33 AO, jedoch nicht Steuerschuldner nach § 43 AO für seine eigenen Steuern.

Daraus ergibt sich auch das Prinzip der Akzessorietät = Abhängigkeit des Nebenrechtes von dem zugehörigen Hauptrecht. Die Haftung ist also abhängig von dem Bestehen der Hauptschuld = Steuerschuld, z. B. Einkommensteuer.

FEHLER: HAFTUNG IST KEINE ERMESSENSENTSCHEIDUNG.

Haftet jemand neben dem Steuerschuldner, so sind beide Gesamtschuldner. Das Finanzamt kann sich an jeden der beiden halten, § 44 Abs. 1 AO.

An wen sich das Finanzamt wendet, entscheidet es nach billigem Ermessen (§ 191 AO, § 5 AO, „kann"). Die Ermessensentscheidung darüber, ob die Haftung durch Haftungsbescheid gem. § 191 AO geltend gemacht wird, ist durch § 219 Satz 1 AO eingeschränkt. Danach darf der Haftungsschuldner grundsätzlich nur dann in Anspruch genommen werden, wenn die Zahlungsunfähigkeit des Steuerschuldners feststeht (z. B. Vollstreckung aussichtslos).

Diese Einschränkung gilt nicht, wenn die Haftung darauf beruht, dass der Haftungsschuldner Steuerhinterziehung oder Steuerhehlerei begangen hat oder gesetzlich verpflichtet war, Steuern einzubehalten und abzuführen oder zu Lasten eines anderen zu entrichten, § 219 Satz 2 AO. In diesem Fall darf der Haftungsbescheid selbst sofort eine Zahlungsaufforderung beinhalten.

Bei zusammenveranlagten Ehegatten/Lebenspartnern gibt es nach §§ 268 ff. AO weitere Beschränkungen der Haftung. Hier besteht die Möglichkeit des Antrags auf Erlass eines Aufteilungsbescheids. Dieses Thema kommt in der Praxis jedoch eher selten vor, ist äußerst komplex und daher nicht Inhalt dieses Buches.

II. Haftungstatbestände

FEHLER: KEINE EINTEILUNG DER HAFTUNGSGRÜNDE

Im Hinblick auf das Haftungsverfahren sind folgende Haftungstatbestände zu unterscheiden:

- gesetzliche Haftung, § 191 Abs. 1 AO
- vertragliche Haftung, § 192 AO

Bei der gesetzlichen Haftung ist zu differenzieren zwischen Haftungstatbeständen, welche sich ergeben aus den

- Steuergesetzen: §§ 69 ff. AO, §§ 42 d, 44 Abs. 5, 45a Abs. 6 EStG
- sonstigen Gesetzen: z. B. BGB, HGB

Abb. 16: Übersicht Haftungsanspruch

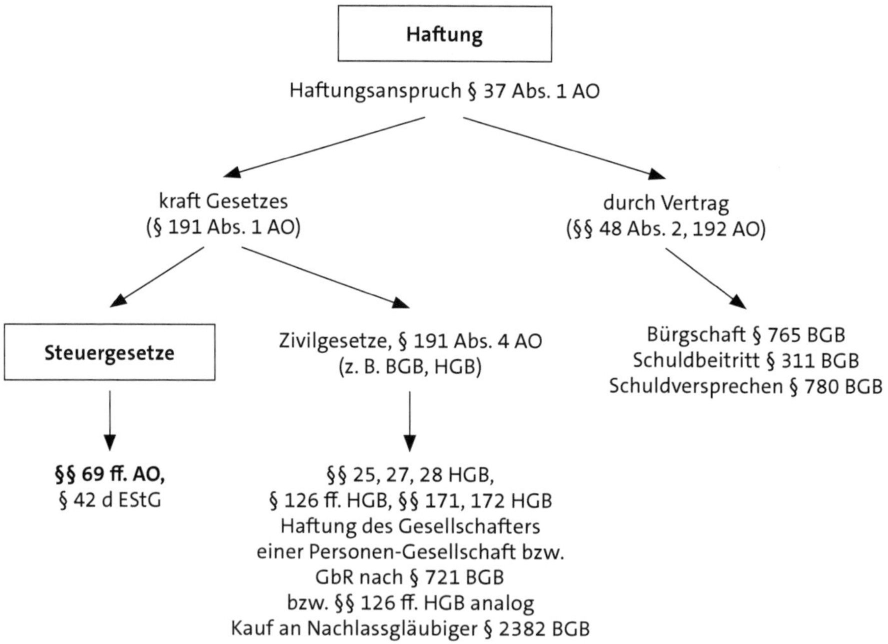

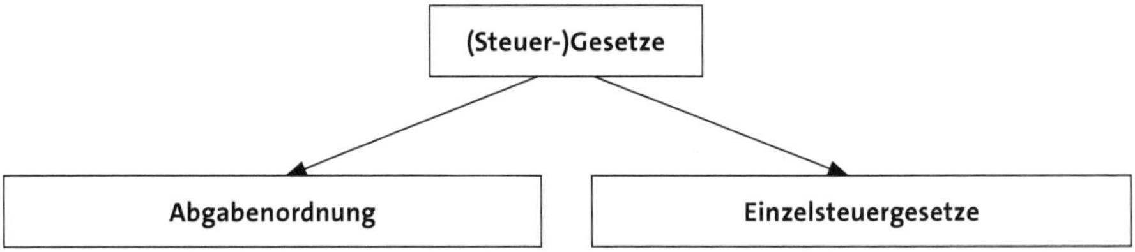

- Vertreter §§ 34, 35, **69** AO
- Vertretener, soweit nicht Steuerschuldner §§ 43, **70** AO
- Steuerhinterziehung/Hehlerei, §§ 43, **71**, 369 Abs. 2 AO
- Kontenwahrheit §§ **72**, 154 Abs. 3 AO
- Organschaft § **73** AO
- Eigentümer von Gegenständen § **74** AO
- Betriebsübernehmer § **75** AO
- Sachhaftung § **76** AO
- Duldungspflicht § **77** AO

§ 13c UStG:
Abtretung, Pfändung

§ 10b Abs. 4 EStG:
Spenden

§ 42d EStG:
Arbeitgeber

Festsetzung der Haftungsschuld durch Haftungsbescheid (§ 191 AO).

Erhebung durch Zahlungsaufforderung, § 219 Abs. 1 AO.

- wenn Vollstreckung bei Steuerschuldner in bewegliches Vermögen erfolglos/aussichtslos
  - Einschränkung gilt **nicht** bei
    - Steuerhinterziehung/Hehlerei Haftungsschuldner
    - gesetzlicher Verpflichtung zur Steuerbezahlung für andere (z. B. Arbeitnehmer/Arbeitgeber, § 42d EStG)
    - Zahlungsaufforderung kann dann direkt mit Haftungsbescheid verbunden werden.

Da das Thema komplex ist, konzentriere ich mich in diesem Buch auf die praxisrelevanten Normen, welche meiner Erfahrung nach am häufigsten auftreten.

III. Haftung steuerlicher Hilfspersonen (§ 69 i. V. m. § 34 AO)

1. Prüfungsschema

1. Vertreter (§ 34 AO) oder Verfügungsberechtigter (§ 35 AO) vorhanden?

2. Liegt Haftungsschaden vor?
   - Anspruch aus Steuerschuldverhältnis, § 37 Abs. 1 AO
   - Festsetzung/Erfüllung:
     - Nicht?
     - Nicht rechtzeitig?
   - Steuervergütung ohne rechtlichen Grund bezahlt?
3. Liegt schuldhafte Pflichtverletzung vor?
   - Pflichten nach § 34 AO?
   - Verletzt?
   - Schuld?
     - Grobe Fahrlässigkeit?
     - Vorsatz?
4. Kausalität/Ursächlichkeit?
   - Folge: Haftung, soweit ein Haftungsschaden vorliegt

2. Haftungsschuldner

- § 34 Abs. 1 AO: Gesetzliche Vertreter natürlicher und juristischer Personen

BEISPIELE:

- Eltern (§§ 1626, 1629 ff. BGB)
- Vormund (§§ 1793 ff. BGB)
- Vorstand einer AG/eingetragenen Vereins (§ 78 Abs. 1 Satz 1 AktG bzw. § 26 BGB)
- Geschäftsführer einer GmbH (§ 35 Abs. 1 Satz 1 GmbHG)
- Geschäftsführer von Personenvereinigungen
  Rechtsfähig: § 34 Abs. 1 AO
  Nicht rechtsfähig: § 34 Abs. 2 AO

BEISPIELE: Geschäftsführer einer

- GbR (§ 720 BGB),
- OHG-Gesellschafter (§ 124 HGB),
- Komplementär einer KG (§§ 161 Abs. 2, 170, 124 HGB).
- § 34 Abs. 2 AO: Mitglieder nichtrechtsfähiger Personenvereinigungen/Vermögensmassen
  - Bruchteilsgemeinschaft (§§ 741 ff. BGB)
  - Erbengemeinschaft (§§ 2032 ff. BGB)

- § 34 Abs. 3 AO:
  - Insolvenzverwalter (§§ 56 ff. InsO)
  - Nachlassverwalter (§§ 1985 ff. BGB)
  - Testamentsvollstrecker (§§ 2198 ff. BGB)
- § 35 AO: Verfügungsberechtigte
  - Prokurist (§§ 48 ff. HGB)
  - Beherrschender Gesellschafter

FEHLER: KEINE PFLICHTVERLETZUNG

Diese in §§ 34 und 35 AO genannten Personen haften nur, wenn sie ihre Pflichten verletzt haben, § 69 AO. Die Pflichtverletzung kann entweder im Festsetzungsverfahren erfolgen (z. B. bei unrichtig bzw. nicht abgegebener Steuererklärung) oder im Erhebungsverfahren (Nichtbezahlung fälliger Steueransprüche aus verwalteten Mitteln, § 34 Abs. 1 Satz 2 AO).

Gibt es mehrere Geschäftsführer, so hat jeder von ihnen die Erfüllung der steuerlichen Pflichten der Gesellschaft wahrzunehmen. Auf den Aufgabenbereich nach dem Gesellschaftsvertrag kommt es somit für die Haftung nicht an. Die interne Zuständigkeit der Geschäftsführer ist allenfalls für die Entscheidung von Bedeutung, welche Person das Finanzamt im Rahmen des Auswahlermessens nach § 5 AO in Anspruch nehmen will.

3. Steuerausfall als Haftungsschaden

Die Pflichtverletzung muss einen **Schaden** nach sich ziehen. Regelmäßig handelt es sich dabei um einen Steuerausfall = Schaden.

4. Kausalität und Schuldhaftigkeit

FEHLER: KEINE PRÜFUNG DER KAUSALITÄT

Eine Hilfsperson kann nur so weit haften, wie ihre Pflichtverletzung ursächlich = kausal für die Entstehung des Schadens war.

Die Pflichtverletzung des Vertreters im Festsetzungsverfahren (oder auch im Steuer-Anmeldungsverfahren, z. B. Umsatzsteuervoranmeldung) ist folglich nicht oder nur zum Teil ursächlich für das Nichtbezahlen von Steuern, wenn die Mittel nicht, nicht mehr oder nicht mehr in ausreichender Menge vorhanden waren.

Gleiches gilt auch, wenn der Vertreter im Zeitpunkt der Fälligkeit der Steuer nicht mehr befugt war, über die Mittel der Gesellschaft zu verfügen. Gemäß § 34 Abs. 1 Satz 2 AO sind die Steuern aus den Mitteln zu entrichten, die vom gesetzlichen Vertreter verwaltet werden. Sind solche Mittel jedoch gar nicht mehr vorhanden, die verwaltet werden können, ist die Ursächlichkeit der Pflichtverletzung für den Steuerausfall nicht mehr gegeben.

FEHLER: KEINE UNTERSCHEIDUNG BEI DER ART DER RÜCKSTÄNDE

Die Pflichtverletzung muss nach § 69 AO schuldhaft gewesen sein. Hierunter ist Vorsatz oder grobe Fahrlässigkeit zu verstehen. Zu unterscheiden sind hierbei die Art der Rückstände:

- Abzugssteuern, z. B. Lohnsteuer, Kapitalertragsteuer, § 36 Abs. 2 Satz 2 EStG:
  - Der Arbeitgeber ist gesetzlich dazu verpflichtet (er wird also auch zum Haftungsschuldner) die Lohnsteuer für den Arbeitnehmer einzubehalten, §§ 38, 41a EStG. Folglich liegen wirt-

schaftlich fremde Gelder vor (der Arbeitnehmer ist originärer Steuerschuldner). Daher sind solche Steuern immer primär vor sonstigen Rückständen an das Finanzamt abzuführen.

- Das Verschulden besteht darin, dass die Löhne der Arbeitnehmer nicht nach § 38 Abs. 4 EStG gekürzt werden, um die Schulden beim Finanzamt – zumindest anteilig – zu begleichen.
- Da sowohl der Arbeitgeber als auch der Arbeitnehmer – als originärer Steuerschuldner – Steuerschuldner sind, liegt hier wiederum eine Gesamtschuldnerschaft nach § 44 AO vor.

► Andere Steueransprüche, z. B. Umsatzsteuer, Körperschaftsteuer, Gewerbesteuer:

- Die Haftungsquote ist unter Berücksichtigung der Mittelverwendung während des Haftungszeitraums zu ermitteln (Grundsatz der Gleichbehandlung sämtlicher Gläubiger).
- Bestehen Zahlungsschwierigkeiten, sind die Geschäftsführer dazu verpflichtet, die Steuerschulden, entsprechend der Befriedigung der anderen Gläubiger zu tilgen, wenn die verfügbaren Mittel nicht zur Bezahlung sämtlicher fälliger Schulden ausreichen.[1]
- Der Haftungszeitraum beginnt mit der ersten Säumnis und endet, wenn keinerlei Mittel mehr vorhanden sind. Dies ist der Fall, wenn die Zahlungen eingestellt werden bzw. das Insolvenzverfahren eröffnet wird.
- Maßgeblich für die Höhe der Haftung ist der Differenzbetrag, der die berechnete Tilgungs-Quote unterschreitet.

BEISPIEL: ► *GmbH*

Schulden am 1.1.2023:	*5 Mio. €*
Schulden 20.1.2025:	*15 Mio. €*
USt-Rückstände 1.1.2025:	*500.000 €*
USt-Rückstände 20.1.2025:	*2 Mio. €*

Geschäftsführer (GF) tilgt vom 1.1.2025 bis 20.1.2025: 12 Mio. €.

Dieser Betrag setzt sich wie folgt zusammen: 200.000 € USt, Rest 11,8 Mio. €

In welcher Höhe haftet der Geschäftsführer für die USt?

LÖSUNG: ► Gesamtverbindlichkeiten: 17 Mio. (20.1.2025)

Anteil USt-Rückstand an Gesamtverbindlichkeiten:

2 Mio. € von 17 Mio. = 11,8 % der Gesamtverbindlichkeiten

Berechnung Mittelverwendung:

Bei einer Quote von 11,8 % hätten 1.416.000 € an das Finanzamt abgeführt werden müssen, 11,8 % von 12 Mio. €.

Haftungssumme:

Der Haftungsbetrag ergibt sich aus der Differenz zwischen dem berechneten Tilgungsbetrag 1.416.000 € und den tatsächlich gezahlten Steuerzahlungen 200.000 €.

Damit haftet der Geschäftsführer auch für den Differenzbetrag i. H. v. 1.216.000 €.

---

1 Siehe BFH, Urteil v. 7.11.1989 - VII R 34/87, BStBl 1990 II S. 201.

FEHLER: BESCHRÄNKUNG DER HAFTUNG AUS DEM STEUERANSPRUCH

Die Haftung erstreckt sich auf alle Ansprüche aus dem Steuerschuldverhältnis, § 69 Satz 1 AO i. V. m. §§ 37 Abs. 1, 3 Abs. 4 AO:

- Steueranspruch sowie Ansprüche auf
- steuerliche Nebenleistungen
  - Verspätungszuschläge
  - Zinsen
  - Säumniszuschläge
  - Zwangsgelder
  - Kosten

Eine Haftung ist daher nicht auf den alleinigen Steueranspruch beschränkt.

IV. Haftung des Steuerhinterziehers (§ 71 AO)

Zunächst ein Rück- bzw. Überblick zu den Straftaten i. S. des StGB und § 370 AO:

- **Täter** ist, wer eine eigene Straftat begeht und die „Tatherrschaft" hat.
- Bei § 370 AO ist es unerheblich, wer durch die Steuerhinterziehung einen Vorteil erlangt hat.
- **Teilnehmer** ist, wer sich an einer fremden Straftat als **Anstifter** oder **Gehilfe** beteiligt und dabei keine Tatherrschaft hat.
- **Objektiver** Tatbestand einer Straftat muss erfüllt sein. Der Tatbestand befindet sich bei der Steuerhinterziehung in § 370 Abs. 1 AO.
- Hiernach wird mit Freiheitsstrafe bis zu fünf Jahren oder mit Geldstrafe bestraft, wer
  - die Voraussetzungen des § 370 Abs. 1 Nr. 1 bis 3 erfüllt hat,
  - und dadurch (Kausalität)
  - Steuern verkürzt oder für sich oder einen anderen ungerechtfertigt
  - Steuervorteile erlangt hat.
- **Subjektiver** Tatbestand liegt vor, wenn die objektiven Tatbestandsmerkmale vorsätzlich begangen wurden.
  - Vorsätzlich handelt, wer trotz Kenntnis der objektiven Tatbestandsmerkmale mit Wissen und Wollen handelt.
  - Rechtwidrigkeit liegt vor, wenn keine Rechtfertigungsgründe (z. B. Notwehr) in Betracht kommen. Die Verwirklichung der objektiven und subjektiven Tatbestandsmerkmale des § 370 AO begründet grundsätzlich die Rechtswidrigkeit der Tat.

– Schuld liegt vor, wenn keine Schuldausschließungsgründe vorliegen, wie z. B. eine Schuldfähigkeit ausschließende Geisteskrankheit.

FEHLER: HAFTEN KÖNNEN NUR TÄTER.

Haftungsschuldner nach § 71 AO können also nicht nur Täter sein, sondern auch Mittäter, Gehilfen und Anstifter einer Steuerhinterziehung (§ 370 AO).

Der Steuerschuldner selbst kann nicht Haftender nach § 71 AO sein, da Haften im steuerlichen Sinne das Einstehen für eine fremde Schuld bedeutet.

Der Täter oder Teilnehmer muss vorsätzlich Steuern verkürzt oder vorsätzlich einen ungerechtfertigten Steuervorteil erlangt haben (§ 370 Abs. 1 AO).

Der Haftungstatbestand ist auch dann verwirklicht, wenn der Täter nach Vollendung der Tat ordnungsgemäß Selbstanzeige (§ 371 AO) erstattet hat, so dass es zu einer Verurteilung nicht gekommen ist.

Die Haftung erstreckt sich dabei auf

- verkürzte Steuern,
- zu Unrecht erlangte Steuervorteile,
- Hinterziehungszinsen (§ 235 AO).

V. Zum Abschluss noch ein Vergleich zwischen §§ 69 und 71 AO

Tab. 11: Übersicht §§ 69 und 71 AO

Norm	§ 69 AO	§ 71 AO
Haftungsschuldner	– Vertretungsberechtigte § 34 AO – Verfügungsberechtigte § 35 AO	– Wie § 69 AO und Dritte
Verschulden	– Vorsatz – Grobe Fahrlässigkeit	– Nur Vorsatz
Tat	– Pflichtverletzung	– Steuerhinterziehung – Steuerhehlerei
Haftungsumfang	– Ursächlicher Steuerausfall – Nebenleistungen	– Ursächlicher Steuerausfall – Zinsen, § 325 AO – Zinsen, § 233a AO
Haftungsschaden	– Keine oder verspätete Festsetzung/Zahlung	– Keine oder verspätete Festsetzung

FEHLER: KEINE HAFTUNGSNORMEN AUßERHALB DER AO

Nicht nur die AO, auch Einzelsteuergesetze können Haftungsnormen beinhalten.

- Lohnsteuer:
  - Der sicherlich wichtigste Haftungstatbestand nach den Steuergesetzen außerhalb der AO ist in § 42 d EStG geregelt.
  - Originärer Schuldner der Lohnsteuer ist der Arbeitnehmer (§ 43 Satz 1 AO i. V. m. § 38 Abs. 2 EStG). Der Arbeitgeber hat jedoch die Lohnsteuer einzubehalten und an das Finanzamt abzuführen (§§ 38 Abs. 3, 41a EStG).
  - Der Arbeitgeber haftet unabhängig von einem Verschulden, falls er seinen lohnsteuerlichen Pflichten nicht nachkommt, insbesondere wenn er die Lohnsteuer nicht ordnungsgemäß abführt.
  - Arbeitgeber und Arbeitnehmer haften als Gesamtschuldner (§ 42d Abs. 3 EStG).
  - Der Arbeitnehmer darf jedoch nur unter den Voraussetzungen des § 42d Abs. 3 Satz 4 Nr. 1, 2 EStG in Anspruch genommen werden, also nur, wenn der Arbeitgeber die Lohnsteuer nicht vorschriftsmäßig vom Arbeitslohn einbehalten hat oder der Arbeitnehmer das Fehlverhalten des Arbeitgebers kennt und dem Finanzamt keine Mitteilung macht.
  - In diesen Fällen hat das Finanzamt ein Auswahlermessen nach § 5 AO, wer in Anspruch genommen wird.
- Kapitalertragsteuer:
  - § 45a Abs. 6 EStG: Haftung bei unrichtiger Bescheinigung der Kapitalertragsteuer.

VI. Haftung des Erwerbers eines Handelsgeschäfts, § 25 HGB i. V. m. § 191 AO

Nach § 191 AO begründen auch zivilrechtliche Haftungsvorschriften steuerrechtlich eine Haftung. Zu den wichtigsten außersteuerlichen Haftungsbestimmungen gehört § 25 HGB.

Voraussetzungen:

- ein Handelsgeschäft nach HGB
- unter Lebenden erworben
- nicht durch Erbfall
- Geschäft wird unter bisheriger Firma = Name fortgeführt

Die Haftung kann nach § 25 Abs. 2 HGB vertraglich ausgeschlossen werden

- jedoch nur wirksam, wenn unverzüglich ins Handelsregister eingetragen werden kann oder
- dem Finanzamt mitgeteilt wird.

VII. Haftung des Eigentümers von Gegenständen nach § 74 AO

Nach § 74 AO haftet

- eine an einem Unternehmen **wesentlich**, zu mehr als 25 % (§ 74 Abs. 2 AO), beteiligte Person, mit den ihr als Eigentümerin gehörenden, dem Unternehmen dienenden Gegenständen für die in der Zeit der wesentlichen Beteiligung entstandenen betrieblichen Steuern.
- wer beherrschenden Einfluss auf Unternehmen ausübt.

Die Haftung ist beschränkt:

- Sachlich:
  - Betriebssteuern (z. B. Umsatzsteuer, Gewerbesteuer)
  - Nicht z. B. Einkommensteuer, Körperschaftsteuer, Lohnsteuer
- Gegenständlich:
  - Überlassene körperliche Gegenstände
  - Keine Surrogate (Ersatzwirtschaftsgüter)
  - Ist Gegenstand verkauft, entfällt insoweit die Haftung.
- Zeitlich:
  - Beschränkung auf Steuern, die während des Bestehens der wesentlichen Beteiligung entstanden sind, z. B. nach § 38 AO i. V. m. § 13 Abs. 1 Nr. 1 UStG.
  - Gegenstände müssen Betrieb gedient haben.
  - Fälligkeit ist unerheblich.

BEISPIEL: Sepp und Xaver haben als GbR ein ihnen gehörendes Grundstück an die Sepp+Xaver-GmbH verpachtet. Alleinige Gesellschafter sind beide zu 50 %. Die GmbH wurde im Handelsregister gelöscht. Das Finanzamt nimmt nun beide wegen rückständiger Umsatzsteuer der GmbH als Haftungsschuldner in Anspruch. Im Haftungsbescheid wird auferlegt, die Zwangsvollstreckung in das Grundstück zu dulden, auf dem die GmbH vor Löschung betrieben worden war. Zu Recht?

LÖSUNG: Eine Organschaft zwischen der GbR und GmbH ist aus dem Sachverhalt nicht zu entnehmen, so dass eine Haftung nach § 73 AO ausscheidet.

Sepp und Xaver haben der GmbH körperliche Gegenstände, die nicht nur vorübergehend dem Unternehmen der GmbH dienten, zur Verfügung gestellt.

Beide sind Eigentümer und wesentlich beteiligt, § 74 Abs. 2 AO, da sie je mehr als 25 % der Anteile an der GmbH halten (je 50 %).

Die Haftung erstreckt sich auf Betriebssteuern, also die Umsatzsteuer, die während des Bestehens der Haftungsvoraussetzungen entstanden ist.

Die Fälligkeit ist dabei unerheblich.

Die Haftung ist auf den überlassenen körperlichen Gegenstand = Grundstück beschränkt.

Beide können somit durch einen Haftungsbescheid auf Duldung der Zwangsvollstreckung in das verpachtete Grundstück in Anspruch genommen werden, § 191 AO. Hierbei handelt es sich um eine Ermessensentscheidung.

VIII. Haftung des Betriebsübernehmers gem. § 75 AO

- Voraussetzung der Haftung
  - „lebendes Unternehmen“
    - ein Unternehmen oder
    - gesondert geführten Betrieb eines Unternehmens = Teilbetrieb, § 16 Abs. 1 Nr. 1 EStG
    - „Lebendes Unternehmen“ = gesamte selbständige gewerbliche/berufliche Tätigkeit eines Unternehmers.
  - Im Ganzen
    - Übergehen wesentlicher Grundlagen (Einzelfallentscheidung)
    - Keine Haftung, wenn wesentliche Grundlage zurückbehalten und erst später übereignet wird.[1]
  - Bei Grundstück:
    - Vorschriften des BGB sind zu beachten (Notar etc.)
    - Keine Haftung bei Vermietung[2]

Die Haftung tritt nicht ein bei Erwerb aus Insolvenzmasse und im Vollstreckungsverfahren, § 75 Abs. 2 AO.

Auch hier ist die Haftung beschränkt:

- Sachlich:
  - Betriebsbedingte Steuern (z. B. nicht Einkommensteuer)
  - Steuerabzugsbeträge
  - Erstattungsansprüche Steuervergütung
  - Steuerabzugsbeträge, z. B. Lohnsteuer, Kapitalertragsteuer, § 50a EStG

1 BFH, Urteil v. 6.8.1985 - VII R 189/82, BStBl 1985 II S. 651.

2 AEAO zu § 75, Nr. 3.2.

- Zeitlich:
  - Nur Beträge, die in der Zeit seit Beginn des letzten vor der Übereignung liegenden Kalenderjahres entstanden **und** innerhalb von einem Jahr nach Betriebsübernahme angemeldet oder festgesetzt worden sind = Festsetzungszeitraum.

BEISPIEL: Sepp erwirbt das Einzelunternehmen von Xaver. Übergang ist der 1.2.2025. Sepp meldet am 1.4.2025 die Eröffnung des Unternehmens an das Finanzamt, § 138 AO:

Xaver hatte noch folgende offene Steuerschulden:

- Umsatzsteuer Februar 2025: 600 €. Angemeldet am 5.3.2025
- Umsatzsteuer Dezember 2024: 500 €. Angemeldet am 7.1.2025
- Umsatzsteuer Juni bis November: je 500 €. Angemeldet jeweils am 5. des Folgemonats
- Säumniszuschläge zur USt-Voranmeldung Oktober 2024: 15 €
- Einkommensteuer 2023: 500 €. Bescheid vom 2.5.2024

Wer haftet in welcher Höhe?

LÖSUNG: Xaver haftet nicht für Einkommensteuer und Verspätungszuschlag, da die Einkommensteuer keine betriebsbedingte Steuer ist. Der Verspätungszuschlag scheidet weiter als steuerliche Nebenleistung i. S. des § 3 Abs. 4 AO aus.

Der Haftungszeitraum läuft vom 1.2.2025 bis 31.3.2025 (Eröffnung 1.4.2025). Die Umsatzsteuer für Juni bis November liegt daher außerhalb dieses Zeitraums. Dies gilt auch für die (zumal Nebenleistung) Säumniszuschläge und die Umsatzsteuer für Dezember 2024. Dagegen ist die Umsatzsteuer für Februar 2025 innerhalb des Zeitraums entstanden.

Daher haftet Xaver nur für Umsatzsteuer für Februar i. H. v. 600 €.

IX. Haftungsverfahren

Die Haftung wird durch einen schriftlichen oder elektronischen **Haftungsbescheid** geltend gemacht (§ 191 Abs. 1 Satz 3 AO), sofern es sich um eine Haftung kraft Gesetzes handelt.

FEHLER: KEINE BEACHTUNG DER BESONDERHEITEN EINES HAFTUNGSBESCHEIDS

- Sonstiger Steuerverwaltungsakt, so dass nur die §§ 129, 130 und 131 AO einschlägig sind, siehe AEAO vor §§ 130, 131 und 172 Abs. 1 Satz 1 Nr. 2 Buchst. d AO im Umkehrschluss.
- Ermessens-Verwaltungsakt, § 5 AO.
- Eine Korrektur zugunsten des Haftungsschuldners kann auch noch nach Ablauf der Festsetzungsfrist (vgl. § 191 Abs. 3 und 5 AO) erfolgen,[1] da sich die Verjährung von Haftungsbescheiden nur auf den Erlass, nicht auf die Korrektur bezieht.
- Er kann weiterhin mit dem Einspruch angefochten werden.
- Die Zuständigkeit regelt § 24 AO.

1 BFH, Urteil v. 12.8.1997 - VII R 107/96, BStBl 1998 II S. 131.

- Vor Erlass gegen Angehörigen der steuerberatenden Berufe, Rechtsanwälte, Notare etc. besteht eine Anhörungspflicht, § 191 Abs. 2 AO.
- Die erlassende Behörde muss erkennbar sein, § 119 Abs. 3 AO.
- Haftungsschuldner muss als Adressat eindeutig und ordnungsgemäß bezeichnet sein.
- Rechtmäßige Übermittlung an richtigen Empfänger. Hier gelten §§ 122 ff. AO und das VwZG.
- Tenor des Verwaltungsakts: Bezeichnung der Haftungsschuld nach Art/Höhe.

Achtung: Bei einem Sammelhaftungsbescheid (mehrere Haftungsansprüche bei einem Haftungsschuldner werden zusammengefasst) muss jede Haftungsschuld nach Art/Höhe erkennbar sein.

Folge: Der Haftungsbescheid entfaltet Bindungswirkung nach § 124 Abs. 1 AO mit wirksamer Bekanntgabe.

BEISPIEL FÜR VERJÄHRUNG ▸ **Beginn:** Mit Ablauf des Jahres, in dem der Haftungsanspruch entstanden ist, § 191 Abs. 3 Satz 3 AO, bspw. mit Ablauf 2024.

Achtung: Maßgeblich ist also nicht die Entstehung der Steuer oder des Steueranspruchs wie bei der „normalen" Festsetzungsverjährung nach § 169 AO.

Dauer: Die Festsetzungsfrist beträgt vier Jahre.

Ausnahmen: Fünf bzw. zehn Jahre bei einer Haftung nach § 70 AO (leichtfertige Steuerverkürzung bzw. Steuerhinterziehung) oder

zehn Jahre bei einer Haftung nach § 71 AO, also bei einer Steuerhinterziehung, analog § 169 Abs. 2 Satz 2 AO, z. B. bei der Einkommensteuer. Siehe hierzu § 191 Abs. 3 Satz 2 AO.

Ende: Mit Ablauf des Jahres 2028 bzw. 2029 bzw. 2034 bei einem Fall nach § 70 oder § 71 AO. Hierbei sind Ablaufhemmungen nach § 191 Abs. 3 Satz 4 und Satz 5 AO zu beachten.

FEHLER: KEINE ZUSTÄNDIGKEIT IN DER AO GEREGELT?

Sucht man in der AO die Norm für die örtliche Zuständigkeit, wie bspw. für die Einkommensteuer nach § 19 AO, so wird man nicht fündig.

Zuständig für den Erlass dieser Steuerverwaltungsakte ist kraft Sachzusammenhangs das Finanzamt, das die Steuerschuld des Stpfl. festzusetzen hat. Dies wird als sogenannte Ersatzzuständigkeit nach § 24 AO bezeichnet, da sich die örtliche Zuständigkeit nicht aus sonstigen Vorschriften ergibt, AEAO zu § 24, Nr. 1.

FEHLER: KEIN DOPPELTES ENTSCHLIEßUNGSERMESSEN

Gemäß § 191 Abs. 1 AO hat die Finanzbehörde hinsichtlich des Haftungsbescheids ein pflichtgemäßes Ermessen nach § 5 AO. Hierbei hat es ein sog. doppeltes Ermessen:

Das Finanzamt kann im Rahmen seines Ermessens entscheiden, ob es den Haftungsschuldner überhaupt in Anspruch nimmt. Zudem kann es im Rahmen seines Ermessens auch entscheiden, in welcher Höhe es einen Haftungsschuldner in Anspruch nehmen will. Auf diese Weise wird dem Finanzamt die Möglichkeit eingeräumt, z. B. mehrere Haftungsschuldner entsprechend der Höhe ihrer Beteiligung bei der Erfüllung des Haftungstatbestands und ihrer wirtschaftlichen Lage in Haftung zu nehmen.

FEHLER: MISSACHTUNG DER GESAMTSCHULDNERSCHAFT

Gemäß § 44 Abs. 1 AO sind Steuerschuldner sowie Haftungsschuldner Gesamtschuldner.

Folgen:

- Jeder Gesamtschuldner schuldet die ganze Leistung, § 44 Abs. 1 Satz 2 AO.

- Die Erfüllung der Leistung durch einen Gesamtschuldner wirkt auch für die übrigen Schuldner (§ 44 Abs. 2 Satz 1 AO). Tilgt also einer der Schuldner die Rückstände, hat dies auch Auswirkungen auf die anderen Schuldner.
- Dem Finanzamt steht es nach § 5 AO frei, an welchen der Gesamtschuldner es sich richtet.
- Sind mehrere Haftungsschuldner involviert, so hat es ein Auswahlermessen, gegen wen es einen Haftungsbescheid erlassen will. Maßgeblich für die Ermessensentscheidung wird dabei auch sein, wer für die Erfüllung der steuerlichen Angelegenheiten nach dem Gesellschaftsvertrag ausgewählt wurde.
- Allerdings darf gem. § 219 Abs. 1 Satz 1 AO ein Haftungsschuldner durch Zahlungsaufforderung erst beansprucht werden, wenn die Vollstreckung in das bewegliche Vermögen des Steuerschuldners erfolglos war oder anzunehmen ist, dass sie aussichtslos sein würde, es sei denn, der Haftungsschuldner hat eine Steuerhinterziehung begangen oder seine Haftung beruht insbesondere auf § 42d EStG oder § 44 Abs. 5 EStG (§ 219 Abs. 1 Satz 2 AO). In letzterem Fall dürfen das Leistungsgebot und der Haftungsbescheid verbunden werden.
- **Achtung**: § 219 AO bezieht sich lediglich auf die Zahlungsaufforderung, also auf das Leistungsgebot nach § 254 Abs. 1 Satz 1 AO. Dies bedeutet, dass der Erlass des Haftungsbescheids an sich (also ohne Zahlungsaufforderung) durch diese Einschränkung nicht gehindert wird.
- Diese Option kommt insbesondere dann in Betracht, wenn die Frist nach § 191 Abs. 3 AO abzulaufen droht, aber noch nicht feststeht, ob der Steuerschuldner selbst zahlen kann.

FEHLER: FEHLENDE AKZESSORIETÄT

Zwischen Haftungsanspruch und zugrundeliegendem Anspruch aus dem Steuerschuldverhältnis (z. B. Einkommensteuerschuld) besteht eine sog. Akzessorietät. Dies heißt: Ein Haftungsanspruch setzt das Bestehen eines Anspruches aus einem Steuerschuldverhältnis (§ 37 Abs. 1 AO) voraus.

Erlischt dieser Anspruch aus dem Steuerschuldverhältnis, so erlischt damit auch der Haftungsanspruch.

Folge: Ein Haftungsbescheid darf dann nicht mehr erlassen werden, § 191 Abs. 5 AO.

Wurde jedoch bereits ein Haftungsbescheid erlassen und erlischt später die zugrundeliegende Steuer nach § 47 AO, so findet § 191 Abs. 5 AO keine Anwendung.

Dann handelt es sich – wie so oft – um eine Einzelfallentscheidung, ob der Haftungsbescheid bestehen bleibt oder nach § 130 Abs. 1 AO zu korrigieren ist.

BEISPIEL 1: Das Finanzamt hat einem Steuerschuldner die Steuer aus persönlichen Gründen nach § 227 AO erlassen:

- Der Steueranspruch ist erloschen, § 47 AO.
- Ein Haftungsbescheid darf nicht mehr ergehen.

BEISPIEL 2: Das Finanzamt hat zuerst im Jahre 2023 einen Steuerbescheid und nach eingetretener Zahlungsunfähigkeit des Steuerschuldners im Jahre 2025 einen Haftungsbescheid erlassen.

- Mit Ablauf des Jahres 2028 tritt für den Steuerbescheid Zahlungsverjährung nach §§ 228 ff. AO ein: Entstehung mit Ablauf 2023 und fünf Jahre Zahlungsverjährungsfrist.
- Die Steuerschuld erlischt, § 47 AO.
- Haftungsbescheid bleibt weiterhin wirksam.

§ 191 Abs. 5 AO greift hier nicht:

Das Finanzamt ist nicht verpflichtet, den Eintritt der Zahlungsverjährung durch entsprechende Unterbrechungshandlungen nach § 231 AO hinauszuschieben.

BEISPIEL 3: Das Finanzamt hat im Beispiel 2 die Steuer aus sachlichen Gründen erlassen, § 227 AO

- Haftungsbescheid ist nicht gerechtfertigt.
- Er ist nach § 130 Abs. 1 AO zurückzunehmen, da rechtswidrig.
- Jahresfrist nach § 130 Abs. 3 AO ist zu beachten.

FEHLER: KEINE PRÜFUNG STEUERHINTERZIEHUNG NACH § 191 ABS. 5 SATZ 2 AO

Hat der Haftungsschuldner eine Steuerhinterziehung nach §§ 370 ff. AO begangen, so kann das Finanzamt auch noch nach Erlöschen des Anspruches aus dem Steuerschuldverhältnis nach § 47 AO einen entsprechenden Haftungsbescheid erlassen, § 191 Abs. 5 Satz 2 AO.

Dies gilt selbst dann, wenn der Haftungsschuldner eine ordnungsgemäße Selbstanzeige nach § 371 AO vorlegt, denn diese schützt bei Beachtung der Voraussetzungen nur vor einer Bestrafung.

FEHLER: KORREKTUR VON HAFTUNGSBESCHEIDEN NACH §§ 172 FF. AO

Der Haftungsbescheid gehört nicht zur Gruppe der Steuerbescheide bzw. gleichgestellten Bescheide, sondern zu den sonstigen Verwaltungsakten, so dass die Änderungsvorschriften der §§ 172 ff. AO auf Haftungsbescheide nicht anwendbar sind. Als Korrekturnormen kommen daher nur die §§ 129, 130, 131 AO in Betracht. Eine Korrektur zugunsten des Haftungsschuldners kann auch noch nach Ablauf der Festsetzungsfrist erfolgen.

Voraussetzungen der Korrektur, siehe § 124 Abs. 2 AO:

- Keine Verjährung des Haftungsanspruchs, § 191 Abs. 3 und 4 AO.
  - **Achtung**: bezieht sich nur auf den Erlass des Bescheids, nicht auf die Korrektur.
- Voraussetzungen einer Haftungsnorm müssen vorliegen.
  - **Achtung**: formelle Fehler können geheilt werden, z. B: fehlende Begründung, §§ 121 AO, 126 Abs. 1 Nr. 2 AO.
- Steueranspruch muss im Zeitpunkt des Erlasses entstanden (§ 38 AO) und darf noch nicht erloschen sein, § 47 AO.

Folge: Der Haftungsbescheid ist rechtswidrig, wenn die Steuerschuld bereits verjährt oder erlassen ist, § 191 Abs. 5 Satz 1 AO.

Ausnahme: § 191 Abs. 5 Satz 2 AO: Dies gilt nicht, wenn die Haftung darauf beruht, dass der Haftungsschuldner Steuerhinterziehung oder Steuerhehlerei begangen hat.

Zahlt der Steuerschuldner die Steuer oder wird aufgerechnet, erlischt dieser Anspruch nach § 47 AO auch beim Haftungsschuldner.

Der Grund der Haftung entfällt dann.

M. Auswirkungen des MoPeG auf das Verfahrensrecht

Durch das Gesetz zur Modernisierung des Personengesellschaftsrechts (MoPeG) wurde die Rechtsfähigkeit von Personengesellschaften nunmehr gesetzlich verankert. Der neue § 14a AO unterscheidet dafür ab 2024 zwischen rechtsfähigen (z. B. KG, OHG, Vereine ohne Rechtspersönlichkeit) und nicht rechtsfähigen Personenvereinigungen (z. B. Bruchteilsgemeinschaften, Gütergemeinschaften und Erbengemeinschaften). Das MoPeG wurde am 24.6.2021 durch den Bundestag verabschiedet und beinhaltet die umfangreichste Änderung des Personengesellschaftsrechts seit Verabschiedung des Bürgerlichen Gesetzbuches (1896) und des Handelsgesetzbuches (1897). Nach langem Hin und Her von Bundestag und Bundesrat (der Bundesrat hatte die Zustimmung zunächst verweigert) wurden die das Verfahrensrecht betreffenden Fragen in einem anderen Gesetzgebungsverfahren umgesetzt – im Kreditzweitmarktförderungsgesetz im Jahr 2023.

Inzwischen sind hierzu auch wichtige BMF-Schreiben ergangen.[1] In Kraft trat das MoPeG zum 1.1.2024. Es regelt dabei viele Konstellation bei Personengesellschaften neu. Betroffen sind vor allem die

- OHG (§§ 105 ff. HGB),
- KG (§§ 161 ff. HGB),
- GbR (§§ 705 ff. BGB) und die
- Partnerschaftgesellschaft (§§ 1 ff. PartGG).

Insbesondere bei der GbR ergeben sich demnach Änderungen. So wird nun erstmalig die Rechtsfähigkeit der GbR auch gesetzlich geregelt. Bislang war dies nur durch die höchstrichterliche Rechtsprechung (BGH) der Fall. Weiterhin wird in § 705 Abs. 2 BGB dabei zwischen rechtsfähiger und nicht rechtsfähiger Gesellschaft (bei Teilnahme am Rechtsverkehr, z. B. durch Mietvertrag) unterschieden.

Nach § 707 BGB können (also kein Muss) Gesellschafter die Gesellschaft zudem in ein neues Gesellschaftsregister eintragen lassen. In einem solchen Fall würde der Name der Gesellschaft um „eingetragene Gesellschaft bürgerlichen Rechts (eGbR)“ ergänzt werden. So würde z. B. aus der Müller-GbR die Müller-eingetragene Gesellschaft bürgerlichen Rechts oder abgekürzt die Müller-eGbR werden.

1 BMF, Schreiben v. 29.12.2023, BStBl 2024 I S. 12 und BMF, Schreiben v. 22.3.2024, BStBl 2024 I S. 694 Änderung des Anwendungserlasses zur Abgabenordnung (AEAO); Weitere Anpassungen des AEAO an das Personengesellschaftsrechtsmodernisierungsgesetz und das Kreditzweitmarktförderungsgesetz.

Nach dieser kurzen Übersicht kommen im Folgenden einige Fallstricke, die sich durch die Neuregelungen ergeben.

FEHLER: KEINE UNTERSCHEIDUNG HINSICHTLICH DER RECHTSFÄHIGKEIT

- § 14a Abs. 1 AO definiert nun den in der AO und Einzelsteuergesetzen verwendeten Begriff der Personenvereinigung. Personenvereinigungen i. S. dieses Gesetzes und der Steuergesetze sind Personenzusammenschlüsse ohne Rechtspersönlichkeit zur Verfolgung eines gesetzlich zulässigen Zwecks. Dies deckt sich grundsätzlich mit dem Zivilrecht. Aber: Folgende Personenzusammenschlüsse fallen zwar unter die zivilrechtliche Definition, nicht aber unter § 14a AO:
  - Juristische Personen (GmbH, AG etc.)
  - Nicht wirtschaftliche = eingetragene Vereine § 21 BGB
  - Wirtschaftliche Vereine § 22 BGB
  - Körperschaften des ÖR (z. B. Staat, Bund, Länder, Gemeinden)
- § 14a Abs. 2 AO stellt nun gesetzlich klar, welche Personenvereinigungen rechtsfähig sind. Rechtsfähige Personenvereinigungen sind insbesondere
  1. Vereine ohne Rechtspersönlichkeit (§ 54 BGB),
  2. rechtsfähige Personengesellschaften einschließlich Gesellschaften (§ 705 BGB), Personenhandelsgesellschaften, Partnerschaftsgesellschaften, Partenreedereien und Europäische wirtschaftliche Interessenvereinigungen und
  3. Gemeinschaften der Wohnungseigentümer (§ 9a WEG).
- § 14a Abs. 3 AO stellt dagegen klar, welche Personenvereinigungen nicht rechtsfähig sind. Nicht rechtsfähige Personenvereinigungen sind insbesondere
  1. Bruchteilsgemeinschaften (§ 741 BGB),
  2. Gütergemeinschaften (§ 1415 BGB) und
  3. Erbengemeinschaften (§ 2032 BGB).
- § 14a Abs. 4 AO stellt klar, dass auf nicht rechtsfähige Gesellschaften (§ 740 BGB) die für nicht rechtsfähige Personenvereinigungen geltenden Vorschriften mit Ausnahme des § 267 Abs. 1 Satz 1 AO sinngemäß anzuwenden sind. § 14a AO gilt also auch z. B. für die nicht rechtsfähige GbR.

FEHLER: KEINE BEACHTUNG DES TRANSPARENZ-PRINZIPS

Bislang galt für die Besteuerung der Personengesellschaften das sog. Gesamthandsprinzip: Wirtschaftsgüter, die mehreren zur gesamten Hand zustehen, werden den Beteiligten anteilig zugerechnet, soweit eine getrennte Zurechnung für die Besteuerung erforderlich ist.

Diese anteilige Zurechnung ist erforderlich für das sog. Transparenz-Prinzip: Die Einkommensteuer-/körperschaftsteuerlichen Einkünfte werden nicht auf der Ebene/Stufe der Personengesellschaft besteuert, sondern auf der Ebene/Stufe der Gesellschafter/Gemeinschafter.

BEISPIEL: An der Fuchs & Hase-KG sind Fuchs und Hase zu je 50 % beteiligt.

Der Gewinn von 10.000 € wird gesondert und einheitlich nach § 180 Abs. 1 Satz 1 Nr. 2a AO festgestellt. Dieser Gewinn wird aber nicht auf Ebene der KG besteuert (also nicht im Rahmen der Feststellung), sondern auf Ebene der einzelnen Gesellschafter im jeweiligen ESt-Bescheid:

- Fuchs: 5.000 €
- Hase: 5.000 €

Folglich sind die Inhaltsadressaten (= Besteuerungssubjekt) auch die einzelnen Beteiligten = Steuerschuldner und nicht die Gesellschaft (§ 179 Abs. 2 Satz 1 AO). Zur Verwaltungsvereinfachung galt § 183 AO a. F., so dass u. a. gemeinsame Empfangsbevollmächtigte oder gesetzliche Vertreter die Feststellungsbescheide mit Wirkung für und gegen alle Gesellschafter als Empfänger entgegennehmen konnten. Lediglich bei den Betriebssteuern (z. B. GewSt, USt) waren nicht die einzelnen Gesellschafter Besteuerungssubjekt, sondern die Gesellschaft selbst.

Neue Regelungen durch das MoPeG: Dieses Transparenz-Prinzip sollte auch durch das MoPeG weiterbestehen, d. h. § 39 Abs. 2 Nr. 2 AO wurde dahingehend geändert, dass nun Wirtschaftsgüter, die mehreren zur gesamten Hand oder einer rechtsfähigen Personengesellschaft zustehen, den Beteiligten/Gesellschaftern anteilig zugerechnet werden, soweit eine getrennte Zurechnung für die Besteuerung erforderlich ist. Rechtsfähige Personenvereinigungen gelten also nun für Zwecke der Ertragsbesteuerung als Gesamthand und deren Vermögen als Gesamthandsvermögen.

FEHLER: KEINE BEACHTUNG DES TRANSPARENZ-PRINZIPS

Durch die neuen Regelungen im Zivilrecht zur Rechtsfähigkeit ergeben sich für die am Rechtsverkehr teilnehmenden Personengesellschaften hier nun Neuerungen im Bereich der §§ 179 ff. AO. So bspw. bei der Erklärungspflicht bei der gesondert und einheitlichen Feststellung nach § 181 Abs. 2 Satz 1 Nr. 2a AO i. V. m. § 180 Abs. 1 Satz 1 Nr. 2 Buchst. a AO:

- Alte Regelung: Jeder Feststellungsbeteiligte, dem ein Anteil an einkommensteuer-/körperschaftsteuerpflichtigem EK (oder sonstigen Besteuerungsgrundlagen wie z. B. Spenden) zugerechnet wurde, war erklärungspflichtig. Zusätzlich auch noch die in § 34 AO aufgeführten Personen (z. B. gesetzliche Vertreter), § 181 Abs. 2 Satz 1 Nr. 4 AO.
- Neue Regelung: Hier muss nun wiederum unterschieden werden, ist die Personengesellschaft rechtsfähig oder nicht rechtsfähig. Erklärungspflichtig ist nun bei:
  - **rechtsfähigen** Personenvereinigungen (§ 14a Abs. 2 AO) vorrangig die Personenvereinigung und nachrangig jeder Feststellungsbeteiligte, dem ein Anteil an den einkommensteuerpflichtigen oder körperschaftsteuerpflichtigen Einkünften zuzurechnen ist (§ 181 Abs. 2 Satz 1 Nr. 2a AO i. V. m. § 180 Abs. 1 Satz 1 Nr. 2 Buchst. a AO); Grund: Weitere Verfahrensvereinfachung; Nunmehr wird also nicht mehr unterschieden zwischen Feststellungsverfahren und Betriebssteuern (GewSt, USt …), denn nun ist – auch im Feststellungsverfahren – vorrangig die Personenvereinigung erklärungspflichtig. Diese Neuregelung hat damit auch weitere Auswirkungen, wie z. B. bei der Festsetzung von Verspätungszuschlägen nach § 152 AO, da hier entscheidend ist, wer überhaupt erklärungspflichtig ist und dieser Pflicht nicht bzw. nicht fristgerecht nachkommt. Auswirkungen ergeben sich in der Folge dann auch bei der Bekanntgabe von Bescheiden und beim Einspruch/Klage.
  - **nicht rechtsfähigen** Personenvereinigungen (§ 14a Abs. 3 AO) und in sonstigen Fällen jeder Feststellungsbeteiligte, dem ein Anteil an den einkommensteuerpflichtigen oder körperschaftsteuerpflichtigen Einkünften zuzurechnen ist (§ 181 Abs. 2 Satz 1 Nr. 2b AO i. V. m. § 180 Abs. 1 Satz 1 Nr. 2 Buchst. a AO). Insoweit ergeben sich hier also keine Änderungen.

FEHLER: FALSCHER ADRESSAT BEIM VERSPÄTUNGSZUSCHLAG

Wie im Fall zuvor erwähnt, ergeben sich durch die Neuregelungen auch in anderen Bereichen der AO Konsequenzen. Nach § 152 Abs. 4 Satz 3 AO gilt nun:

In Fällen des § 180 Abs. 1 Satz 1 Nr. 2 Buchst. a AO (also bei gesondert und einheitlicher Feststellung) ist der Verspätungszuschlag festzusetzen:

1. bei rechtsfähigen Personenvereinigungen (§ 14a Abs. 2 AO) vorrangig gegen die Personenvereinigung und
2. bei nicht rechtsfähigen Personenvereinigungen (§ 14a Abs. 3 AO) vorrangig gegen die nach § 181 Abs. 2 Satz 2 Nr. 4 AO erklärungspflichtigen Personen.

Zeitliche Anwendung: Diese Neuregelungen bezüglich Erklärungspflicht nach § 181 AO und Verspätungszuschlag nach § 152 AO sind nach Art. 97 § 39 Abs. 1 EGAO erstmals auf Feststellungserklärungen anzuwenden, die nach dem 31.12.2023 einzureichen sind.

Achtung: Übergangsregelung nach Art. 97 § 39 Abs. 2 EGAO: Rechtsfähige Personenvereinigungen werden von der Erklärungspflicht nach § 181 Abs. 2 Satz 2 Nr. 1 AO befreit, soweit die entsprechende Feststellungserklärung nach dem 31.12.2023 und vor dem 1.1.2026 durch eine Person nach § 181 Abs. 2 Satz 2 Nr. 1 und/oder 4 AO in der alten Fassung (also jeder Feststellungsbeteiligter bzw. Personen nach § 34 AO) eingereicht worden ist.

FEHLER: KEINE BEACHTUNG DER VEREINFACHUNGSREGELUNG NACH §§ 183, 183A AO

Grundsätzlich ist die wirksame Bekanntgabe eines Verwaltungsakts in den §§ 122 Abs. 1 und 124 AO geregelt. In Fällen der gesonderten und einheitlichen Feststellung lassen § 183 AO/§ 183a AO jedoch hinsichtlich des Empfängers eine Vereinfachungsregelung zu. Um den Unterschied zwischen § 183 AO alte und neue Fassung sowie die Neueinführung des § 183a AO zu verstehen, ist zunächst eine Unterteilung der dreistufigen Bekanntgabe vorzunehmen:

1. Inhaltsadressat
2. Bekanntgabeadressat
3. Übermittlungsempfänger

Bei gesonderten und einheitlichen Feststellungsbescheiden sind Inhaltsadressaten alle Feststellungsbeteiligten nach § 179 Abs. 2 Satz 1 AO. Soweit diese selbst steuerlich handlungsfähig nach § 79 AO sind, sind diese auch Bekanntgabeadressaten. Geht es darum, wem der Feststellungsbescheid zu übermitteln ist, muss die Frage des Empfängers geklärt werden. Hierzu ist zwischen der alten Rechtslage bis 31.12.2023 und der neuen Rechtslage ab 1.1.2024 zu unterscheiden.

Achtung! Sowohl § 183 AO a. F./n. F. als auch der neue § 183a AO betreffen jeweils nur die einheitlichen (mindestens zwei Feststellungsbeteiligte) Feststellungsbescheide nach § 180 Abs. 1 Satz 1 Nr. 2 Buchst. a AO, nicht jedoch die betrieblichen (z. B. USt) Steuerbescheide für die Gemeinschaft/Gesellschaft selbst, da insoweit Steuersubjekt die Gesellschaft ist (nicht die Gesellschafter).

§§ 183/183a AO greifen somit auch nicht bei Fällen von nur gesonderter Feststellung, z. B. nach § 180 Abs. 1 Satz 1 Nr. 2 Buchst. b AO. Siehe hierzu jeweils den Gesetzeswortlaut „... gesonderten und einheitlichen Feststellung ...", denn nur bei einer (zusätzlich) einheitlichen Feststellung sind mindestens zwei Feststellungsbeteiligte vorhanden, so dass auch nur hier die Vereinfachungsregelung Sinn macht.

Bis 31.12.2023 geltende Fassung des § 183 AO:

- Bescheide über die einheitliche und gesonderte Feststellung können nach § 183 Abs. 1 Satz 1 AO mit Wirkung für und gegen alle Feststellungsbeteiligten an einen von den Gesellschaftern bestimmten gemeinsamen Empfangsbevollmächtigten bekannt geben werden. Dieser Empfangsbevollmächtige wird auch gewillkürter Empfangsbevollmächtigter genannt.

- Ist ein Empfangsbevollmächtigter nach Satz 1 nicht vorhanden, gilt nach Satz 2 jeder zur Vertretung bzw. Verwaltung berechtigte Gesellschafter als Empfangsbevollmächtigter (sog. fingierter gesetzlicher Empfangsbevollmächtigter). Dies ist bspw. bei der KG jeder Komplementär (nicht jedoch Kommanditisten, § 170 HGB) oder bei der OHG jeder Gesellschafter, § 125 HGB. In diesem Fall wählt die Finanzbehörde einen zur Vertretung befugten Gesellschafter aus und gibt diesem den Feststellungsbescheid bekannt.
- Liegt weder ein Fall von Satz 1 noch von Satz 2 vor, so kann das Finanzamt nach § 183 Abs. 1 Satz 3 und 4 AO einen Beteiligten vorschlagen bzw. die Gesellschafter innerhalb einer angemessenen Frist zur Benennung eines Empfangsbevollmächtigten auffordern. Diese Fälle sind nur denkbar bei Konstellationen, bei denen kein gesetzlicher Vertreter nach Satz 2 existiert, bspw. bei Erbengemeinschaften, Grundstücksgemeinschaften usw.
- **Achtung:** In sämtlichen Fällen wird der Feststellungsbescheid nur allen Beteiligten gegenüber wirksam, soweit der entsprechende Hinweis nach § 183 Abs. 1 Satz 5 AO enthalten ist, dass die Bekanntgabe mit Wirkung für und gegen alle Feststellungsbeteiligten erfolgt. Fehlt dieser Hinweis, ist nicht gleich der ganze Feststellungsbescheid nichtig; vielmehr wird dieser nur gegenüber denjenigen Beteiligten wirksam, die im Bescheid auch genannt worden sind bzw. denen der Feststellungsbescheid bekannt gegeben wurde (AEAO zu § 122, Nr. 4.7.1).
- **Einzelbekanntgabe:** Abweichend vom Grundsatz des § 183 Abs. 1 AO, wonach eine Bekanntgabe an alle Feststellungsbeteiligten durch die Bekanntgabe an einen Empfangsbevollmächtigten ausreichend sein kann, enthält § 183 Abs. 2 AO eine Ausnahme von diesem Grundsatz. Bei Beendigung der Gesellschaft, Ausscheiden eines Gesellschafters oder bei ernstlichen Meinungsverschiedenheiten unter den Feststellungsbeteiligten ist demnach Einzelbekanntgabe an die einzelnen (ausgeschiedenen) Feststellungsbeteiligten zwingend notwendig.
- Allerdings gibt es von dieser Ausnahme wiederum eine Ausnahme, die sog. Rückausnahme: Wird eine von den Feststellungsbeteiligten erteilte gewillkürte Empfangsvollmacht nach § 183 Abs. 1 Satz 1 AO (also nur bei gemeinsamen und nicht bei gesetzlich fingierten bzw. vorgeschlagenen Empfangsbevollmächtigten nach den Sätzen 2 bis 4 AO) widerrufen, so gilt diese bis zum Eingang des Widerrufes bei der zuständigen Finanzbehörde fort – und zwar auch in den Fällen der Einzelbekanntgabe nach § 183 Abs. 2 AO (siehe § 183 Abs. 3 AO).

Ab 1.1.2024 geltende Fassung des § 183 AO und neuer § 183a AO:

- Durch das MoPeG wird ab 2024 im neuen § 14a AO zwischen rechtsfähigen und nicht rechtsfähigen Personenvereinigungen unterschieden. Gravierende Änderungen haben sich dabei bei der GbR ergeben: Nimmt diese am Rechtsverkehr teil, so ist sie als rechtsfähig einzustufen.
- Auch in der neuen Fassung des § 183 AO sind alle Feststellungsbeteiligten Inhaltsadressaten und Bekanntgabeadressaten (soweit steuerlich handlungsfähig nach § 79 AO) und Bescheide über gesonderte und einheitliche Feststellungen richten sich nach wie vor inhaltlich nicht an die Gesellschaft/Gemeinschaft selbst, sondern wiederum an die beteiligten Gesellschafter/Gemeinschafter. Der gesonderte und einheitliche Feststellungsbescheid erlangt dabei erst volle Wirksamkeit, wenn er allen Feststellungsbeteiligten (i. d. R. vertreten durch die rechtsfähige Personenvereinigung nach § 183 Abs. 1 AO oder durch einen Empfangsbevollmächtigten nach § 183a Abs. 1 AO) bekanntgegeben wird = Empfänger:
  - Bei rechtsfähigen Personenvereinigungen ist die Bekanntgabe an die Personenvereinigung ausreichend (§ 183 Abs. 1 Satz 1 AO) und wirkt für und gegen alle Feststellungsbeteiligten,

sofern der entsprechende Hinweis nach § 183 Abs. 1 Satz 2 AO im Bescheid enthalten ist (siehe AEAO zu § 122, Nr. 2.5.2.1).

- **Achtung:** Nach Art. 97 § 39 Abs. 3 EGAO können Verwaltungsakte bei rechtsfähigen Personenvereinigungen bis 1.1.2026 auch noch nach alter Rechtslage bekannt gegeben werden (Übergangsregelung).
- Bei nicht rechtsfähigen Personenvereinigungen ist dagegen § 183 AO nicht mehr anwendbar, jedoch ist hier die Bekanntgabe an einen Empfangsbevollmächtigten (gemeinsam von Beteiligten vorgeschlagen oder vom Finanzamt vorgeschlagen) grundsätzlich ausreichend (§ 183a Abs. 1 Sätze 1 bis 3 AO, welcher in etwa § 183 AO a. F. entspricht) und wirkt auch hier für und gegen alle Feststellungsbeteiligten bei entsprechendem Hinweis nach § 183a Abs. 1 Satz 4 AO, (siehe AEAO zu § 122, Nr. 2.5.3.1).
- **Achtung**: Wie auch bereits im Falle des § 183 AO a. F. gilt auch beim § 183 AO n. F. und § 183a AO: Der Feststellungsbescheid wird nur allen Beteiligten gegenüber wirksam, soweit der entsprechende Hinweis nach § 183 Abs. 1 Satz 2 AO n. F. (§ 183 Abs. 1 Satz 5 AO a. F.) bzw. § 183a Abs. 1 Satz 4 AO enthalten ist, dass die Bekanntgabe mit Wirkung für und gegen alle Feststellungsbeteiligten erfolgt. Fehlt dieser Hinweis, ist nicht gleich der ganze Feststellungsbescheid nichtig und damit unwirksam; vielmehr wird dieser nur gegenüber denjenigen Beteiligten wirksam, die im Bescheid auch genannt worden sind bzw. denen der Feststellungsbescheid bekannt gegeben wurde (AEAO zu § 122, Nr. 4.7.1).

Einzelbekanntgabe bei rechtsfähigen Personenvereinigungen

Einzelbekanntgabe nach § 183 Abs. 2 AO ist nötig, wenn

- ► die Personenvereinigung nicht mehr besteht oder diese nicht mehr rechtsfähig ist und dies dem Finanzamt bekannt ist, oder
- ► soweit (d. h. nur für den Ausgeschiedenen) ein Feststellungsbeteiligter ausgeschieden ist, oder
- ► ernstliche Meinungsverschiedenheiten zwischen den Feststellungsbeteiligten herrschen.

Die Einzelbekanntgabe nach § 183 Abs. 2 Satz 1 Nr. 2 AO ist hierbei immer dann vorgeschrieben, soweit und solange der aus der Personenvereinigung Ausgeschiedene oder Feststellungsbeteiligte mit ernstlichen Meinungsverschiedenheiten gegenüber der Finanzbehörde vor Bekanntgabe des Verwaltungsakts die gesetzliche Vertretung widerrufen hat und dieser Widerruf dem Finanzamt gegenüber wirksam zugegangen ist (§ 183 Abs. 2 Satz 2 und 3 AO).

Einzelbekanntgabe bei nicht rechtsfähigen Personenvereinigungen

Einzelbekanntgabe nach § 183a Abs. 2 AO ist nötig, wenn dem Finanzamt bekannt ist, dass

- ► die Personenvereinigung nicht mehr besteht oder rechtsfähig geworden ist
- ► soweit (d. h. nur für den Ausgeschiedenen) ein Feststellungsbeteiligter ausgeschieden ist, oder
- ► ernstliche Meinungsverschiedenheiten zwischen den Feststellungsbeteiligten herrschen.

Die Einzelbekanntgabe nach § 183a Abs. 2 Satz 1 Nr. 2 AO ist hierbei immer dann vorgeschrieben, wenn lediglich ein Empfangsbevollmächtigter nach § 183a Abs. 1 Satz 2 und 3 AO (also kein Fall von Satz 1) vorhanden ist. Ist jedoch ein gemeinsamer Empfangsbevollmächtigter nach § 183a Abs. 1 Satz 1 AO vorhanden, kann die Bekanntgabe – nach § 183a Abs. 2 Satz 2 AO trotz Vorliegen der Voraussetzungen des § 183a Abs. 2 Satz 1 Nr. 2 AO – weiterhin nach § 183a Abs. 1 Satz 1 und 4 AO an den gemeinsamen Empfangsbevollmächtigten mit Wirkung für und gegen alle Beteiligten erfolgen, soweit und solange dem Finanzamt gegenüber kein Widerruf der Empfangsvollmacht zugegangen ist. Diese sog. Rückausnahme des § 183a Abs. 2 Satz 2 AO hebelt also die Ausnahme des § 183 Abs. 2 Satz 1 AO wiederum aus.

Ziemlich viele Neuerungen oder? Daher einige Beispiele zum besseren Verständnis.

BEISPIEL 1: Fuchs & Hase betreiben eine Steuerberatergesellschaft in Form einer KG.

Bislang war Fuchs der gemeinsame Empfangsbevollmächtigte, so dass die gesondert und einheitlichen Feststellungsbescheide mit Wirkung für und gegen alle Beteiligten bekanntgegeben worden sind, § 183 Abs. 1 Sätze 1 und 5 AO a. F.

Durch das MoPeG werden nun aber diese Bescheide direkt an die Personenvereinigung, also die KG selbst und zusätzlich auch noch an Fuchs als Empfangsbevollmächtigten bekanntgegeben. Nötig ist wieder der Hinweis, dass die Bekanntgabe für und gegen alle Beteiligten erfolgt, § 183 Abs. 1 Sätze 1 und 2 AO n. F.

Ersichtlich sind die weiteren Feststellungsbeteiligten – wie bisher auch – entweder aus dem Bescheidkopf oder durch die Zuordnung der einzelnen Besteuerungsgrundlagen (= Aufteilung der Einkünfte, Spenden usw.)

ABWANDLUNG: Fuchs scheidet aus der KG aus. Dies hat zur Folge:

- Fuchs ist Empfangsbevollmächtigter.
- Fuchs gilt nach § 183 Abs. 2 AO n. F. – trotz Ausscheiden – immer noch als Adressat eines etwaigen Feststellungsbescheids,
- solange Vollmacht gegenüber dem Finanzamt noch nicht widerrufen ist.
- Dringender Widerruf der Vollmacht ist nötig und
- Benennung eines neuen Empfangsbevollmächtigten.

BEISPIEL 2: Eine Bruchteilsgemeinschaft bestand ursprünglich aus Müller, Maier und Huber. Huber scheidet zum 31.12.02 aus der Bruchteilsgemeinschaft aus. Ein gemeinsamer Empfangsbevollmächtiger wurde nicht bestellt. Über das Ausscheiden haben Müller und Maier das Finanzamt informiert. Daraufhin hat das Finanzamt die Erbengemeinschaft per Brief darüber informiert, dass das Finanzamt Maier als künftigen Empfangsbevollmächtigten mit Wirkung für und gegen alle in Anspruch nehmen werde, sollte die Gemeinschaft keinen anderen Vorschlag machen. Die Gemeinschaft reagierte hierauf nicht.

In der Folge gab das Finanzamt nun den Feststellungsbescheid 02 lediglich Maier gegenüber mit Wirkung für und gegen alle Feststellungsbeteiligten bekannt. Bescheiddatum war der 1.7.03.

Ist der Feststellungsbescheid allen Feststellungsbeteiligten gegenüber wirksam geworden?

LÖSUNG: **Wirksame Bekanntgabe Feststellungsbescheid**

Prüfung der drei Stufen:

1. Inhaltsadressaten

= an wen richtet sich Bescheid inhaltlich, AEAO zu § 122, Nr. 1.1.

Bescheide über **gesonderte** und **einheitliche** Feststellungen **richten** sich **inhaltlich nicht** an die **Personenvereinigung**, sondern an die **einzelnen Gesellschafter** oder Gemeinschafter, die den Gegenstand der Feststellung (z. B. Einkünfte oder Vermögenswerte als Einheitswert/Grundsteuerwert) anteilig zu versteuern haben und denen er deshalb insbesondere bei Feststellungen nach § 180 Abs. 1 Satz 1 Nr. 1, Nr. 2 Buchst. a und Abs. 2 AO zuzurechnen ist (§ 179 Abs. 2 AO),

Es genügt i. d. R., wenn im Bescheidkopf die Personenvereinigung als solche bezeichnet wird (Sammelbezeichnung) und sich **alle** Gesellschafter oder Gemeinschafter eindeutig als Betroffene (Inhaltsadressaten) aus dem für die Verteilung der Besteuerungsgrundlagen vorgesehenen Teil des Bescheids ergeben, AEAO zu § 122, Nr. 2.5.1.

2. Bekanntgabeadressat:

= wem soll der Bescheid bekannt gegeben werden, AEAO zu § 122, Nr. 1.1.

Wiederum **alle** Gesellschafter, sofern handlungsfähig nach § 79 AO. Hier laut Sachverhalt erfüllt.

3. Empfänger:

= welcher Person soll der Bescheid übermittelt werden, AEAO zu § 122, Nr. 1.1.

Bei einer einheitlichen Feststellung gilt Vereinfachungsregel des §§ 183/183a AO:

Eine Bruchteilsgemeinschaft nach § 741 BGB ist eine **nicht rechtsfähige** Personenvereinigung, § 14a Abs. 3 Nr. 1 AO. Somit gelten für die Bekanntgabe der gesonderten und einheitlichen Feststellung die Regelungen des **§ 183a AO**.

- Gemeinsamer Empfangsbevollmächtigter nach § 183a Abs. 1 Satz 1 AO liegt nicht vor.
- Somit kann nur ein Fall von § 183a Abs. 1 Sätze 2 und 3 AO vorliegen: Nur Maier kann **Empfänger** des Feststellungsbescheids als Empfangsbevollmächtigter sein, weil Maier
  - im Zeitpunkt der Bekanntgabe vom Finanzamt vorgeschlagen wurde und
  - von den Beteiligten kein anderer Empfangsbevollmächtigter benannt wurde und
  - Beteiligte der Bruchteilsgemeinschaft auf die Wirkung der zugeordneten Empfangsvollmacht für und gegen alle **hingewiesen** worden sind.

Aber: Trotz **Hinweis** nach § 183a Abs. 1 Satz 4 AO wurde der Bescheid durch den Zugang bei Maier nur an Maier und Müller wirksam bekannt gegeben, obwohl § 183a Abs. 1 Sätze 2 und 3 erfüllt waren. Warum? Was ist mit Huber?

Huber gegenüber wurde der Feststellungsbescheid erstmal nicht wirksam bekanntgegeben, da dieser aus der Bruchteilsgemeinschaft ausgeschieden war. Zudem wusste das Finanzamt davon, so dass § 183a Abs. 2 Satz 1 Nr. 2 AO erfüllt ist, Abs. 1 Satz 4 aber keine Wirkung Huber gegenüber zeigt.

Was ist also die Folge?

- Es hätte **Einzelbekanntgabe** nach § 183a Abs. 3 AO an Huber erfolgen müssen.
- Da dies bislang nicht erfolgt ist, muss dies nachgeholt werden, d. h., es muss ein Feststellungsbescheid gleichen Inhalts **einzeln** an Huber bekanntgegeben werden.
- Erst dann erfolgt eine wirksame Bekanntgabe auch gegenüber Huber.

Achtung:

- Da hier **kein** gemeinsamer Empfangsbevollmächtigter nach § 183a Abs. 1 **Satz 1** AO vorliegt, kann auch kein Fall von § 183a Abs. 2 Satz 2 AO i. V. m. § 183a Abs. 2 Satz 1 Nr. 2 AO (Ausnahme) vorliegen.
- Würde jedoch ein gemeinsamer Empfangsbevollmächtigter nach § 183a Abs. 1 Satz 1 AO vorliegen, könnte ihm gegenüber der Bescheid mit Wirkung für und gegen Huber wirksam bekanntgegeben werden – obwohl Huber bereits ausgeschieden ist und dies dem Finanzamt bekannt war – soweit und solange Huber oder die anderen Gesellschafter der Empfangsvollmacht nicht widersprochen haben.

N. Neuerungen im Bereich der Außenprüfung

Allein über dieses Thema ließe sich ein ganzes Buch schreiben. Ich will mich daher größtenteils auf die Neuerungen bzw. die Modernisierung der Außenprüfung konzentrieren und Ihnen mögliche Fehlerquellen aufzeigen.

Bereits durch das DAC 7 Umsetzungsgesetz[1] vom 20.12.2022 ergaben sich umfangreiche Auswirkungen auf die Außenprüfung im Bereich Digitalisierung wie z. B. die Möglichkeit elektronischer Verhandlungen, Datenaustausch über einheitliche digitale Schnittstellen etc. Weitere wesentliche Änderungen zur Modernisierung der Außenprüfung ergaben sich weiterhin für Besteuerungszeiträume nach dem 31.12.2024 bzw. für Prüfungsanordnungen, die nach dem 31.12.2024 bekanntgegeben werden (Art. 97 § 37 EGAO). Ziel ist in sämtlichen Fällen die Vereinfachung und Modernisierung der Außenprüfung, Zeitersparnis und Abbau von Bürokratie sowie Kostenersparnis. Auch die Kommunikation und Kooperation zwischen Finanzamt und Unternehmen/Stpfl. sollte damit verbessert werden.

Die doch erheblichen Änderungen soll folgende Übersicht veranschaulichen:

1.1.2023	**1.1.2025**
Elektronische Besprechungen/ Verhandlungen, § 87a Abs. 1 AO	Erweiterung der **Anzeige**- und **Berichtigungspflicht** auf Außenprüfungen, § 153 Abs. 4 AO
Besondere Aufzeichnungspflichten bei **Auslandssachverhalten**, § 90 Abs. 3 und 4 AO sowie Einführung eines **Zuschlags** bei Verstoß dagegen, § 162 Abs. 4 AO (erst ab 1.1.2025)	Neue **Maximalfrist** bei Ablaufhemmung (**5** Jahre nach Prüfungsanordnung) nach § 171 Abs. 4 Sätze 3 ff. AO
Einführung einer einheitlichen digitalen **Schnittstelle** und Datensatzbeschreibung für Standard-Datenexport, § 147b AO	Einführung **Teilabschlussbescheid** für besondere, abgrenzbare Besteuerungsgrundlagen, § 180 Abs. 1a AO und **Teilprüfungsbericht**, § 202 Abs. 3 AO.
Pflicht zur Nutzung der Schnittstelle nach § 147b AO bei **Außenprüfungen**, § 158 Abs. 2 Satz 2 AO	**Beschleunigte** Prüfungsanordnung bei beratenen Fällen, § 197 Abs. 5 AO

1 Gesetz zur Umsetzung der Richtlinie (EU) 2021/514 des Rates v. 22.3.2021 zur Änderung der Richtlinie 2011/16/EU über die Zusammenarbeit der Verwaltungsbehörden im Bereich der Besteuerung und zur Modernisierung des Steuerverfahrensrechts vom 20.12.2022 (kurz: DAC7-Umsetzungsgesetz).

Anforderung von Buchführungsunterlagen sowie Mitteilung von **Prüfungsschwerpunkten** in der Prüfungsanordnung, § 197 Abs. 3 und 4 AO	Festlegung von **Rahmenbedingungen** zwischen Prüfer und Stpfl., § 199 Abs. 2 AO
Elektronische oder **fernmündliche** Schlussbesprechung, § 201 Abs. 1 AO	**Zwischengespräche** bei Außenprüfung, § 199 Abs. 2 Satz 2 AO
Elektronischer (bisher nur schriftlich) Prüfungsbericht, § 202 AO	Qualifiziertes **Mitwirkungsverlagen**, Mitwirkungsverzögerungs**geld**, **Zuschlag** zum Mitwirkungsverzögerungsgeld, § 200a AO
Erprobung alternativer Prüfungsmethoden, Einbeziehung von Steuerkontrollsystemen, **Erleichterungen** bei innerbetrieblichem Steuerkontrollsystem, Art. 97 § 38 EGAO	

FEHLER: KEINE BESCHLEUNIGTE PRÜFUNGSANORDNUNG

Beschleunigte Prüfungsanordnung? Ist es denn wirklich so dringend? Offensichtlich: Ist Grundlage der Außenprüfung ein Steuerbescheid, der aufgrund einer in § 149 Abs. 3 AO genannten Steuererklärung (also Fälle mit steuerlicher Vertretung) erlassen wurde, soll die Prüfungsanordnung bis zum Ablauf des Kalenderjahres erlassen werden, das auf das Kalenderjahr folgt, in dem der Steuerbescheid wirksam geworden ist. Wird die Prüfungsanordnung aus Gründen, die die Finanzbehörde zu vertreten hat, zu einem späteren Zeitpunkt bekanntgegeben, beginnt die Frist nach § 171 Abs. 4 Satz 3 erster Halbsatz AO mit Ablauf des Kalenderjahres, das auf das Kalenderjahr folgt, in dem der in Satz 1 bezeichnete Steuerbescheid wirksam geworden ist, § 197 Abs. 5 AO.

BEISPIEL: ESt 2024 wird in 2025 abgegeben. Der Bescheid wird noch in 2025 wirksam bekanntgegeben. Damit soll die Prüfungsanordnung bis spätestens 31.12.2026 bekanntgegeben werden (Weihnachtsfrieden beachten!)

Würde der Bescheid dagegen erst in 2026 wirksam bekanntgegeben werden, soll die Anordnung bis spätestens 31.12.2027 bekanntgegeben werden usw.

FEHLER: SCHLUSSBESPRECHUNG IST VERBINDLICH.

Über das Ergebnis einer Außenprüfung findet nach § 201 Abs. 1 AO grundsätzlich eine Besprechung zwischen den am Prüfungsverfahren beteiligten Personen statt, um vor Erstellung des Prüfungsberichts ausreichend rechtliches Gehör zu gewähren. Die Besprechung dient dabei auch zum Ausräumen von Missverständnissen.

Nun könnte man meinen, dass alles, was im Rahmen dieser Schlussbesprechung vereinbart wurde, auch wirklich verbindlich ist. Leider nicht. Zum einen handelt es sich bei der Schlussbesprechung um keinen Verwaltungsakt (im Übrigen gilt das auch für den Prüfungsbericht; erst der anschließende Steuerbescheid ist ein Verwaltungsakt). Zum anderen erzeugen Zusagen im Rahmen einer Schlussbesprechung, die im Bp-Bericht nicht aufrechterhalten werden, keine Bindungswirkung für das Finanzamt, AEAO zu § 201, Nr. 1 Satz 2 („Treu und Glauben"). Lediglich bei einer erschwerten Sachverhaltsermittlung kommt eine bindende tatsächliche Verständigung über den der Steuerfestsetzung zugrunde liegenden Sachverhalt in Betracht, AEAO zu § 201, Nr. 5.

Zwar besteht auf die Schlussbesprechung ein Anspruch. Die Verwertung der Prüfungsfeststellungen kann aber auch ohne Schlussbesprechung erfolgen. Unterbleibt diese, sind die späteren Steuerbescheide gleichwohl rechtmäßig, AEAO zu § 201, Nr. 4.

Eine Schlussbesprechung kann mit Zustimmung des Stpfl. auch fernmündlich oder nach § 87a Abs. 1a AO elektronisch durchgeführt werden, § 201 Abs. 1 Satz 3 AO.

FEHLER: KEIN TEILABSCHLUSSBESCHEID

Bislang musste erst die komplette Außenprüfung abgeschlossen sein, um einen Bericht und darauf basierend einen geänderten Bescheid zu erlassen. Nun wurde die Möglichkeit von Teilabschlussbescheiden noch während der Außenprüfung nach § 180 Abs. 1a AO geschaffen. Hierbei können nun für den Prüfungszeitraum ermittelte und abgrenzbare Besteuerungsgrundlagen können gesondert festgestellt werden, solange noch kein Prüfungsbericht nach § 202 Abs. 1 AO ergangen ist. Vor Erlass eines Teilabschlussbescheids muss nach § 202 Abs. 3 AO ein schriftlicher oder elektronischer Teilprüfungsbericht ergangen sein.

Sinn dieser neuen Norm ist, dass diese gesonderte Feststellung unmittelbare Bindungswirkung für den Folgebescheid hat. Die im Teilabschlussbescheid getroffenen Feststellungen können nach § 351 Abs. 2 AO nur durch Anfechtung des Teilabschlussbescheids, nicht durch Anfechtung des Folgebescheids angegriffen werden.

Im Fall eines Teilabschlussbescheids ist eine verbindliche Zusage bereits vor dem Abschluss der Außenprüfung möglich, § 204 Abs. 2 AO.

FEHLER: KEINE ANZEIGEPFLICHT BEI NEUEM TEILABSCHLUSSBESCHEID

Die Anzeige- und Berichtigungspflicht nach § 153 AO wurde durch die Einführung des Teilabschlussbescheids ergänzt. Nach § 153 Abs. 4 AO besteht nun ferner die Anzeige- und Berichtigungspflicht, wenn Prüfungsfeststellungen einer Außenprüfung unanfechtbar in einem Steuerbescheid, einem Feststellungsbescheid nach § 180 Abs. 1 Satz 1 Nr. 2 AO oder einem Teilabschlussbescheid nach § 180 Abs. 1a AO umgesetzt worden sind und die den Prüfungsfeststellungen zugrunde liegenden Sachverhalte auch in einer anderen vom oder für den Stpfl. abgegebenen Erklärung, die nicht Gegenstand der Außenprüfung war, zu einer Änderung der Besteuerungsgrundlagen führt. Diese Erweiterung des § 153 AO war die logische Konsequenz aus der Einführung des Teilabschlussbescheids.

BEISPIEL: Außenprüfung in 2026 für ESt 2022 bis 2024: Der Prüfer stellt nun Sachverhalte fest, die auch Auswirkungen auf ESt 2025 haben (z. B. geänderte AfA, Bilanzänderungen etc.) Der Stpfl. muss dann – ohne weitere Aufforderung seitens des Finanzamts – die entsprechende Anzeige/Berichtigung der ESt 2025 vornehmen.

FEHLER: KEINE GESPRÄCHE ZWISCHEN PRÜFER UND STEUERPFLICHTIGEM

Ja, meistens ist die Stimmung zwischen Prüfer und Stpfl. etwas „kühl", um es mal nett zu formulieren. Es kam in der Vergangenheit oftmals auf die Gutmütigkeit und Stimmung des Prüfers an, ob dieser den Stpfl. bezüglich etwaiger Feststellungen auf dem Laufenden hielt. Mit § 199 Abs. 2 Satz 2 AO wurden nunmehr Gespräche zwischen Finanzamt und Stpfl. im Rahmen der Außenprüfung gesetzlich normiert und weitere Rahmenbedingen wie die Unterrichtung von festgestellten Sachverhalten samt möglichen steuerlichen Auswirkungen geschaffen, § 199 Abs. 2 AO. Wichtig dabei ist: Das Abhalten der Gespräche steht weiterhin im Ermessen des Prüfers („kann"), die Unterrichtung über festgestellte Sachverhalte dagegen ist ein Muss („ist"). Damit soll der bislang oft vorherrschenden „Willkür" Einhalt geboten und ein Rechtsanspruch sichergestellt werden.

FEHLER: KEINE MITWIRKUNG DES STEUERPFLICHTIGEN

Neben den allgemeinen Mitwirkungspflichten nach § 90 AO hat der Stpfl. im Rahmen der Außenprüfung auch noch speziellere Mitwirkungs- und Vorlagepflichten gem. § 200 AO. Um dem Stpfl. hierbei etwas „auf die Sprünge zu helfen", wurde ein qualifiziertes Mitwirkungsverlangen eingeführt, welches zusätzlich das Ziel hat, die Prüfungsdauer zu verkürzen und die zeitliche Nähe der Außenprüfung zum Prüfungszeitraum zu verbessern. Dies soll dadurch erreicht werden, dass Stpfl., die das Prüfungsverfahren verzögern, sanktioniert werden. Durch den neuen § 200a AO wurden einige Sanktionierungsmaßnahmen eingeführt.

BEISPIELE: **§ 200a Abs. 1 AO:** Der Prüfer kann (Ermessen) ein qualifiziertes, schriftlich oder elektronisch zu erteilendes, Mitwirkungsverlangen begehren. Dieses ist frühestens nach Ablauf von sechs Monaten seit wirksamer Bekanntgabe der Prüfungsanordnung in Form eines vollstreckbaren Verwaltungsakts inklusive Rechtsbehelfsbelehrung möglich. Die Frist zur Mitwirkung beträgt einen Monat und kann in begründeten Einzelfällen verlängert werden.

§ 200a Abs. 2 AO: Kommt der Stpfl. diesem Verlangen nicht oder nicht genügend nach, so ist (kein Ermessen mehr) ein Mitwirkungsverzögerungsgeld festzusetzen. Dieses beträgt 75 € für jeden vollen Kalendertag der Mitwirkungsverzögerung und darf für höchstens 150 Kalendertage, maximal also i. H. v. 11.250 € festgesetzt werden. Hierbei handelt es sich um eine neue steuerliche Nebenleistung gem. § 3 Abs. 4 Nr. 3a AO.

§ 200a Abs. 3 AO: In einigen speziellen Fällen kann die Mitwirkung noch mehr „angeregt" werden, indem ein Zuschlag zum Mitwirkungsverzögerungsgeld festgesetzt wird. Dieser Zuschlag darf max. 25.000 € pro Kalendertag betragen und wiederum für höchstens 150 Kalendertage (max. also 3,75 Mio. €) festgesetzt werden. Anders als das Mitwirkungsverzögerungsgeld ist die Festsetzung des Zuschlags eine Ermessensentscheidung („kann").

Sowohl für das Mitwirkungsverzögerungsgeld als auch für den Zuschlag gilt: Die Mitwirkungsverzögerung endet mit Ablauf des Tages, an dem das qualifizierte Mitwirkungsverlangen vollständig erfüllt wurde, spätestens mit Ablauf des Tages der Schlussbesprechung. Von der Festsetzung eines Mitwirkungsverzögerungsgeldes/-Zuschlags ist abzusehen, wenn der Stpfl. glaubhaft macht, dass die Mitwirkungsverzögerung entschuldbar ist; das Verschulden eines Vertreters oder eines Erfüllungsgehilfen ist dem Stpfl. zuzurechnen. Gründe für eine entschuldbare Verzögerung sind bspw. unvorhersehbare Erkrankung, Unfälle etc.

§ 200a Abs. 4 AO: Die Begrenzung der Ablaufhemmung nach § 171 Abs. 4 Satz 3 Halbsatz 1 AO n. F. (siehe Kapitel H.) verlängert sich entsprechend der Dauer der Verzögerung, mindestens um ein Jahr, wenn aufgrund einer Mitwirkungsverzögerung ein Mitwirkungsverzögerungsgeld festgesetzt wurde.

Achtung § 200 Abs. 5 AO: Bei Einlegung eines Rechtsbehelfs (Einspruch oder Klage) gegen Maßnahmen i. S. des § 200a Abs. 1 bis 3 AO greift nun eine eigenständige Ablaufhemmung, welche § 171 Abs. 4 AO a. F. weiterlaufen lässt, d. h. die Festsetzungsfrist für die Steuern, auf die sich die Außenprüfung erstreckt, läuft nicht vor Ablauf eines Jahres nach der Unanfechtbarkeit der Entscheidung über den Rechtsbehelf ab.

§ 200a Abs. 6 AO: Der Stpfl. ist im qualifizierten Mitwirkungsverlangen auf die Möglichkeit der Festsetzung eines Mitwirkungsverzögerungsgeldes und eines Zuschlags in der voraussichtlichen Höhe und auf die entsprechenden Rechtsfolgen hinzuweisen. So soll der Stpfl. angehalten werden, seinen Pflichten fristgerecht nachzukommen. Zudem wird diesem so die Möglichkeit gegeben, weitere Kosten zu vermeiden.